JN193101

赤羽駅前ピンクチラシ

性風俗の地域史

荻原通弘・木村英昭 編著

彩流社

赤羽駅前ピンクチラシ
性風俗の地域史――もくじ

III 解読・ピンクチラシ——103

本書掲載のピンクチラシに記載された情報は、すべて当該チラシが作成された当時のものである。現在の価値観からは差別的な表現等が認められるが、歴史的資料としての価値が高く、様々な研究に利用してもらうため、そのまま掲載している。こうした目的を踏まえて読者には本書を活用してほしい。

I

コレクション

1978–1985

ピンクチラシはそれぞれの店舗がある駅前や街頭で配布され、チラシのサイズやデザインも様々であった。赤羽駅東口一帯には、キャバレー・サロン、ノーパン喫茶などが次々と開店し、チラシが配られた。特にキャバレー・ロンドンのチラシは遊び心のセンスがあり、秀逸であった。

女性の属性についての記述はなく、飲み食いの価格と時間帯とが前面に出ていた。

ロンドンドッキリ玉手箱
ロンドン

男性ばんざい、12月の夜にバクハツ!!
完全明朗前金制(税込み)
7時まで ご来店のお客様 1,650円(ビール4本 お料理1皿)
8時まで ご来店のお客様 3,300円(ビール4本 お料理1皿)
8時すぎ ご来店のお客様 4,950円(ビール4本 お料理1皿)
指名料990円
■サービス料・テーブル料一切頂きません
赤羽 ロンドン A館
国電赤羽駅南口明治生命ウラ
電話03-901-0105

1978年

ウラシマ
高感度
フェスティバル
12月1日ヨリ
クリスマス ワン・ナイト パーティー券 発売中!!
ナイス・ギャルと
フィーバーしよう!!
何時でもOKヨ!
7:30迄 ご来店の お客様 2,970円ポッキリ
ビール・日本酒・ウィスキー 飲み放題
●ピンキー キャバレー● 赤羽 ウラシマ
赤羽駅南口 902-8661➡4

1978年

花のサラリーマン
爆発寸前!!
ウラシマでイキソー
お遊び『タップリ』お値段『少々』!!
●期間 3/25~4/15
●期間中『鼻血ドバー』となるようなお色気ゲームが盛沢山!!
ウラシマ
チェーン店で 開催中!!

1978年　1970年代、谷岡ヤスジの漫画は大ブレイクした。作品中の「アサー」や「鼻血ブー」は流行語となった

感度と性能でせまっちゃう。
私だってビンビンよ！
若さ、色気、テクニシャン、
ロンドン娘は粒ぞろい。
前金5品制（税込み）
7時までのお客さま1,650円
8時までのお客さま3,300円
8時過のお客さま4,950円
（すべて、ビール4本・お料理（皿）
サービス料、テーブル料は一切いただきません。
ビンビン燃えちゃう。
ロンドン娘は感度バツグン
ロンドン
明治生命
日動火災
南口
赤羽駅
京浜東北線
☎03（901）0105
15 忘れないで！
おかだ なな
キャバレー
赤羽 ロンドン A館
国電赤羽駅南口明治生命ウラ

1978年

新装開店
完全前金ストップ制
飲み食い放題
8時まで 4000円
ポッキリ
8時過より 6000円
ポッキリ
指名料 オールタイム 2000円
新しく生れ変る旅立ち
フレッシュキャバレー
キャバレー 赤羽駅南口前
ヤングカーニバル
☎（903）0567

1978年　須永ビルにはダーリング、ロンドン、ウラシマなどが入店していた

クラブ調キャバレー
新規ホステスさん
特別大募集！
貴女のオフィスはこのお店しかない。今が入店のチャンス！
●保証……8,000円～15,000円
（指名料、歩合、場内指名料有り）
★フリーのお客様のよく入るお店です
★大学生・OL・主婦・素人の方特に大歓迎
アルバイト
案内ガール
レジ係
……給料15万円以上
時間給（パート）1,500円以上
グランドキャバレー
巣鴨 ファイブスター
国電巣鴨駅南口前
☎（946）0494～6

1979年

5時ヨリ
オープン
ムード満点の大サービス！
完全・前金ストップ制！
話題騒然
5時～6時迄 2,500
6時～7時迄 3,500円
7時～8時迄 4,500円
8時～9時迄 5,500円
9時～ラスト 6,500円
★飲み、喰い放題★
●大衆サロン
ダーリング
赤羽駅
■南口1分■TEL902-6166～7

1978年

冬のお客様感謝祭開催中!!
《交通安全キャンペーン》飲んだら乗るな、乗るなら飲むな。
スキャンダル
タイフーン
ロンドン娘はスキャンダラスな夜を
演出する。ハートでせまれ、ロンドンギャルズ。
完全明朗前金制（税込み）
7時まで ご来店のお客さま 1,650円 ビール4本・お料理1皿
8時まで ご来店のお客さま 3,300円 ビール4本・お料理1皿
8時すぎ ご来店のお客さま 4,950円 ビール4本・お料理1皿
●サービス料・テーブル料一切なし
LONDON GROUP KBB LONDON GROUP
赤羽
国電赤羽駅南口明治生命ウラ
☎03（901）0105
ロンドン
赤羽駅
●ロンドンは、チェーン店だからお客様の納得のいく明朗会計。●セット料金、追加のおつまみ、ドリンク等も前金制だからお帰りの際のお会計は一切なし。

1978年

ムンムン
いい
すてきあつい夏
ビッグサマーキャンペーン実施中!!
長〜い、おつきあい。
ロンドンビール
安心の完全前金制で
完全ノーチップ制
完全明朗前金制（税込み）
7時 1,650円
8時 3,300円
8時 4,950円
●サービス料・テーブル料一切なし。
赤羽
ロンドン
A館
国電赤羽駅南口明治生命ウラ
電話03-901-0105

1979年

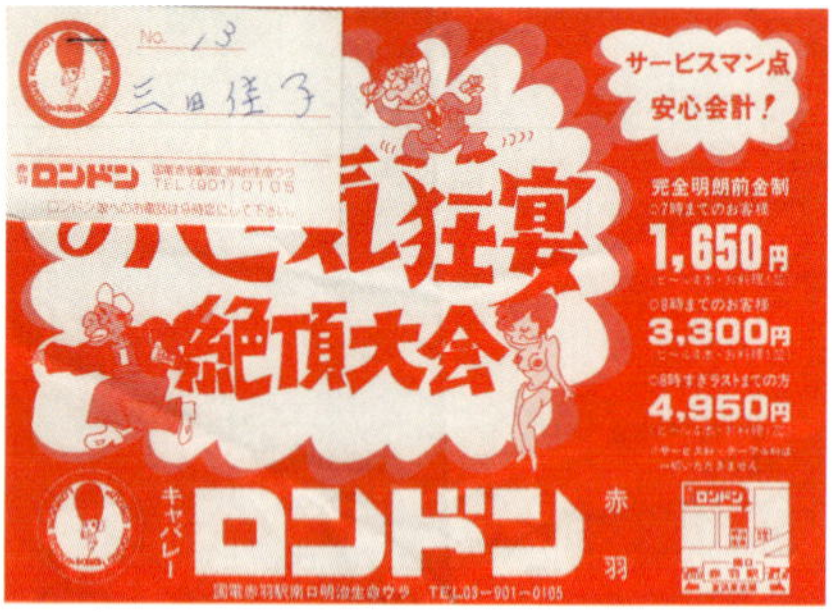
No. 13
三田佳子
赤羽 ロンドン
サービスマン点
安心会計!
お色気狂宴
絶頂大会
完全明朗前金制
1,650円
3,300円
4,950円
キャバレー
ロンドン
赤羽
国電赤羽駅南口明治生命ウラ TEL.03-901-0105

1979年

ピチピチ娘のアタックサービス
開店特別感謝デー
8時迄入店の方 3,300円 ポッキリ
8時過入店の方 4,950円 ポッキリ
飲み放題!! 遊び放題!!
安心会計 完全前金制
Saloon
FRORIDA
ミニサロン
フロリダ
国電赤羽駅西口グランド東京会館4F
TEL. 907-2178

1980年

人気沸騰
お色気狂宴
絶頂大会
サービスマン点
安心会計!
完全明朗前金制
○7時までのお客様
1,650円
○8時までのお客様
3,300円
○8時すぎラストまでの方
4,950円
○サービス料・テーブル料は一切いただきません。
キャバレー
ロンドン
赤羽
国電赤羽駅南口明治生命ウラ TEL.03-901-0105

1980年　キャバレーロンドンは1978年には開業しており、赤羽でのピンクサロンでは早い営業

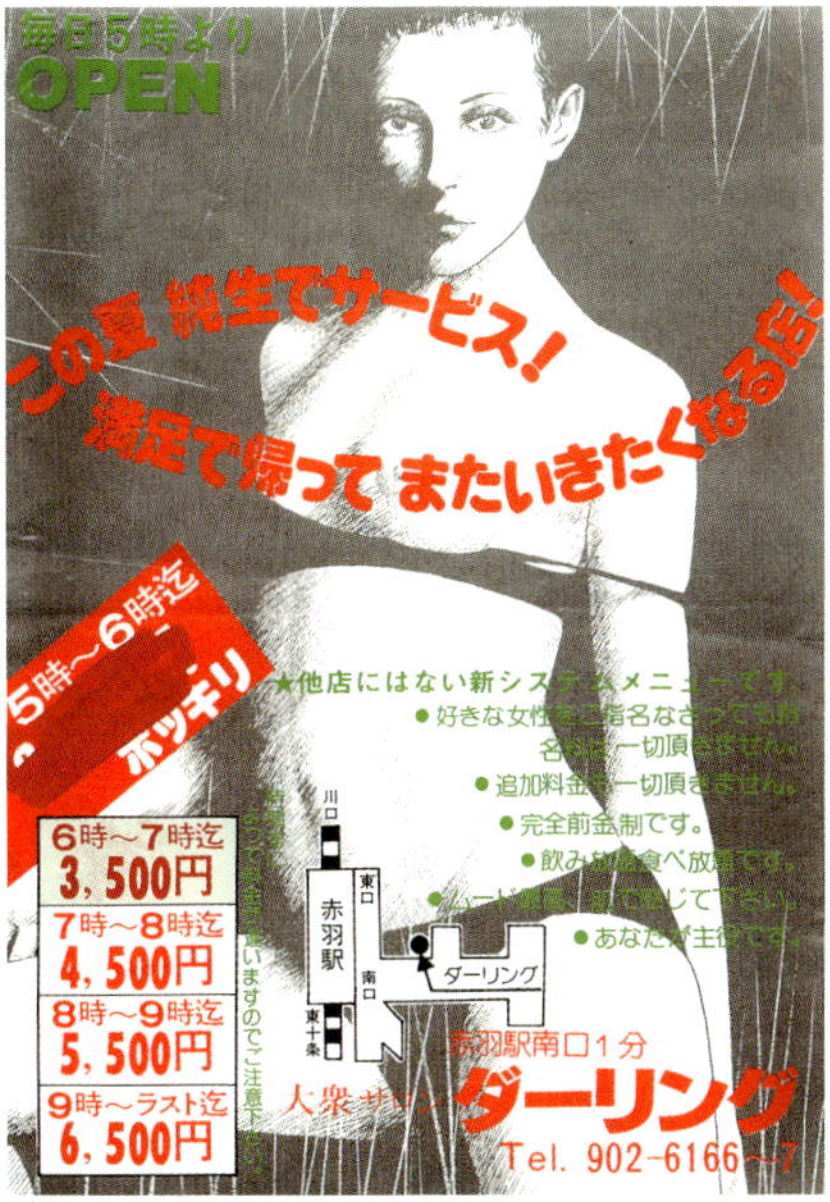
毎日5時より
OPEN
この夏 純生でサービス!
満足で帰って またいきたくなる店!
5時〜6時迄
ポッキリ
6時〜7時迄
3,500円
7時〜8時迄
4,500円
8時〜9時迄
5,500円
9時〜ラスト迄
6,500円
★他店にはない新システムメニューです。
●追加料金も一切頂きません。
●完全前金制です。
●あなたが主役です。
川口
東口
赤羽駅
南口
東十条
ダーリング
赤羽駅南口1分
大衆サロン ダーリング
Tel. 902-6166〜7

1979年

熱い胸さわぎ
ズラーリそろった玉の肌
若さ、色気、テクニシャン、ロンドン娘は粒ぞろい
今日はどの娘に会えるかな?
完全明朗前金制(税込み)
7時までのお客さま1,650円
8時までのお客さま3,300円
8時過のお客さま4,950円
(ビール4本・お料理1皿)
サービス料、テーブル料は一切いただきません
ロンドン
赤羽駅
☎03(901)0105
赤羽 キャバレー ロンドン A館
国電赤羽駅南口明治生命ウラ

1979年

パッ!!
オールタイム!!
8時迄3,000円
8時過5,000円
ポッキリ!!
生ビール祭り!!
飲み放題・食べ放題
赤羽 ヤングレディー 2号館
TEL(903)1697〜8
めくるめく情感!! 大胆か
キャバレー
赤羽駅商店街通り

1980年

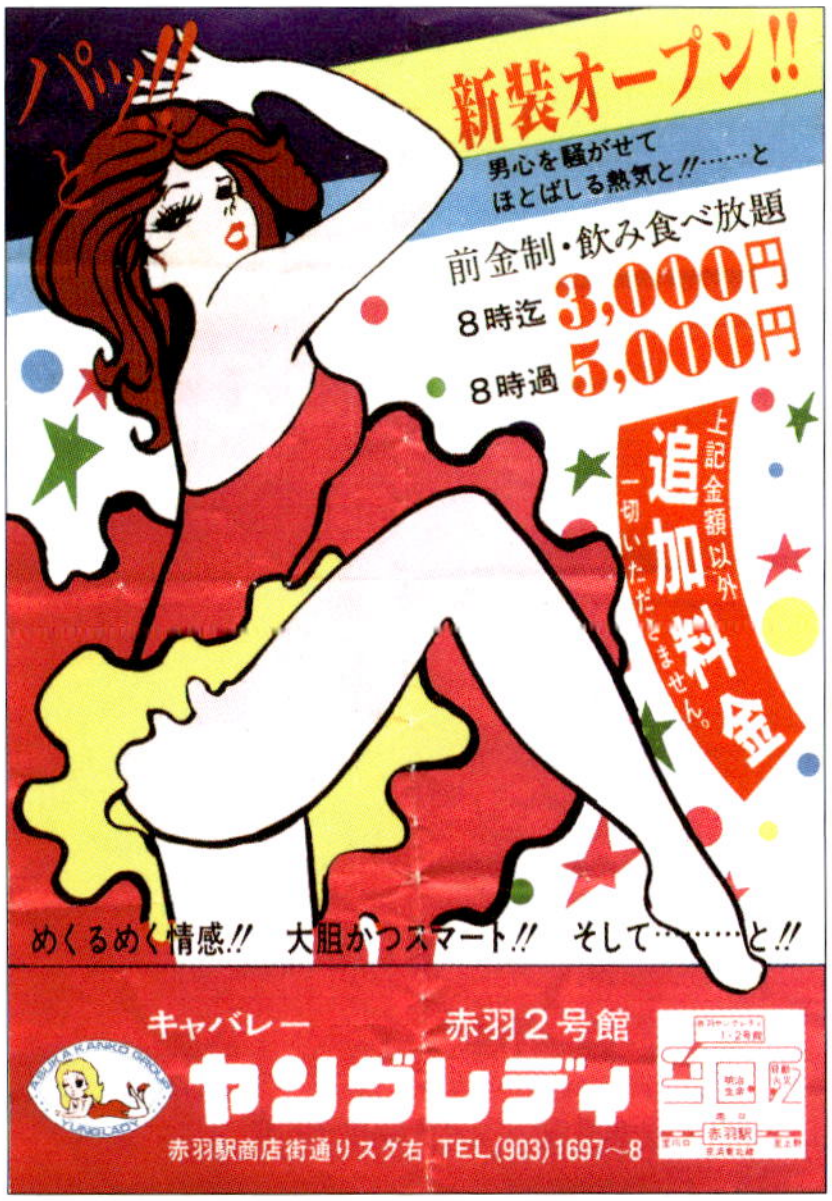
パッ!!
新装オープン!!
男心を騒がせて
ほとばしる熱気と!!……と
前金制・飲み食べ放題
8時迄 3,000円
8時過 5,000円
上記金額以外
追加料金
一切いただきません。
めくるめく情感!! 大胆かつスマート!! そして………と!!
キャバレー
赤羽2号館
ヤングレディ
赤羽駅商店街通りスグ右 TEL.(903)1697〜8
赤羽駅

1980年

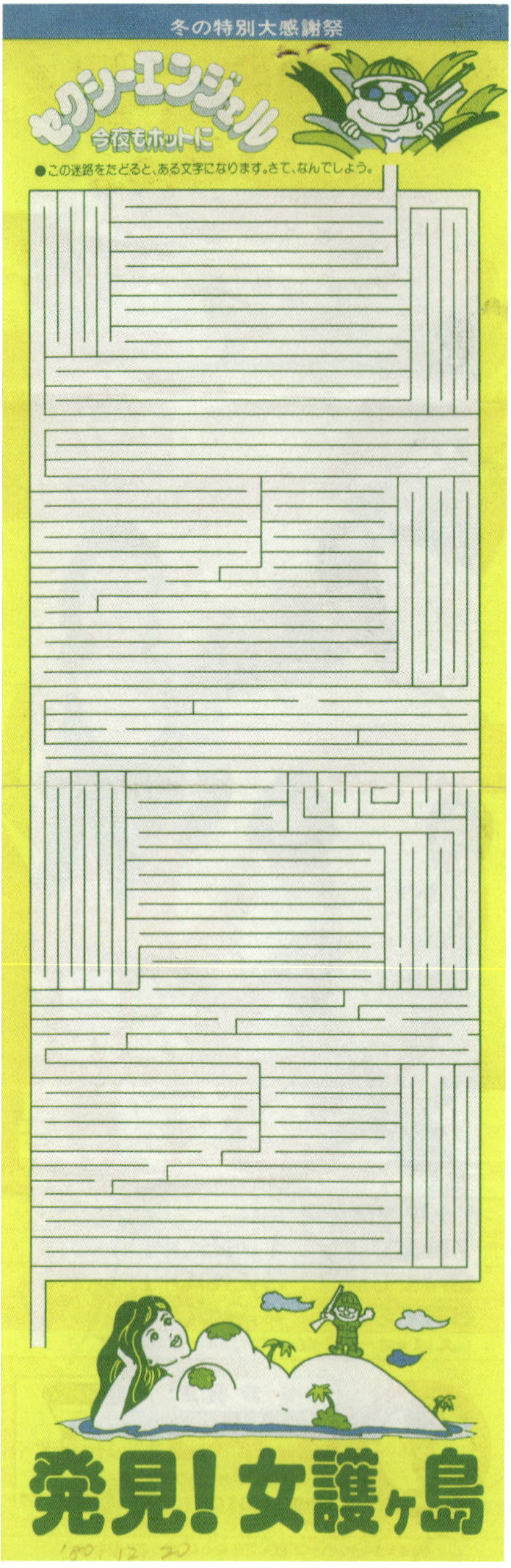
冬の特別大感謝祭
セクシーエンジェル
今夜もホットに
●この迷路をたどると、ある文字になります。さて、なんでしょう。
発見！女護ヶ島

No. 21
ちあき なおみ
赤羽 ロンドン
国電赤羽駅南口明治生命ウラ
TEL (901) 0105
ロンドン娘へのお電話は9時迄にして下さい。
冬の夜は、より熱く
より激しく
若さピチピチ女子大生。
チョット熟れごろイキイキOL。いまが食べごろトロトロ若妻。冬の夜をよりホットにさせる貴男のパートナーは？
完全前金制だからお帰りの際のお会計は一切ありません。安心してお遊びいただけます。
発見！
女護ヶ島
完全明朗前金制（税込み）
●サービス料・テーブル料は一切いただきません。
7時まで ご来店のお客さま 1,650円 ビール4本 お料理1皿
8時まで ご来店のお客さま 3,300円 ビール4本 お料理1皿
8時すぎ ご来店のお客さま 4,950円 ビール4本 お料理1皿
又は★オールタイム・ウイスキー飲み放題!!
LONDON GROUP KBB
キャバレー・赤羽店
ロンドン
国電赤羽駅南口明治生命ウラ
☎901-0105
ロンドン
赤羽駅
〈交通安全キャンペーン〉飲んだら乗るな。乗るなら飲むな。

1980年　チラシの裏側の迷路はこれ自体で楽しませてくれる。広告の域を越えた遊び心

1980年　錦水の隣で1980年まであったクラブ泉の店舗で開業した

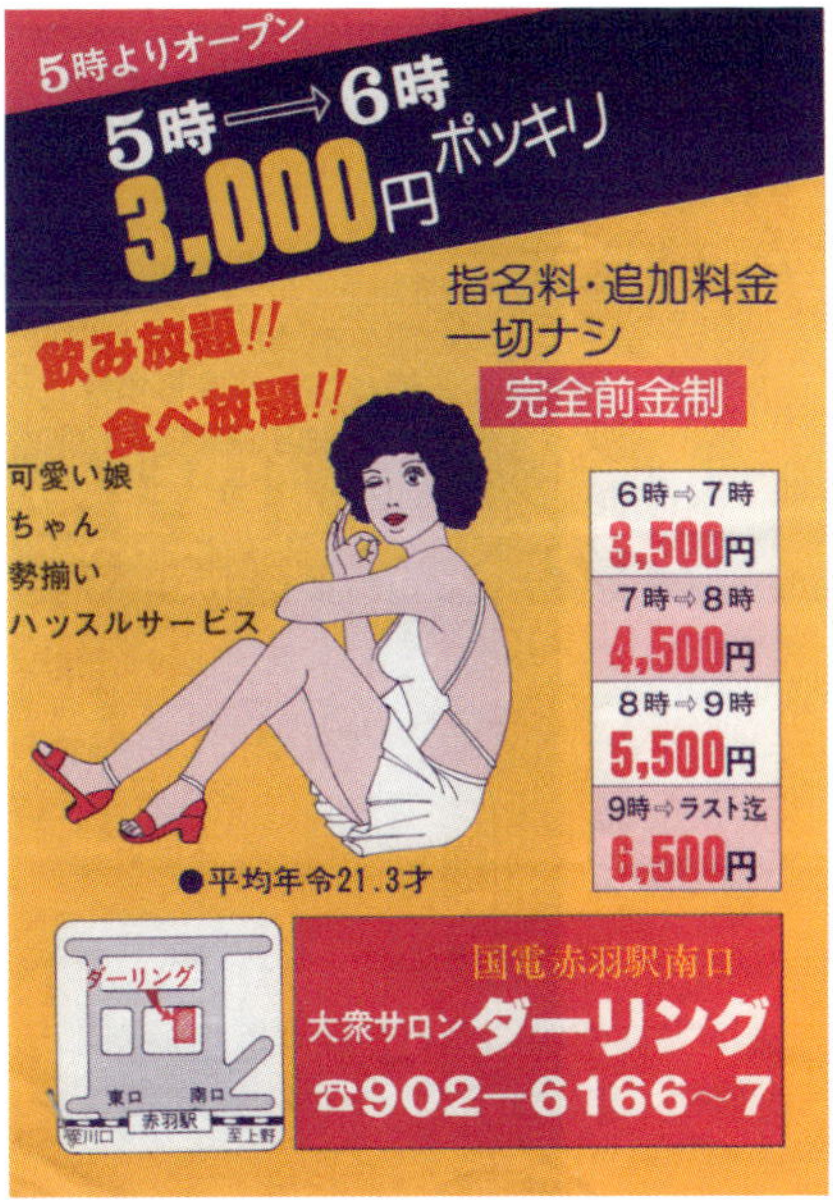

1980年

1980年

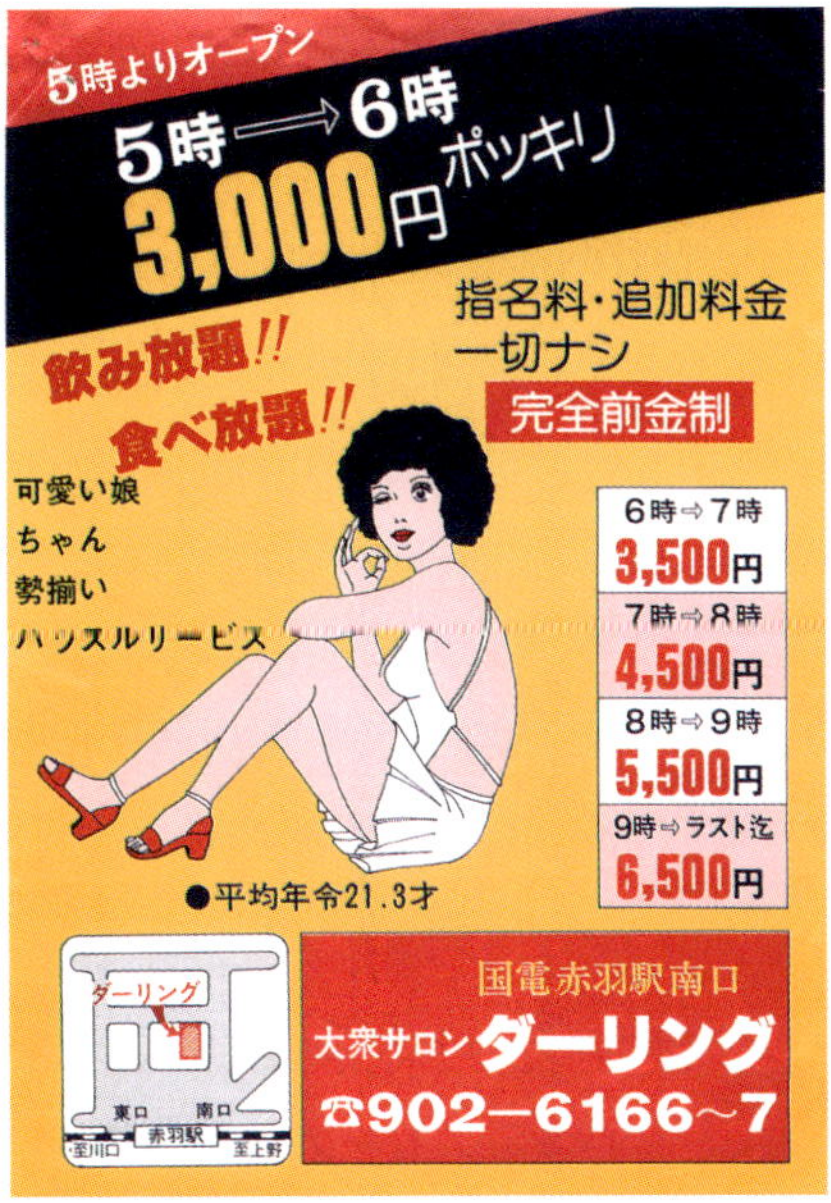

1980年　1980年になるとダーリングは値下げ。宣伝のチラシを盛んに撒く

ピチピチ娘のアタックサービス
開店特別感謝デー
8時迄入店の方3,300円ポッキリ
8時過入店の方4,950円ポッキリ
飲み放題!! 遊び放題!!
安心会計 完全前金制
Saloon
FRORIDA
ミニサロン
フロリダ
国電赤羽駅西口グランド東京会館4F
TEL. 907-2178

1980年

完全優良店
新装堂々オープン!!
燃えます。
尽くします。
信用第一
★完全パック制★
ビール3本・おつまみ3品付
各ドリンク飲み放題!!
7時まで 2,500円
8時まで 3,500円
8時すぎ 5,500円
税金10%込み・追加料金一切頂きません。
ああ一感激
完全明朗会計
楽しさ激増
安心して飲める!
赤羽駅東口一番街通り
熱烈さろん
浮世絵
赤羽館
☎901-1777

1980年

この時期赤羽は東口～南口付近ばかりでなく一番街の奥や西口側にも続々風俗店が閉店した。1980年にはラブハンター、ナポレオン、浮世絵、エリザベスなど。

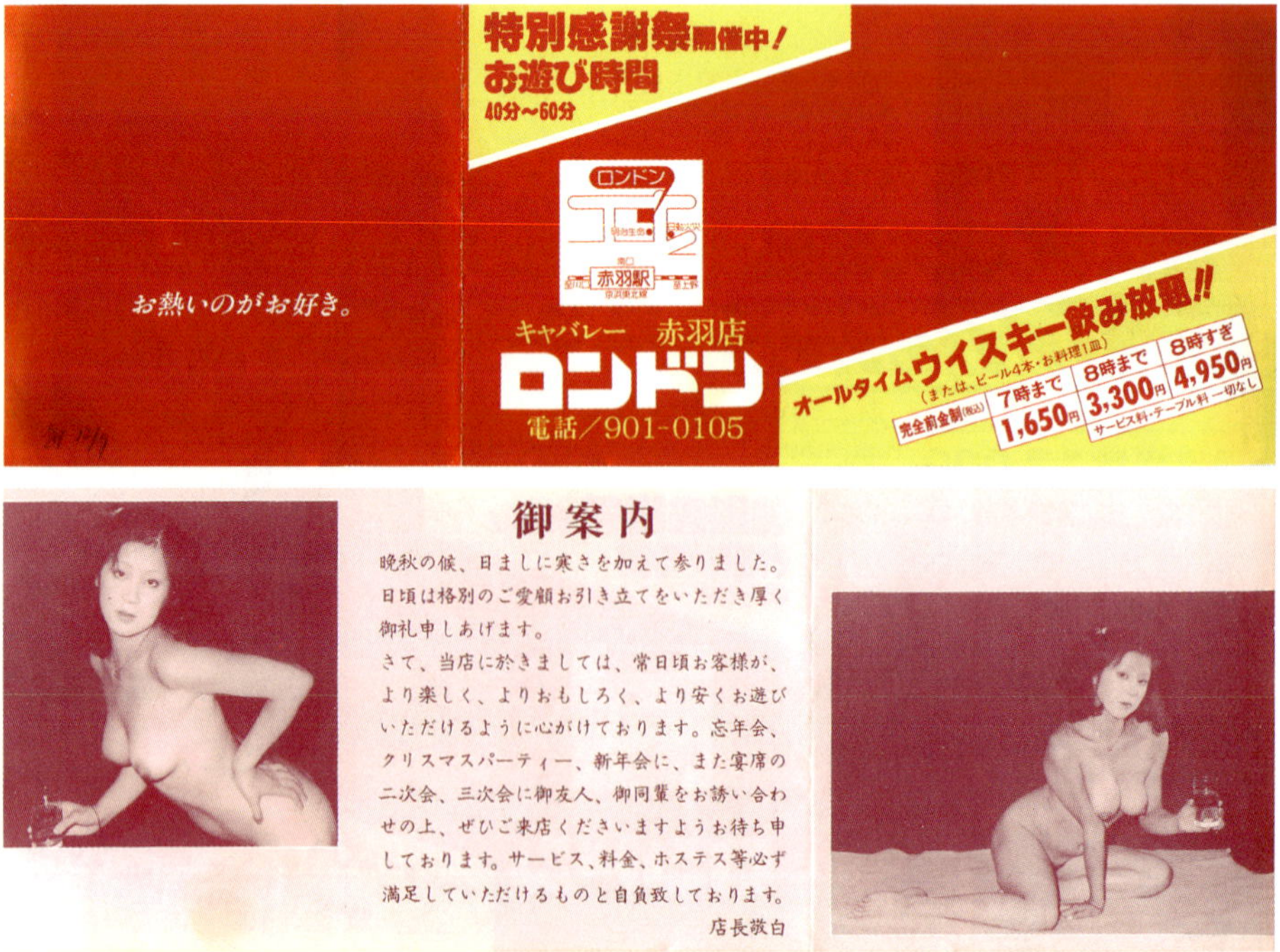
お熱いのがお好き。
特別感謝祭開催中!
お遊び時間
40分～60分
ロンドン
赤羽駅
キャバレー 赤羽店
ロンドン
電話/901-0105
オールタイムウイスキー飲み放題!!
(または、ビール4本・お料理1皿)
完全前金制(税込)
7時まで 1,650円
8時まで 3,300円
8時すぎ 4,950円
サービス料・テーブル料一切なし
御案内
晩秋の候、日ましに寒さを加えて参りました。
日頃は格別のご愛顧お引き立てをいただき厚く御礼申しあげます。
さて、当店におきましては、常日頃お客様が、より楽しく、よりおもしろく、より安くお遊びいただけるように心がけております。忘年会、クリスマスパーティー、新年会に、また宴席の二次会、三次会に御友人、御同輩をお誘い合わせの上、ぜひご来店くださいますようお待ち申しております。サービス、料金、ホステス等必ず満足していただけるものと自負致しております。
店長敬白

1981年

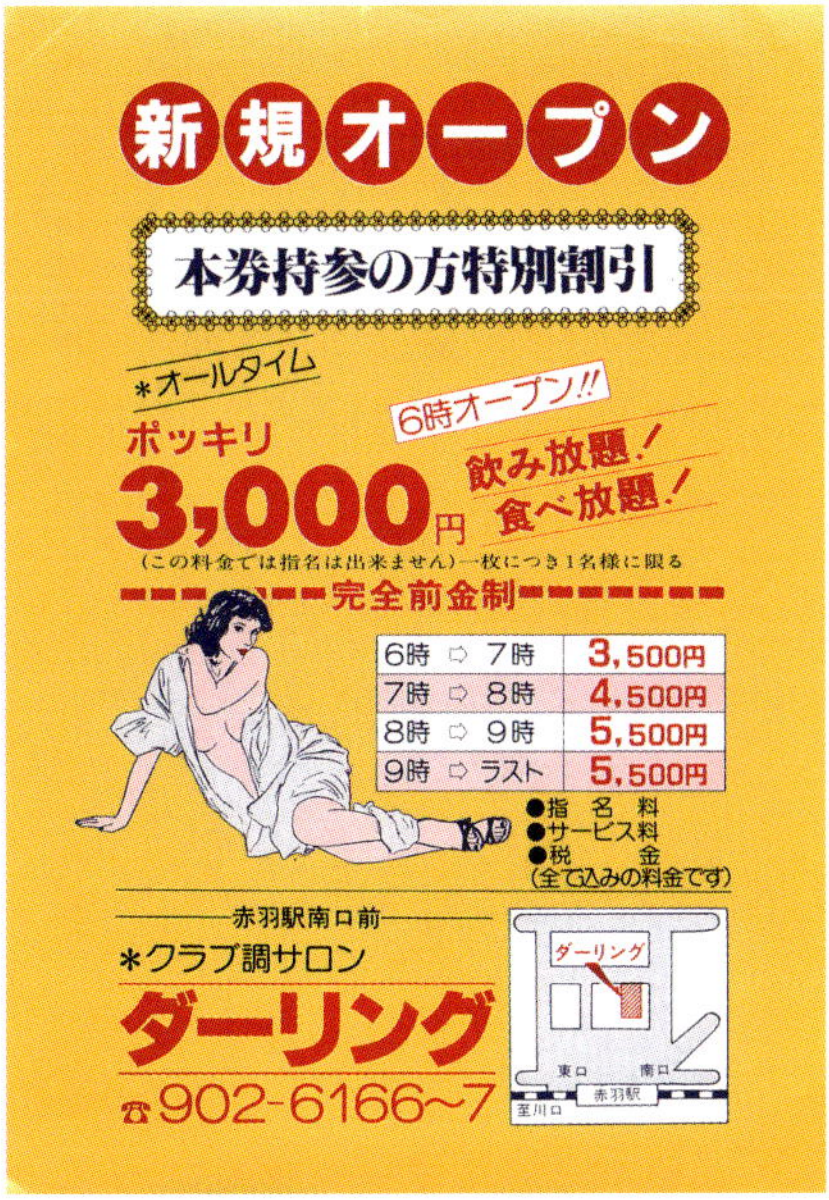

1981年

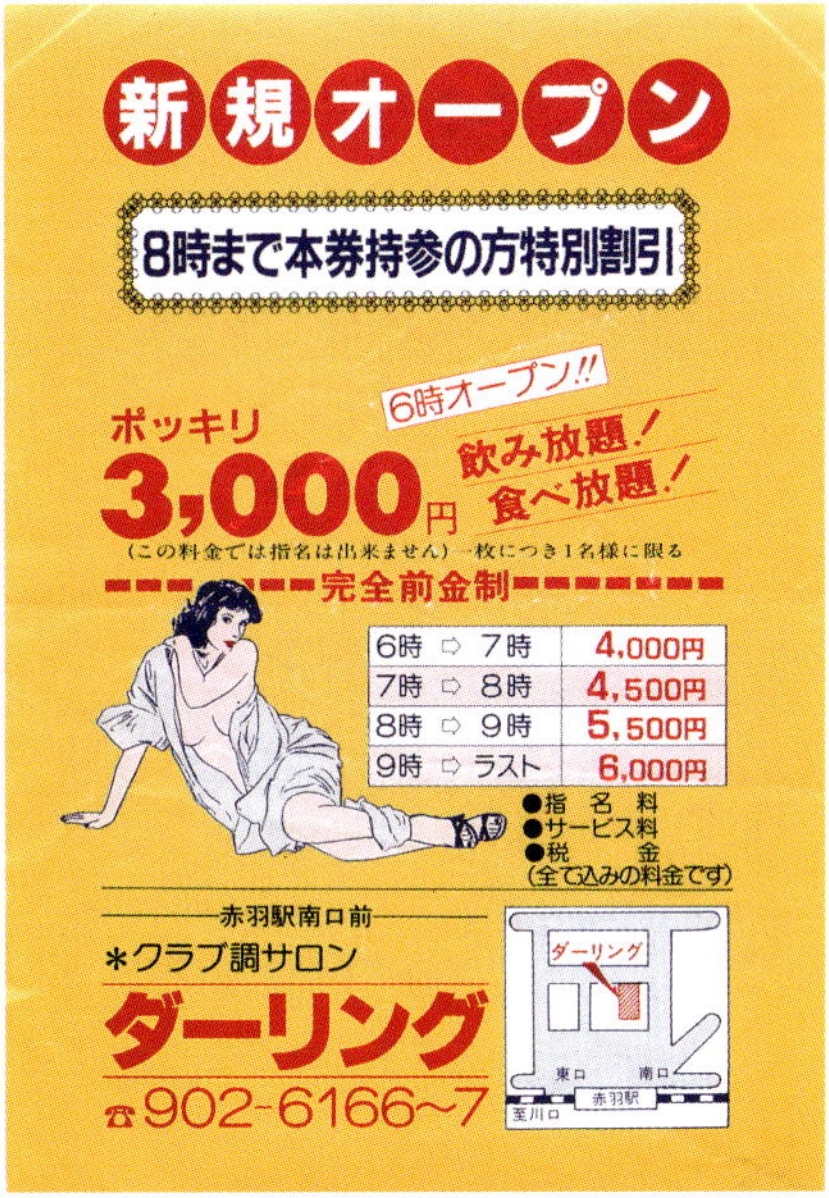

1981年

1981年

1981年 新装開店なのに新規開店を装う

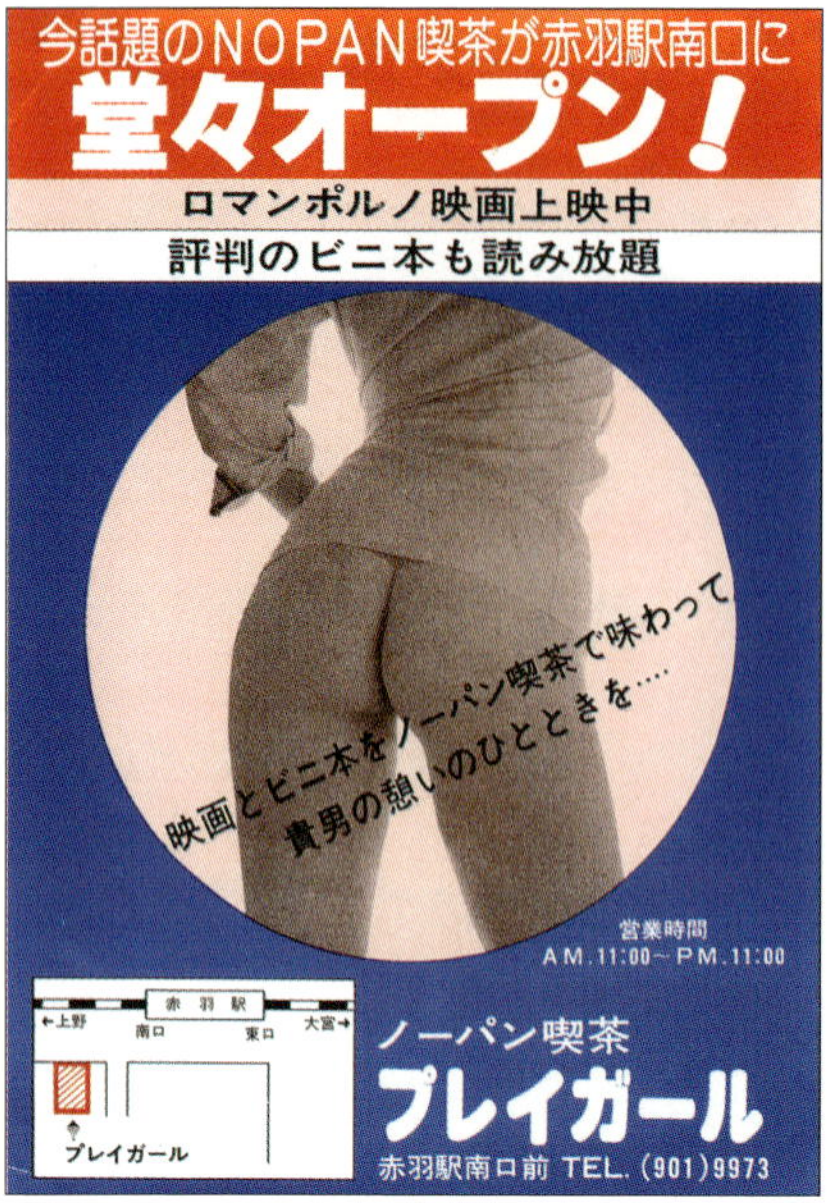

1981年

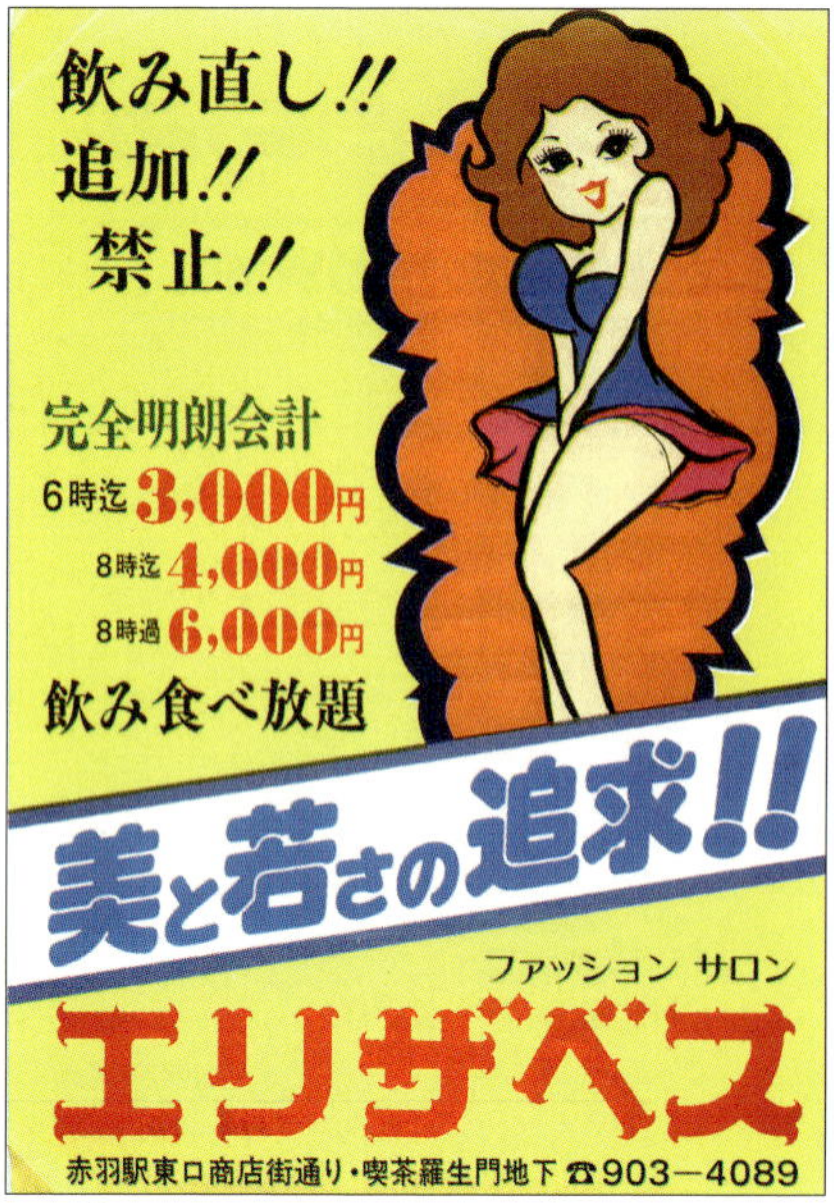

1981年

1980年頃から週刊誌などで話題となっていたノーパン喫茶が赤羽駅南口近くに開店した。一人では行けなかったので友人と出かけた。実際にはミニスカートにストッキングという姿だったと記憶しているが定かではない。

見えそうで見えなくて期待と現実との落差にがっかり。一度行ったきりでおしまいとなったが、店はそう長く続かずいつの間にかなくなった。

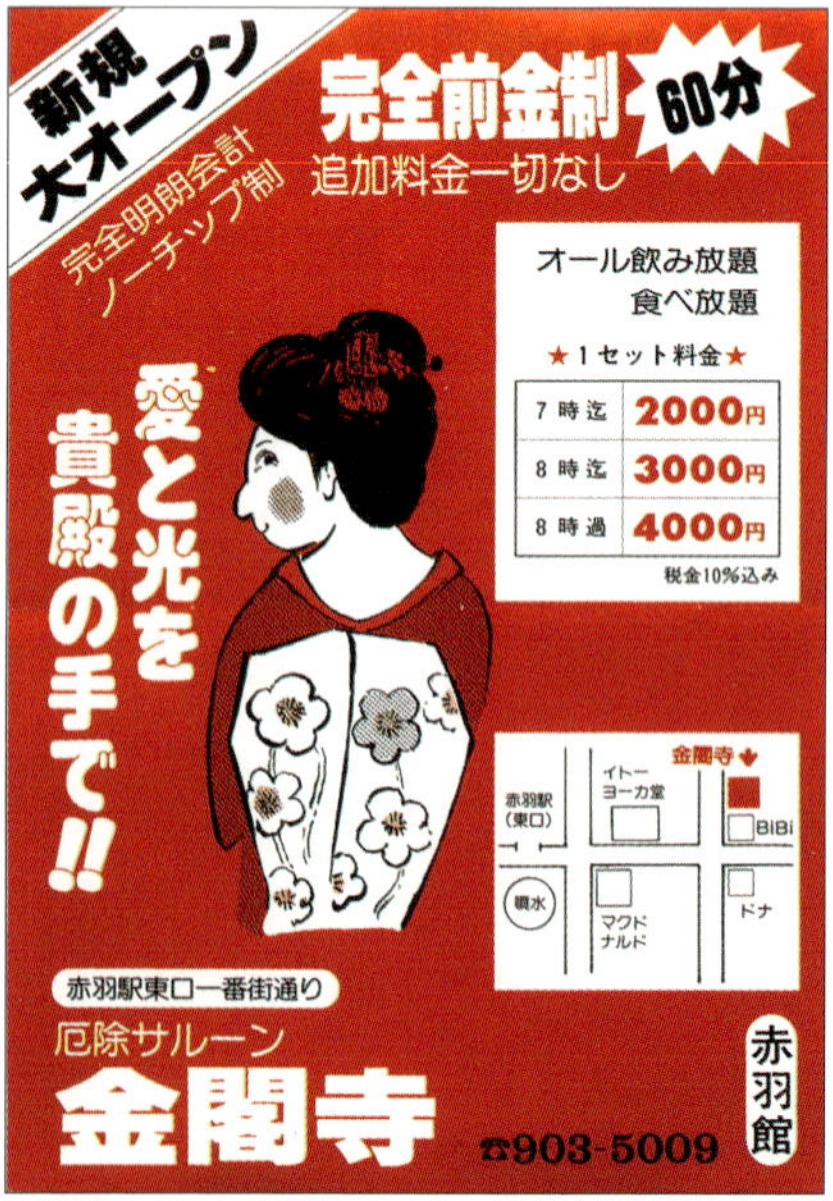

1981年

1981年

1981年

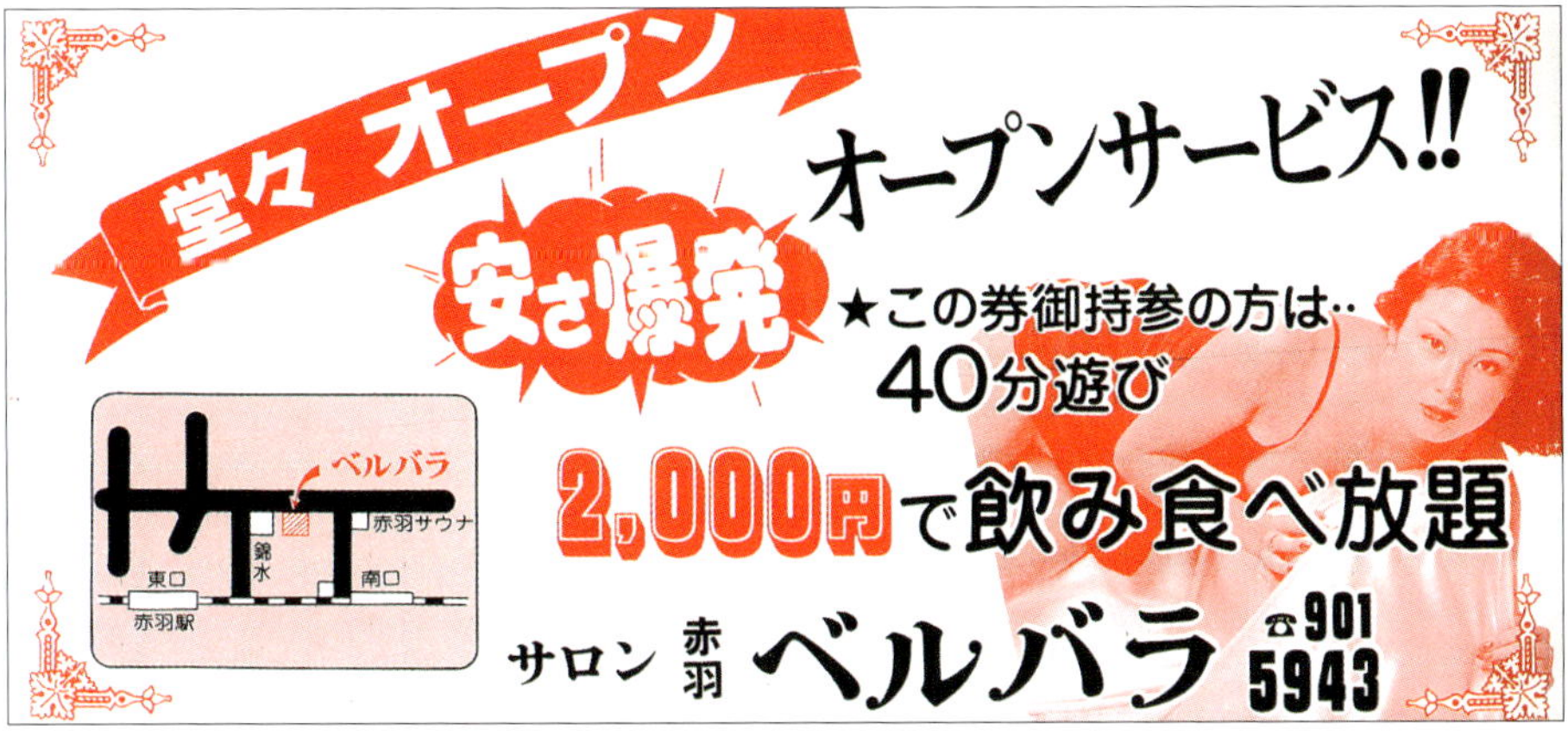

1981年　1980年開店のラブハンターが1年でベルバラに変わった。但し電話番号はラブハンターと同じ

新装 OPEN!
特別御優待券
赤羽駅東口商店街通り すぐ右
¥2,000ポッキリ 6月9日〜 月 日
生ビール・飲み放題、追加一切なし
ヤングレディ
赤羽2号館
☎(903)1697〜8
赤羽ヤングレディ 1・2号館
明治生命
日動火災
南口
赤羽駅
至川口
京浜東北線
至上野

1981年

ロンドン
'82 3 15
貴男と私を結ぶ
愛のパイプ

1982年

お熱いのがお好き。
しおりとしてお使いください。
料金そのまま、楽しさ2倍。
●ロンドン娘が心をこめての大サービス!!
●ロンドンは前金制だから、お帰りの際のお会計は一切ありません。安心してお遊びいただけます。
完全明朗前金制(税込)
オールタイム
ウイスキー
飲み放題
(または、ビール4本・お料理1皿)
7時まで 1,650円
8時まで 3,300円
8時すぎ 4,950円
●サービス料・テーブル料一切なし
★年末・年始も平常料金で営業いたします。
LONDON GROUP KBG
キャバレー高円寺クイン
ロンドン
高円寺南口パルアーケード街
☎03(314)1491
'82 1 30
ロンドン
高円寺駅
中央線
交通安全標語●飲んだら乗るな、乗るなら飲むな。

1982年

2島にアホ太郎とブスな女が好きな男が住んでいました。
あほ
三広映画社
秘話、ロンドン島
第1回作品
監督・制作●泉 大助
原作・脚本●茂溜誠一郎
撮影●台野睦五楢　音楽●岩佐阿呆麻呂　出演者●赤鬼／金沢歯毛香
●青鬼／顎髭通●黄鬼／ドン亀二郎●アホ太郎／下り藤正一●おんな／中村雲子他
遊び方
表3コマ、ウラ3コマで6コマからのストーリーになっています。
折り線に従って、折り目をつけてください。
――――(実線)は山おり…………(点線)は谷おりです。
1島の掟でキャバレーはロンドンと決まっていた
アホ太郎は掟を破って洞穴の中へ逃げてしまいました。

5あまり楽しそうな声が聞こえるのでアホ太郎は、つい外をのぞいてしまいました。
キャバリング。する?!
キャバリングとは、理屈ぬきにおもしろ、おかしく、しかも安く遊ぶことです。
交通安全キャンペーン・飲んだら乗るな、乗るなら飲むな。
オールタイム
ウイスキー飲み放題!
または
ビール4本・お料理1皿
完全明朗前金制(税込)
お遊時間 40分〜60分
8時まで 3,300円
8時すぎ 4,950円
★サービス料・テーブル料一切なし
キャバレー 赤羽
ロンドン
国電赤羽駅南口明治生命ウラ
☎03-901-0105
ロンドン
赤羽駅
4島の住人たアホ太郎をおびき出すた穴の前でハチャメチャ宴会を始めました
それ以来アホ太郎はムチ打ちの刑にヤミつきになり、島には平和がおとずれました。
――めでたし、めでたし――

1982年

チラシ中に、「遊び方　表3コマ、ウラ3コマで、6コマからのストーリーになっています。折れ線に従って、折り目をつけて下さい。――(実線)は山おり、……(点線)は谷おりです」と説明書きがある。このチラシの絵は江戸時代の国芳を想起させる図柄だ。左側の絵は表面裏面共に紙を上下又は左右に丸めると絵がつながる

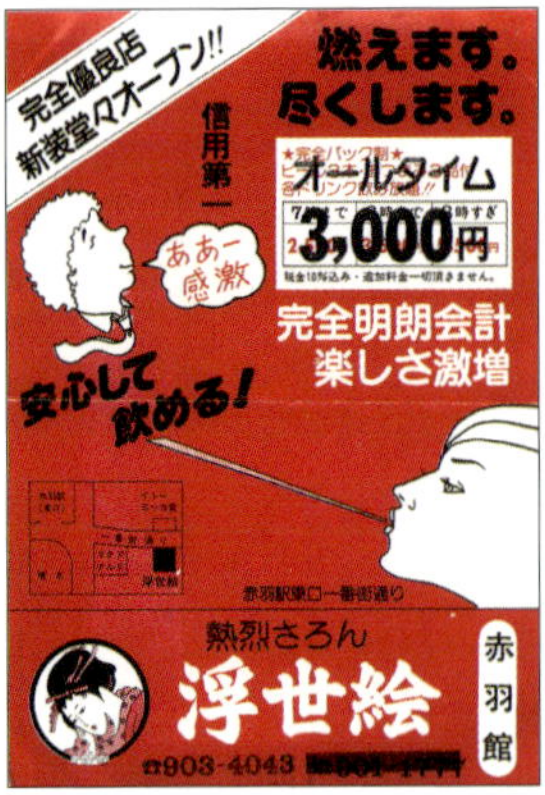

1982年

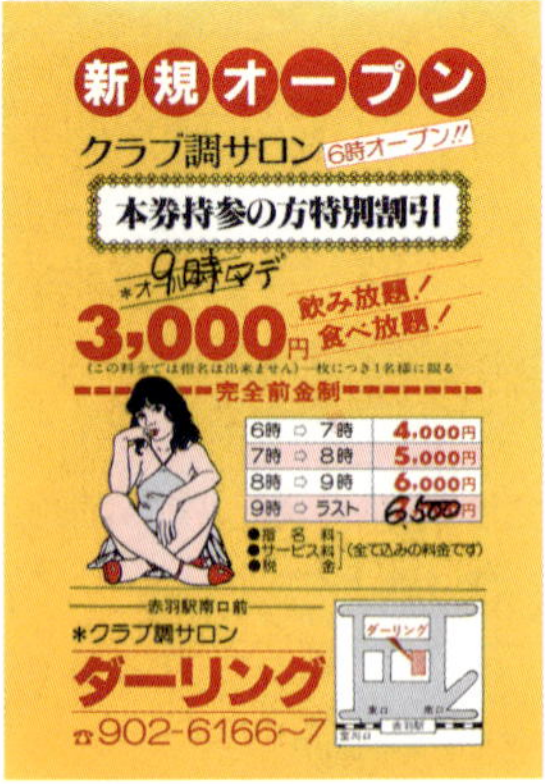

1982年

1982年

1982年

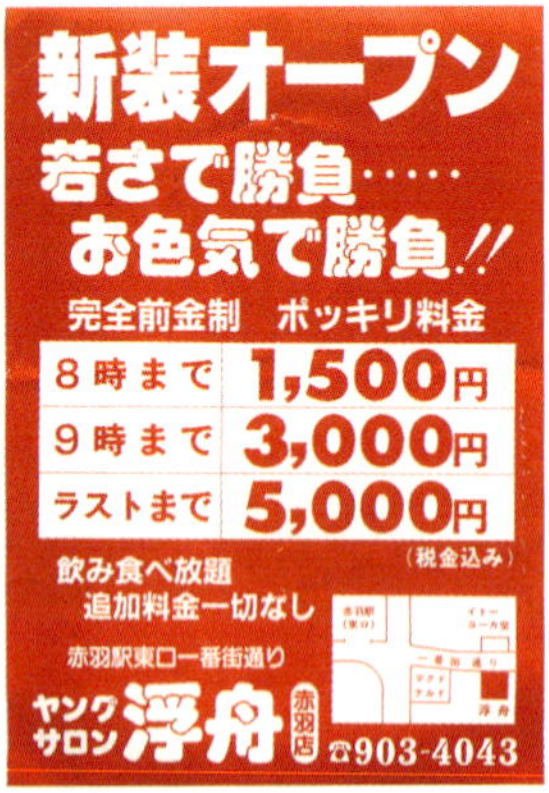

1982年

1982年

1982年

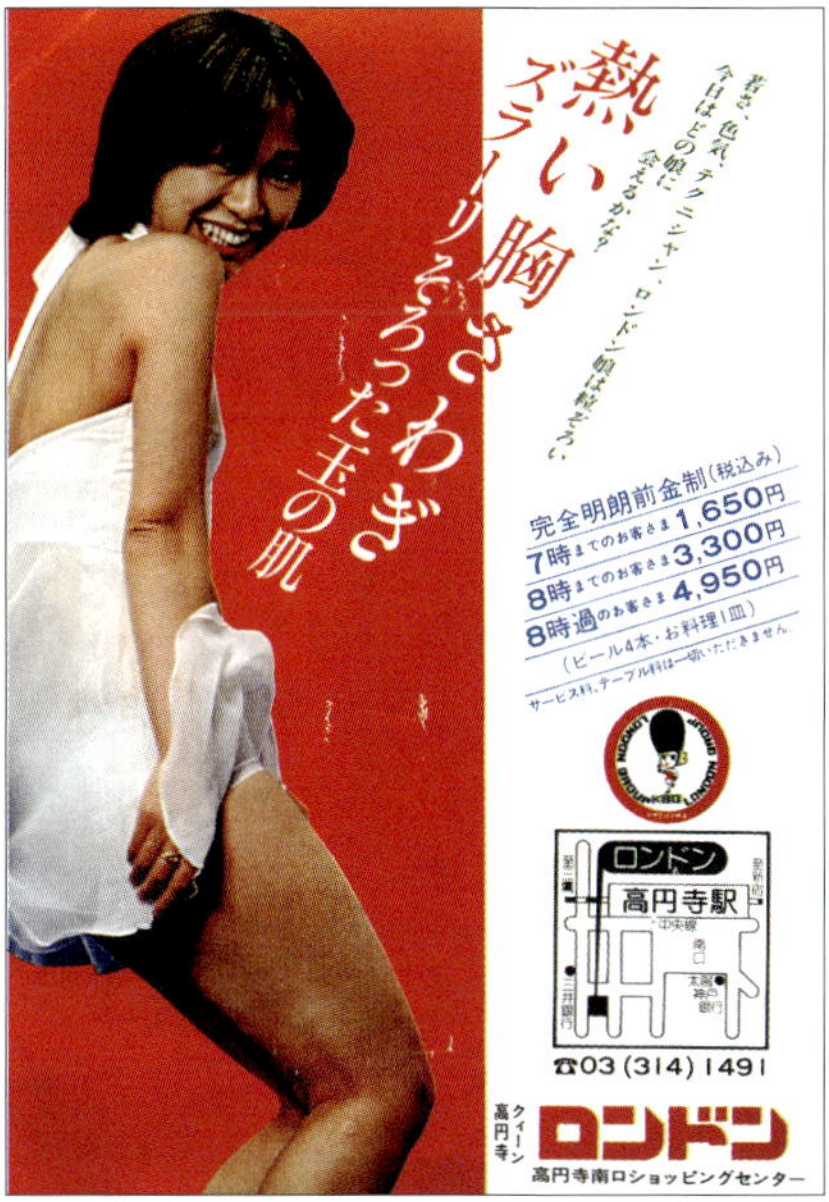
熱い胸さわぎ
ズラーリそろった玉の肌
若さ、色気、テクニシャン、ロンドン娘は粒ぞろい
今日はどの娘に会えるかな?
完全明朗前金制(税込み)
7時までのお客さま1,650円
8時までのお客さま3,300円
8時過のお客さま4,950円
(ビール4本・お料理1皿)
サービス料、テーブル料は一切いただきません。
ロンドン
高円寺駅
中央線
南口
☎03(314)1491
クイーン高円寺
ロンドン
高円寺南口ショッピングセンター
1982年　チェーン店ロンドンはどこの店もこの頃は活気があった

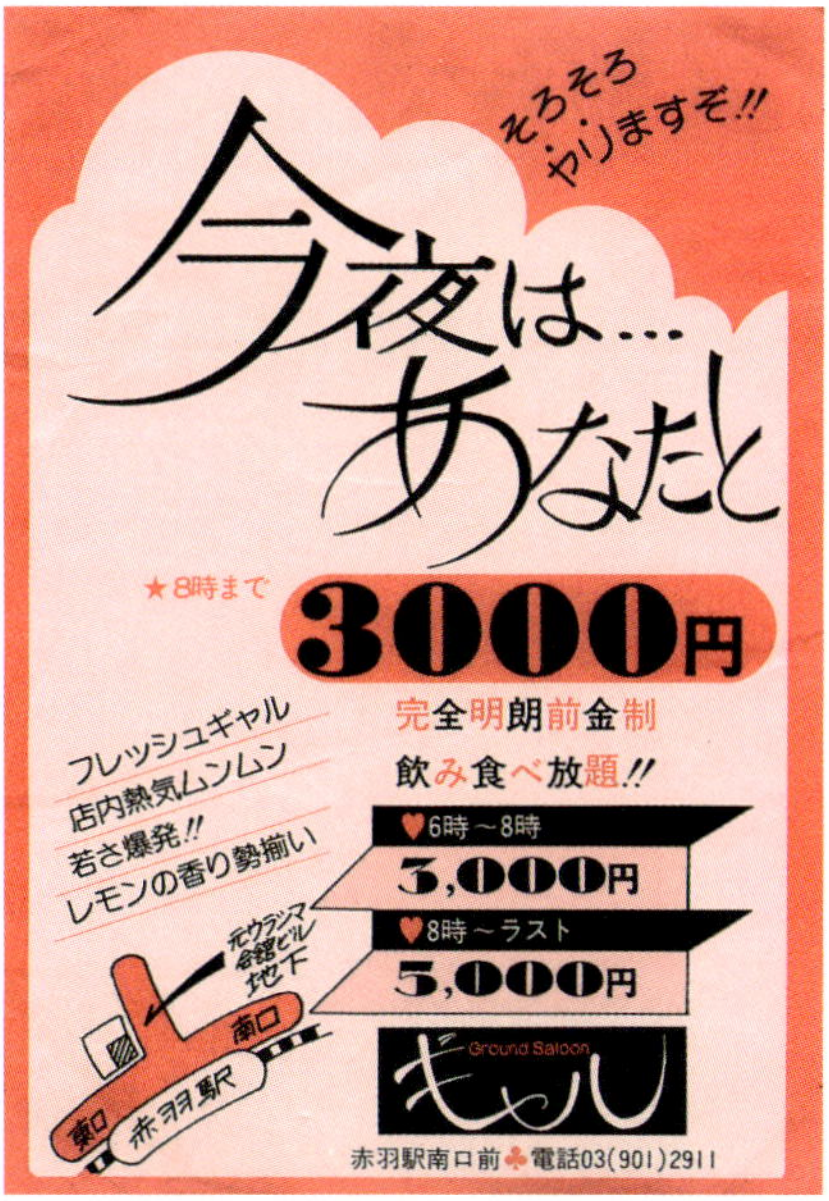
そろそろやりますぞ!!
今夜は…あなたと
★8時まで
3000円
完全明朗前金制
飲み食べ放題!!
フレッシュギャル
店内熱気ムンムン
若さ爆発!!
レモンの香り勢揃い
6時～8時
3,000円
8時～ラスト
5,000円
元ウラシマ会館ビル地下
南口
東口
赤羽駅
Ground Saloon
ぎゃル
赤羽駅南口前 電話03(901)2911
1982年　元ウラシマビルは南口駅前のそば屋田中屋の裏側で、チラシの地図だと田中屋になる

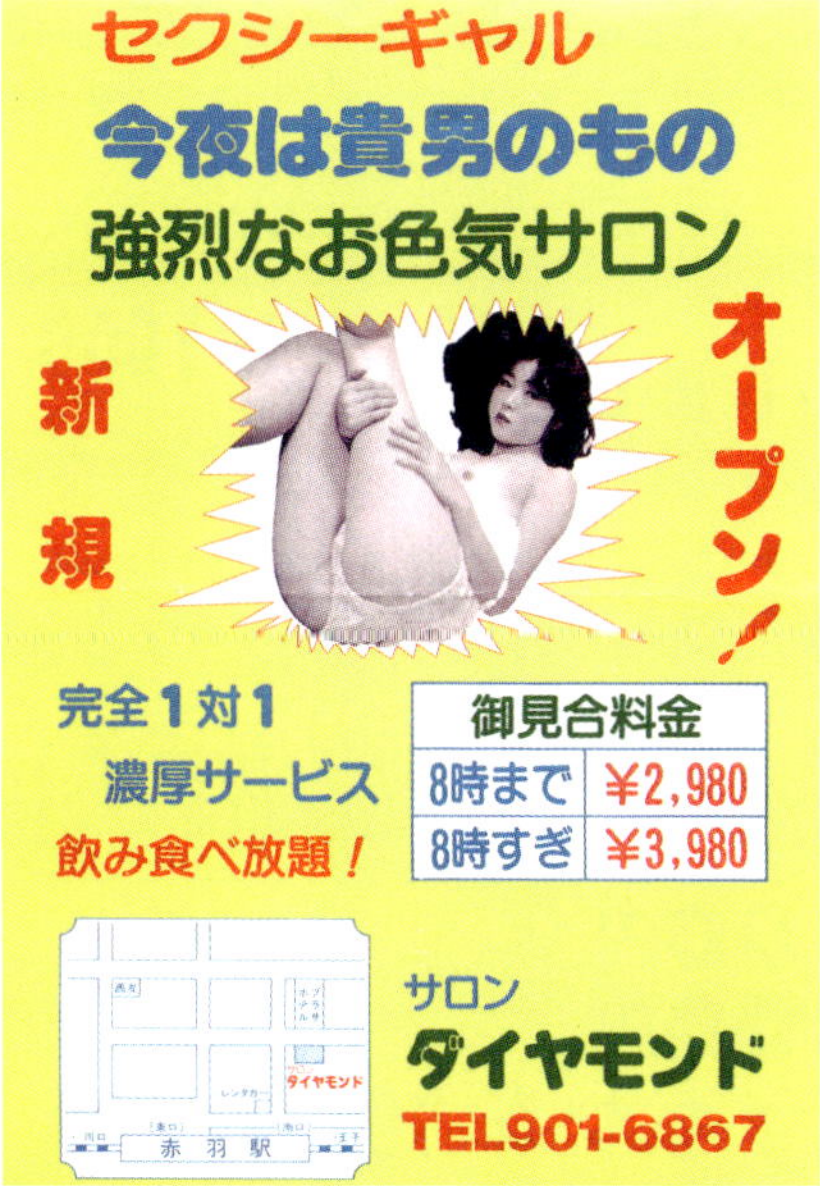
セクシーギャル
今夜は貴男のもの
強烈なお色気サロン
新規
オープン!
完全1対1
濃厚サービス
飲み食べ放題!
御見合料金
8時まで ¥2,980
8時すぎ ¥3,980
ダイヤモンド
赤羽駅
サロン
ダイヤモンド
TEL901-6867
1982年

春の大感謝祭開催中!!
まんざらでもなかったんだ。彼女
うれしそうな顔しちゃってさ。
今でも、あのシーンが
鮮烈によみがえる。
「よし、ソアーッ」と行っか～!!
オールタイム ウイスキー飲み放題!!
(または、ビール4本・お料理1皿)
完全明朗前金制(税込み)
7時まで 1,650円
8時まで 3,300円
8時すぎ 4,950円
●サービス料・テーブル料一切ありません。
キャバレー赤羽
ロンドン
国電赤羽駅南口明治生命ウラ
☎03(901)0105
ロンドン
赤羽駅
1982年

特別御優待券
（オールタイム割引）
1,000円割引
（店内用・指名料は除く）
飲み直し禁止の店
■この券御持参の方に限り１名様有効です。
今宵の御相手は顔写真により御自由におえらび下さい。
通常料金
８時迄 4,000円
ラスト迄 6,000円
追加一切なし
これ以上頂きません
フレッシュサロン（赤羽南口前）
PM赤羽店
（901）
8892

1982年

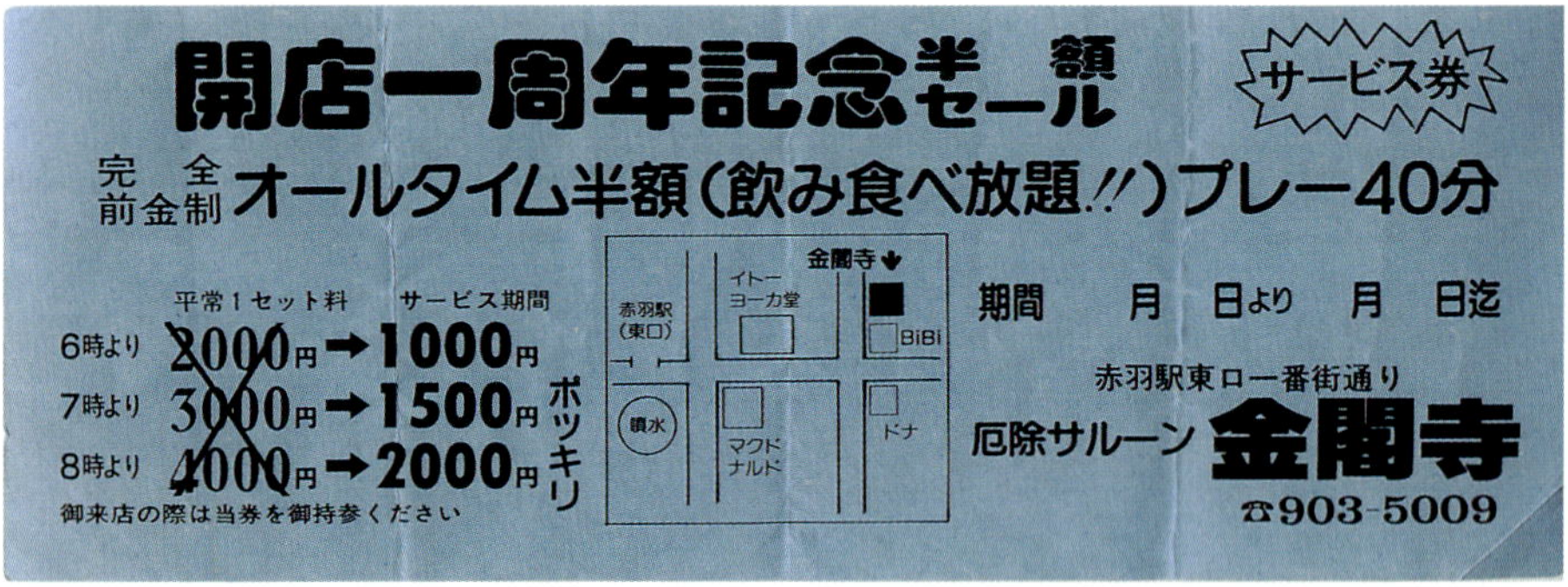

開店一周年記念半額セール
サービス券
完全前金制
オールタイム半額（飲み食べ放題!!）プレー40分
平常１セット料
サービス期間
6時より 2000円→1000円
7時より 3000円→1500円
8時より 4000円→2000円
ポッキリ
御来店の際は当券を御持参ください
金閣寺
イトーヨーカ堂
赤羽駅（東口）
BiBi
噴水
マクドナルド
ドナ
期間　月　日より　月　日迄
赤羽駅東口一番街通り
厄除サルーン 金閣寺
☎903-5009

1982年

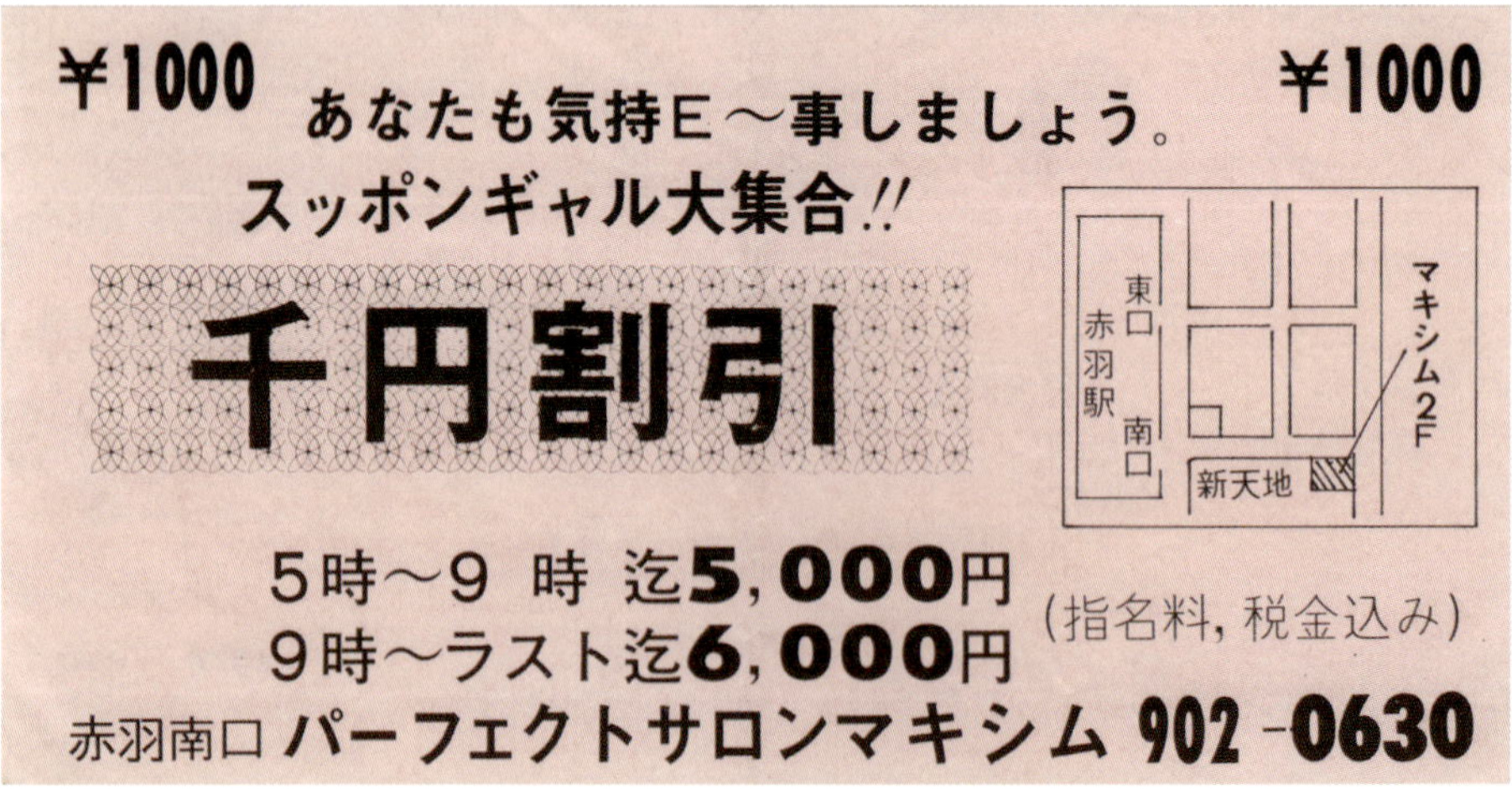

¥1000
¥1000
あなたも気持E〜事しましょう。
スッポンギャル大集合!!
千円割引
東口
赤羽駅
南口
新天地
マキシム2F
5時〜9 時 迄5,000円
9時〜ラスト迄6,000円
（指名料，税金込み）
赤羽南口 パーフェクトサロンマキシム 902-0630

1982年

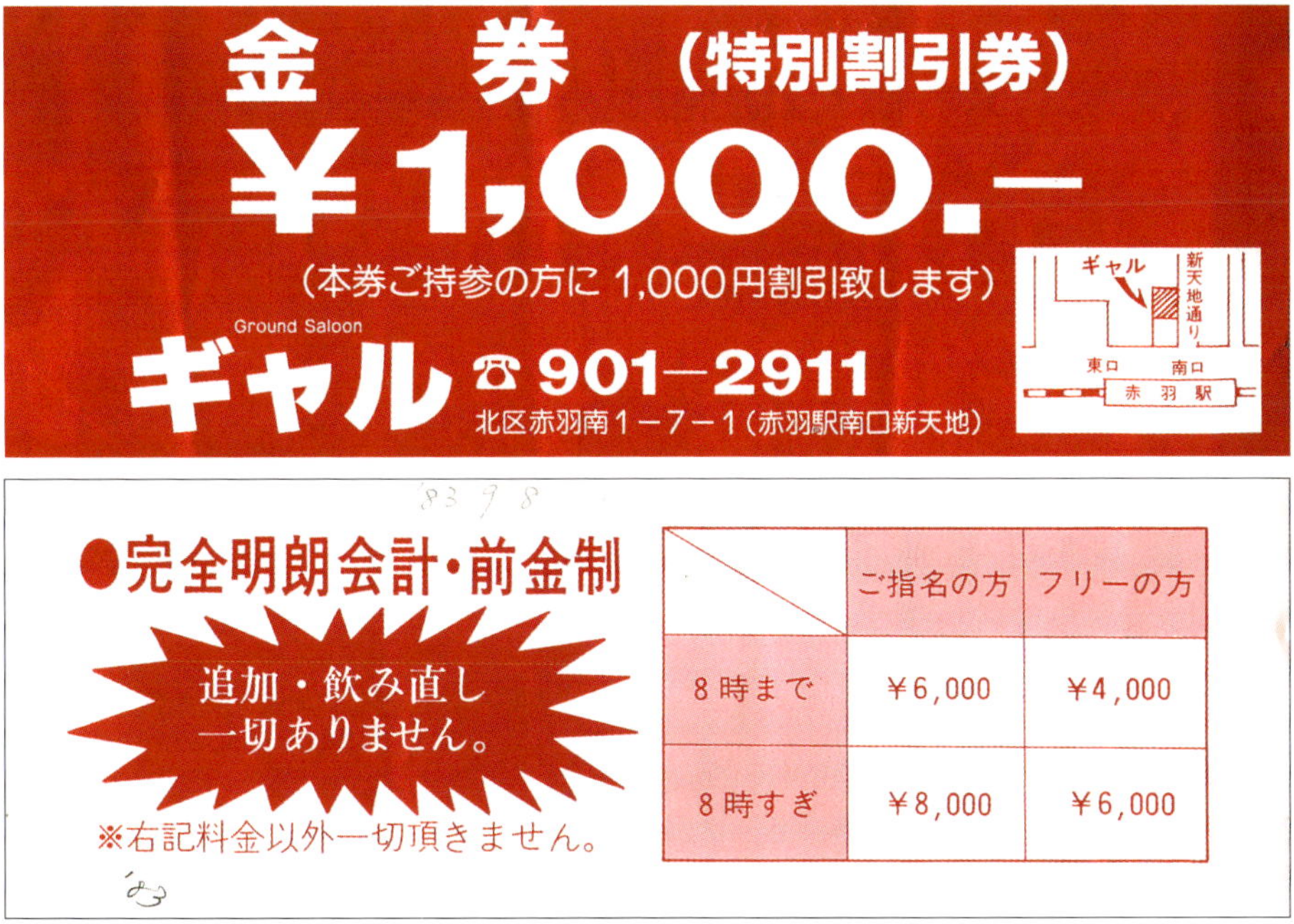

1983年

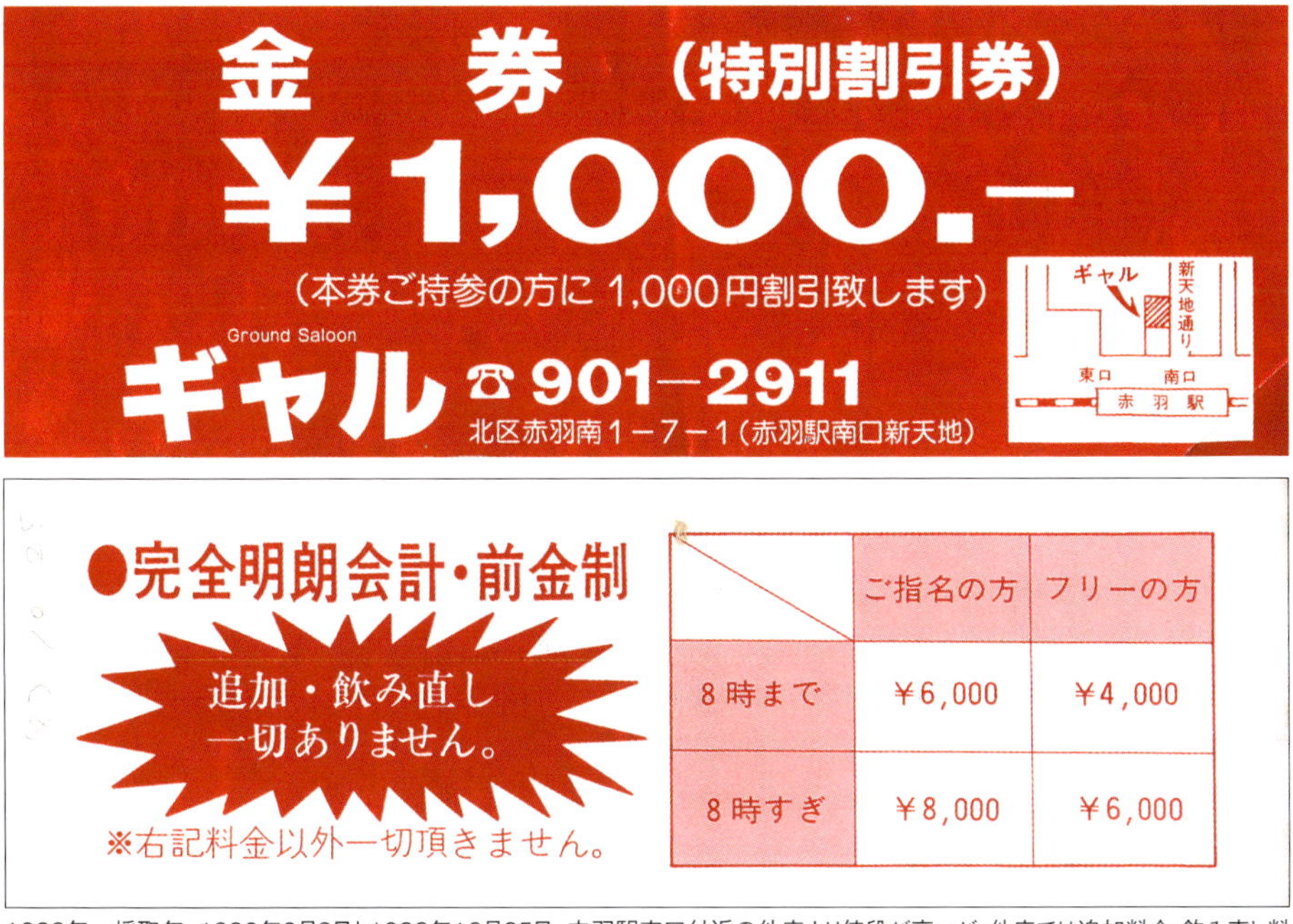

1983年　採取年。1983年9月8日と1983年10月25日。赤羽駅南口付近の他店より値段が高いが、他店では追加料金・飲み直し料金をとられることを示している

1983年

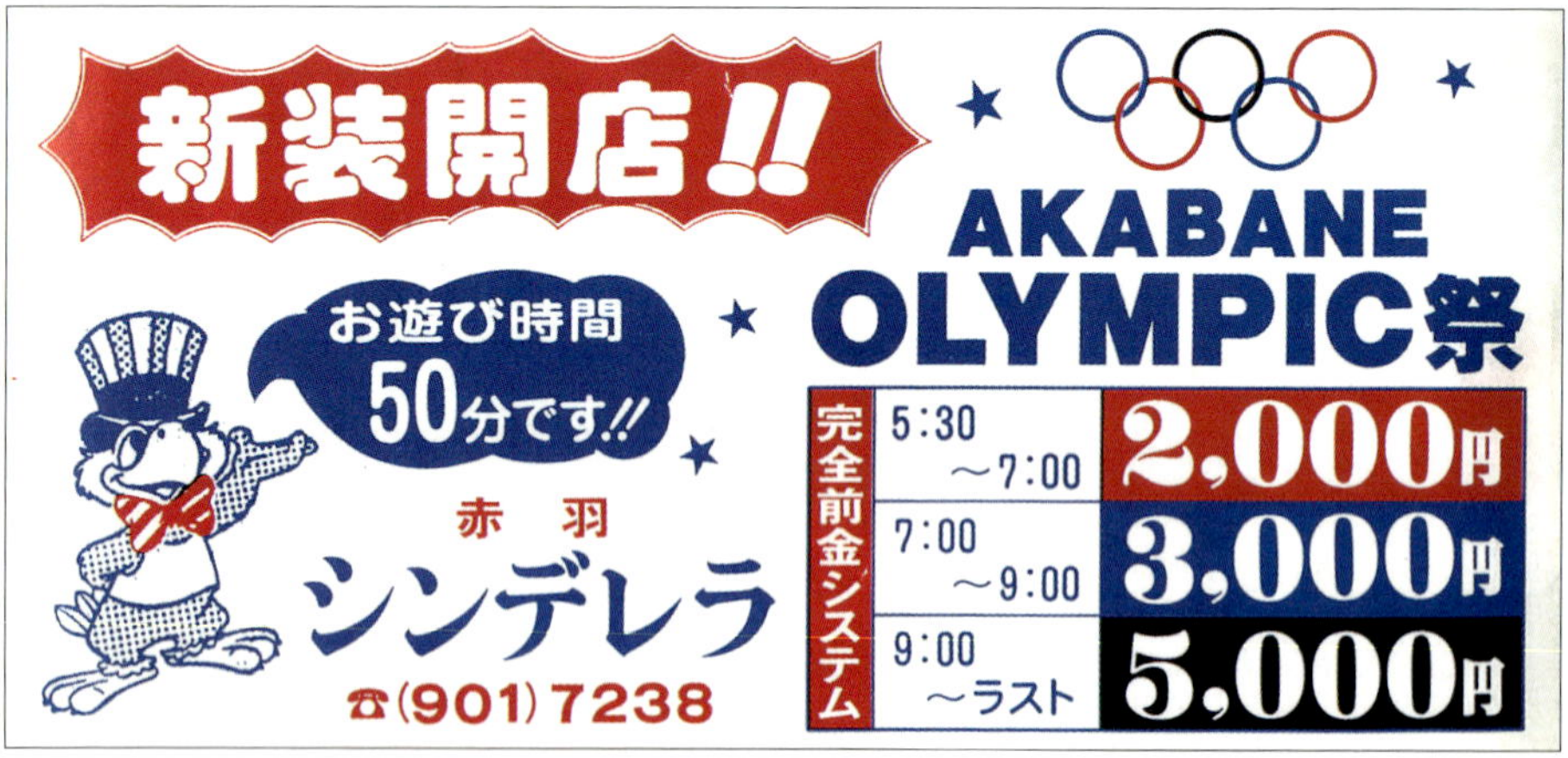

1983年　赤羽駅南口駅前の田中屋そば屋地下の店。駅のすぐ前の店でいかにもピンサロらしいチラシを撒いていた

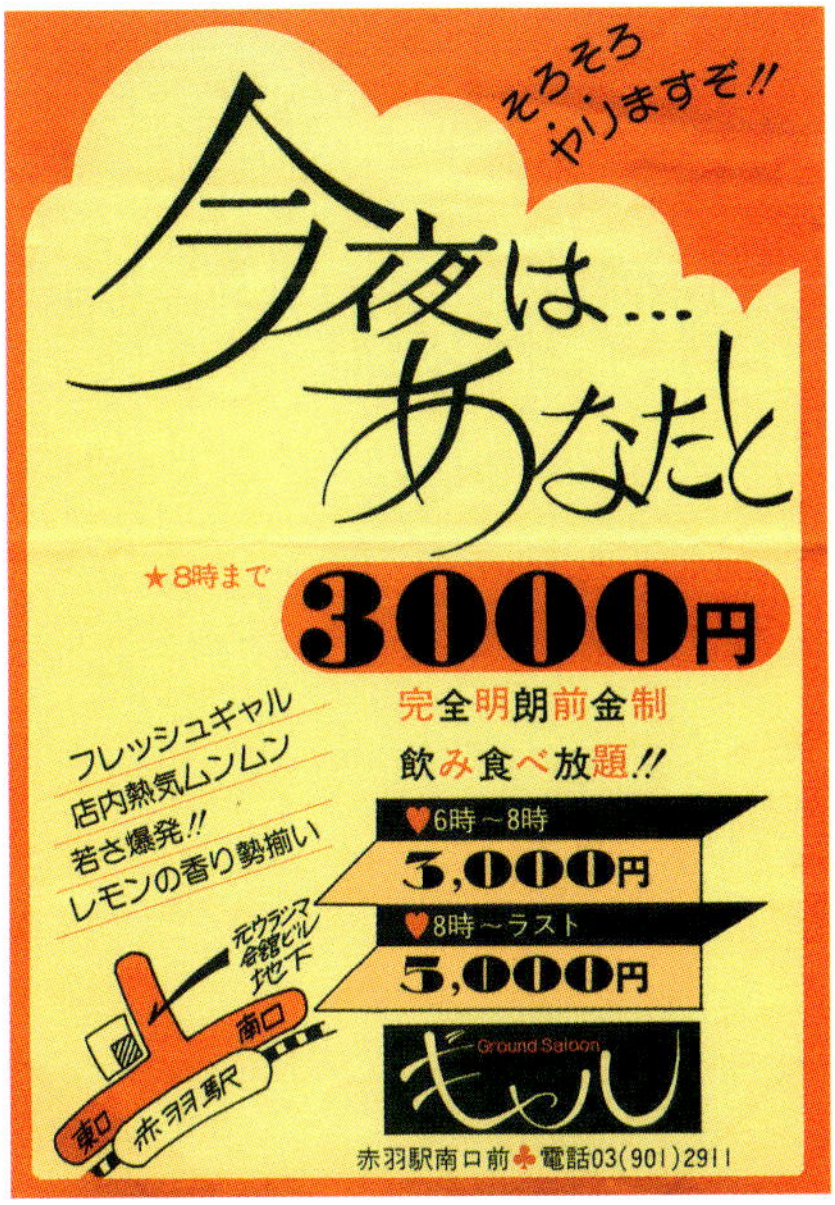

1983年

1983年

1983年

探検ご案内地図
探検好きのあなたに
ハリウッドは、男のプレイゾーン・大型の本格キャバレーです。
大型のチェーン店だからこそ出来る激安料金！
まだハリウッドをご存知ない探検好きのあなた、是非一度御来店下さい。
大きく変わって3倍楽しめます！
200名のハリウッドギャルがあなたを狙っています！
赤羽駅
東口
南口
'83 8/3
1983年　赤羽の老舗も周辺のピンサロに対抗して客の懐に配慮している。グランドキャバレーとしての風格も見せたチラシ

銀行渡り
飲食小切手
支払地　赤羽駅南口前
シンデレラの銀行
赤羽支店
赤羽 ℡
901-7238
⑤
金額 ¥1,000.
本券持参のお客様御1名に限り飲食代金より
上記金額分1,000円を差引き致します。
発行年月日
クラブ調フレッシュサロン
赤　羽　振出人
シンデレラ
1983年

●8時までに本券お持ちのお客様
3,000円 ポッキリ!
(税・サービス料込)
●ビール2本/オードブル/お土産付
豪華ショー
一流生バンド
のど自慢
美女200名
●連日豪華ショー上演
●第一部 8:00
●第二部 10:00
8時より
●セット 2,000円
●ビール 1,000円
御予算に応じます
●大型本格キャバレー
赤羽ハリウッド
☎(902)3291−4

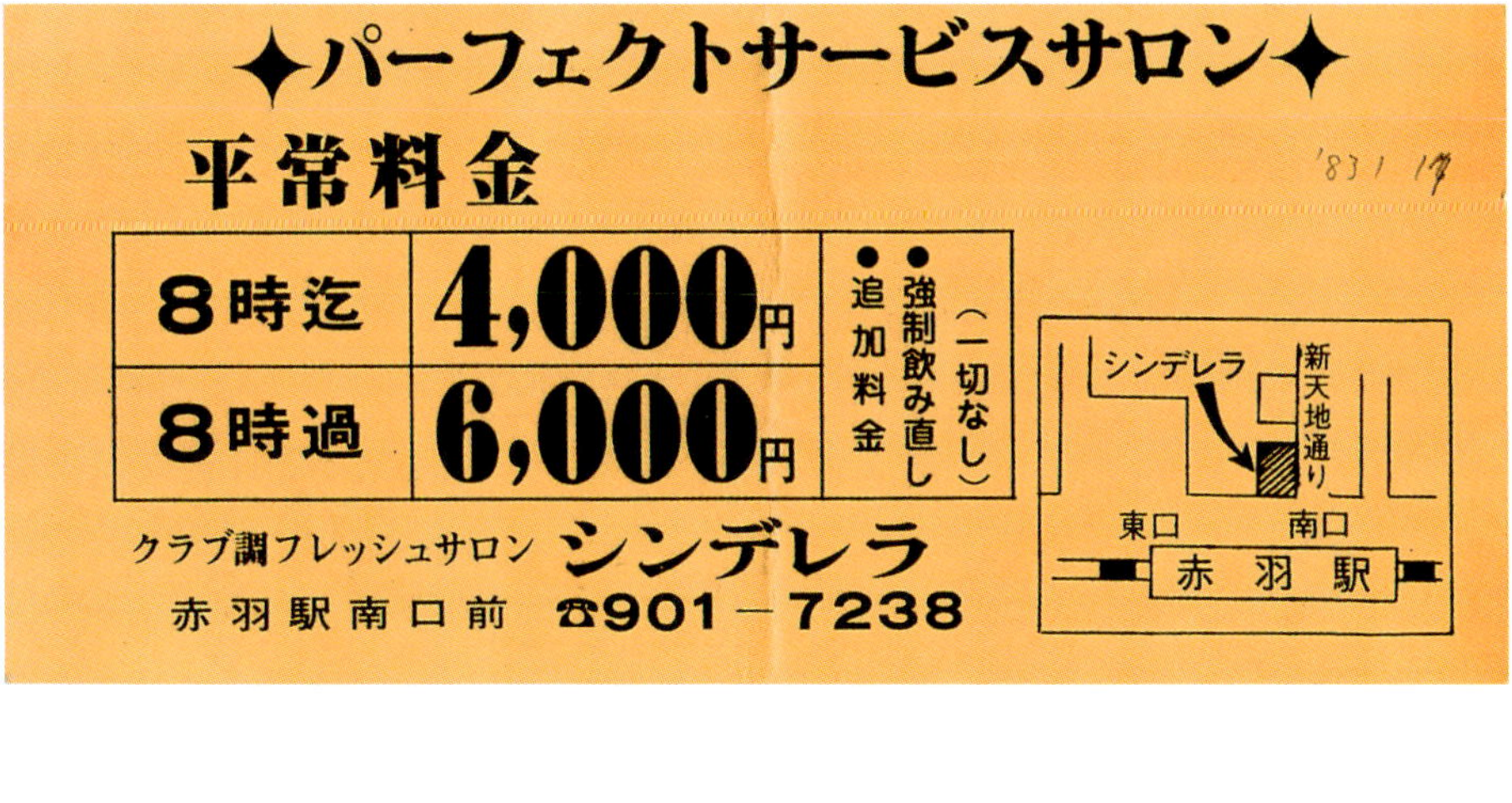
✦パーフェクトサービスサロン✦
平常料金
'83 1 17
8時迄 4,000円
8時過 6,000円
●強制飲み直し
●追加料金
(一切なし)
クラブ調フレッシュサロン シンデレラ
赤羽駅南口前 ☎901−7238
シンデレラ
新天地通り
東口
南口
赤羽駅

忘年会のお知らせ
お1人様飲み放題で
¥3,300でOK!
●お気軽にお問い合せください●
●オールタイム
ウイスキー飲み放題
またはビール4本 いずれもお料理1皿付
完全明朗前金制（税込）
8時まで ご来店のお客さま 3,300円
8時すぎ ご来店のお客さま 4,950円
●サービス料・テーブル料一切いただきません。
LONDON GROUP KBB LONDON GROUP
ロンドン
キャバレー赤羽店
国電赤羽駅南口明治生命ウラ
☎03-901-0105
ロンドン
赤羽駅
★交通安全キャンペーン★
飲んだら乗るな、乗るなら飲むな。

Fresh Up
顔が変わって、さらに、フレッシュ・アップ
Fresh Up
'83.12.11

1983年

ナイスキャッチ
私の♥をつかまえてネ。
貴男のお相手をするシンデレラギャルは
いつも〇〇に憧れています。
シンデレラギャルは
いつもピチピチ
はじけてます。
貴男のお相手をする
シンデレラギャルは
20名。平均年令20.5才
赤羽 シンデレラ
☎901-7238

赤羽の熱い夜。
指名料無料
オールタイム
千円割引券
シンデレラ
●赤羽店●
☎901-7238
シンデレラ
南口
田端→
赤羽駅
フリーの方 指名の方 二輪車
4:00～6:00▶4,000円
6:00～8:00▶5,000円
8:00～ラスト▶6,000円
追加料金
一切なし!!

1983年

♡24時間営業
早朝予約制
泣かせて
●12:00～17:00(80分)
………¥20,000
●17:00～(100分)
………¥25,000
キャスター
☎903-0951
コンパニオン 募集中！

1984年　何をサービスする店かは想像にまかせます

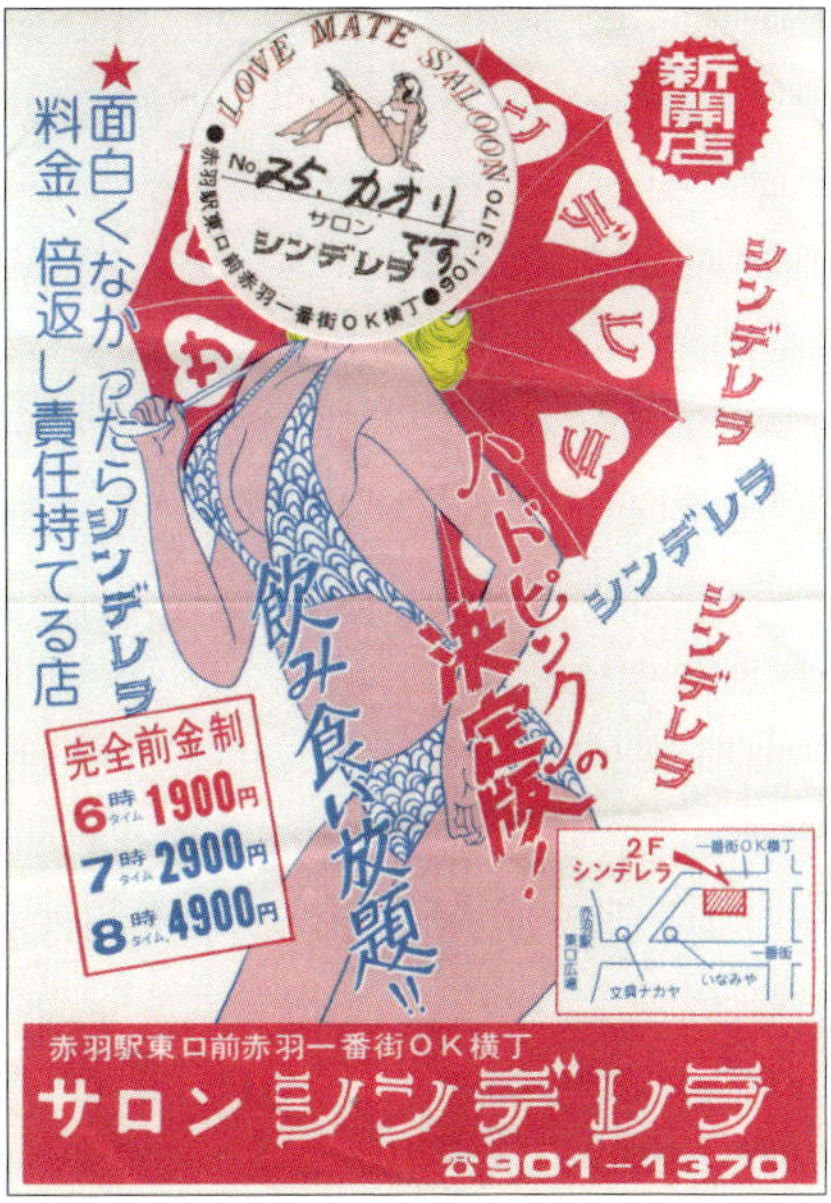
★面白くなかったらシンデレラ料金、倍返し責任持てる店
LOVE MATE SALOON
No.25. カオリです。
サロン シンデレラ
新開店
シンデレラ
ハードピックの決定版！
飲み食い放題!!
完全前金制
6時タイム 1900円
7時タイム 2900円
8時タイム 4900円
2F シンデレラ
一番街OK横丁
赤羽駅東口前赤羽一番街ＯＫ横丁
サロン シンデレラ
☎901-1370

1983年

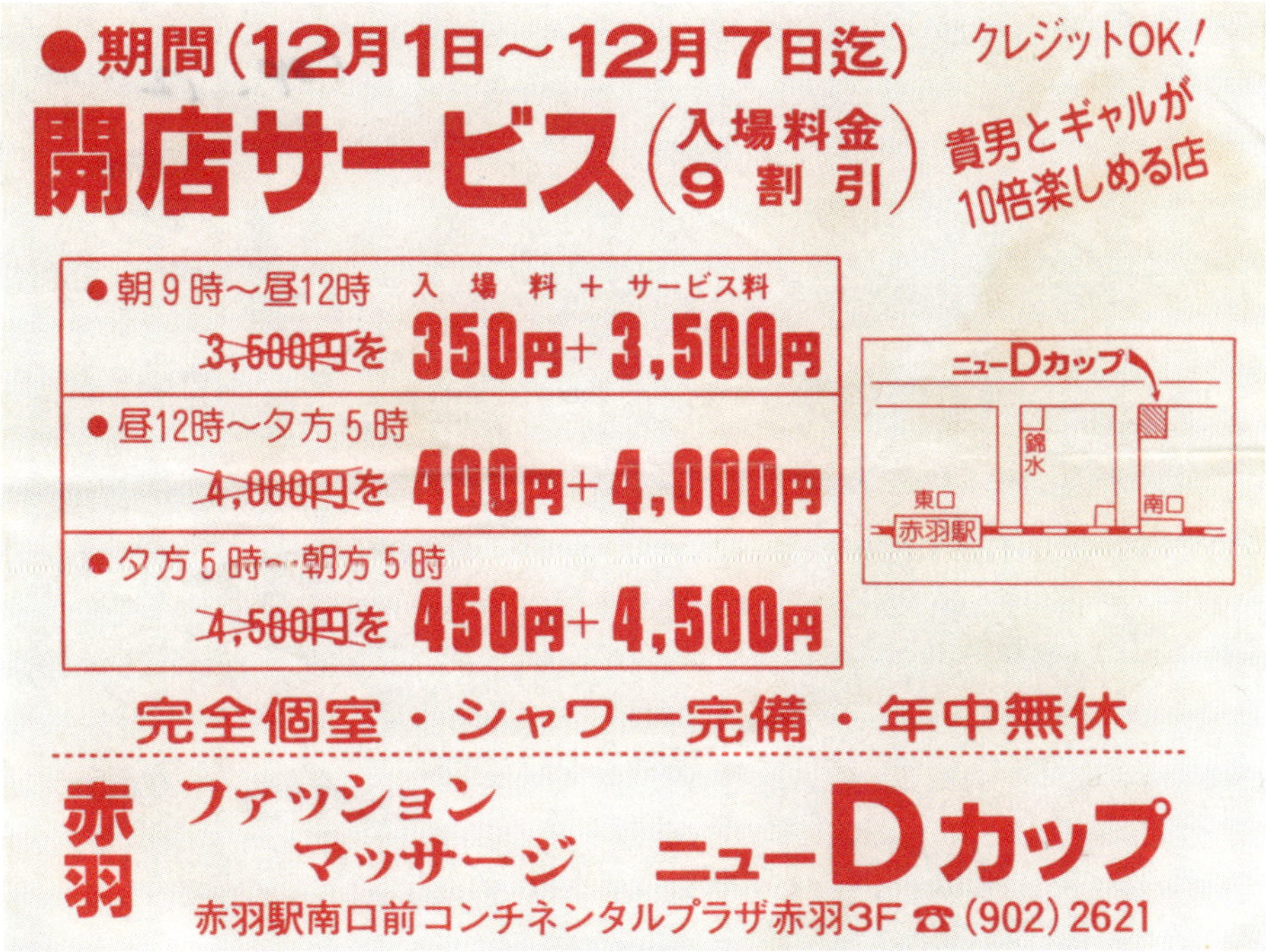
●期間（12月1日～12月7日迄）
クレジットOK！
開店サービス（入場料金 9割引）
貴男とギャルが10倍楽しめる店
●朝9時～昼12時　入場料＋サービス料
3,500円を 350円＋3,500円
●昼12時～夕方5時
4,000円を 400円＋4,000円
●夕方5時～朝方5時
4,500円を 450円＋4,500円
ニューDカップ
錦水
東口
赤羽駅
南口
完全個室・シャワー完備・年中無休
赤羽 ファッションマッサージ ニューDカップ
赤羽駅南口前コンチネンタルプラザ赤羽3F ☎(902)2621

1984年　キャバレー、サロンと異なり酒を飲まない新しいタイプの店舗が開店した。旧赤羽サウナ会館1981年の地図参照

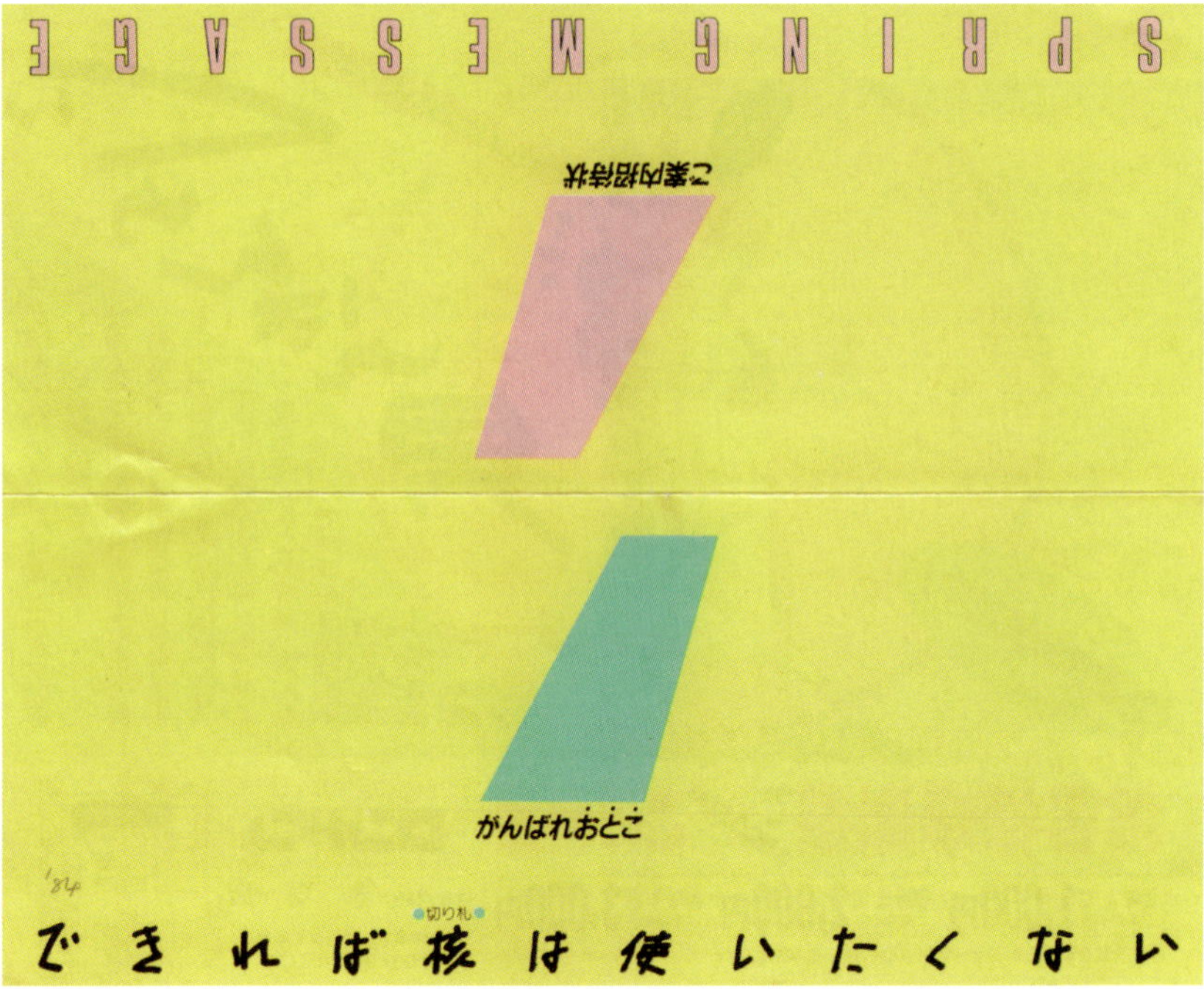
SPRING MESSAGE
ご案内招待状
がんばれおとこ
'84
切り札
できれば核は使いたくない

できれば核は使いたくない
がんばれ男
ほっかほかの春、のほほんの春、ムクムクの春、そして、好奇心の芽生える春。
社会人一年生の貴男も、大学一年生の貴男も、そして一年生を卒業した貴男も
この春から、もう大人の仲間入り。
年上の女性がやたらと色っぽく見えるのもこの季節、皆んなでキラキラ光っちゃおう。ガンバレ男たち！
そんな女に会ったら〈核〉を使ってしまおう。〈核〉ならどんな女だってイチコロさ。
各種宴会受付中！
お客様感謝祭でさらにうれしいこの料金
7時まで ご来店の方 1,000円
8時まで ご来店の方 2,000円
8時すぎ ご来店の方 3,000円
●完全前金制(税込み) ●オールタイム ウイスキー飲み放題！ ☆サービス料・テーブル料一切頂きません。
ロンドン
キャバレー赤羽店
国電赤羽駅南口明治生命ウラ
☎03-901-0105
ロンドン
明治生命
南口
赤羽駅
京浜東北線

1984年

ヘルシー&セクシースポット

池袋地区もヘルス先進地区。あちらこちらで、ヘルス店が現れては消えるという状態が続いているが、そんな移りかわりの激しい池袋ヘルス界にあって、もう一年以上も営業を続けているという実績と伝統を誇っているのが、ここ「UCLAリトルベア」である。

この長続きするコツ、多くのお客さんに愛されているワケはたくさんあるが、一番大きな要素はそのサービスの密度の濃さというものだろう。

しっとりとした色気で迫るルイジアナちゃんを始め、全員が口と手をフルに使って、こりかたまった部分をやさしくマッサージしてくれる。

ルイジアナちゃんのなめらかな口の動き、舌の動かし方が巧みなコロラドちゃんなど、彼女たちのお口はちょっとした名器なのだ。

その名器にじっくりとサービスをうけたら、もう病みつきになること必至。これじゃ、お客さんが後を絶たないわけだ。

全室にシャワーがついているので、清潔ムードも満点。もちろん、彼女たちのやさしい手で、いつもきれいにしとかなくてはいけない大切な部分を洗ってもらえるのだから、遠慮なく彼女たちのお口のお世話になること。

シャワーでサッパリして、彼女たちのサービスでスッキリする。この、サッパリ、スッキリサービスが、リトルベアのモットーなのだ。

入場料3千円。サービス料6千5百円も決して高くないゾ!!

ギャルズ☆プロフィール

シアトル(22)
162・83・58・85
ハーフっぽいタイプのやさしい女の子。フィンガーマッサージ、リップサービス、どちらも巧みにこなすテクニシャン。じっくりとサービスをするのがモットー。(AB型)

コロラド(20)
157・83・57・83
口を使ったサービスはピカ一。とてもお話し上手ということで、話題が豊富なのだ。もちろんフェラチオの方も……舌の動かし方は最高なのだそうだ。(A型)

ルイジアナ(22)
160・87・59・85
マスコミで有名な風俗ギャル。そのテクニックに関しては都内屈指といわれている筋金入りのテクニシャン。やさしくなめらかなリップサービスが好評。かなり色っぽく迫ってくる。(A型)

ハワイ (20)
158・87・60・88
大きなバストを利してのボディマッサージは圧巻。一見おとなしそうだが、いざサービスということになると、かなり大胆なことをしてれる。(A型)

シカゴ (20)
156・94・63・90
94cmのオッパイはリッパ。サービスの熱心さも、お店ではピカ一の存在である。(O型)

ロサンゼルス(21)
154・77・56・80
スリムな女子大生タイプ。かなりハードなリップサービスをしてくれるが、普段はやさしい女の子。パッチリした瞳が魅力的。(A型)

ユ　タ (21)
167・85・63・87
モデル風の女の子。背が高くその脚線美も魅力的。得意技はリップサービス。ジットリとやってくれる。(A型)

1984年

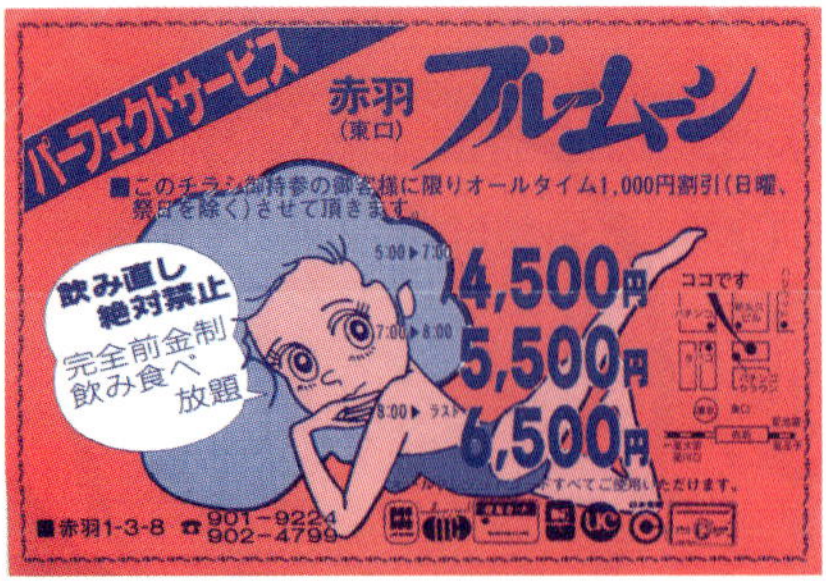

1984年

1984年

1983年

1983年

特別御優待券
(オールタイム割引)
1,000円割引
(指名料は除く)
飲み直し禁止の店 6月 5日迄有効
■この券御持参の方に限り1名様有効です。
今宵の御相手は顔写真により御自由におえらび下さい。
通常料金
4時～8時迄…4,000円
8時～9時迄…5,000円
9時～ラスト…6,000円
フレッシュサロン(赤羽南口前)
PM赤羽店 (901)8892

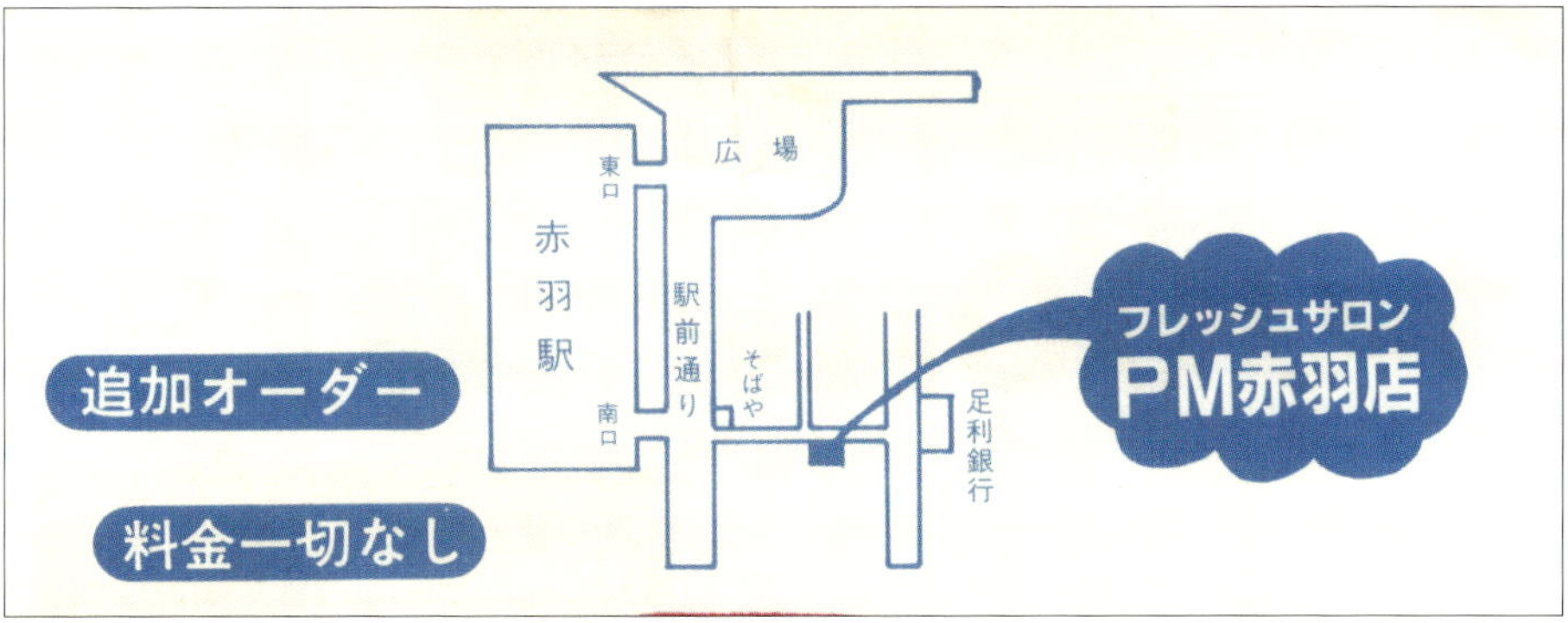
追加オーダー
料金一切なし
広場
東口
赤羽駅
南口
駅前通り
そばや
足利銀行
フレッシュサロン
PM赤羽店

1983年

駅前でチラシを配ることが出来た最後の時代。東口一番街OK横丁のシンデレラや南口の赤羽サウナ横の奥乃院の開店が1983年。1984年にニューDカップが南口コンチネンタルプラザに開店したが、もう2・3年前の開店ラッシュはなくなった。これ以降チラシは電話ボックスに貼られるようになった。1981～1985年頃は赤羽駅南口駅前の田中屋そば店から始まる新天地一帯は活気にあるれていた。シンデレラ、うらしま、なぽれおん、ダンヒル、PM、アラジン、ロンドン、ダーリング、ヤングカーニバル、ニューDカップ、ベルバラなどのピンサロがサービスを競いあっていた。

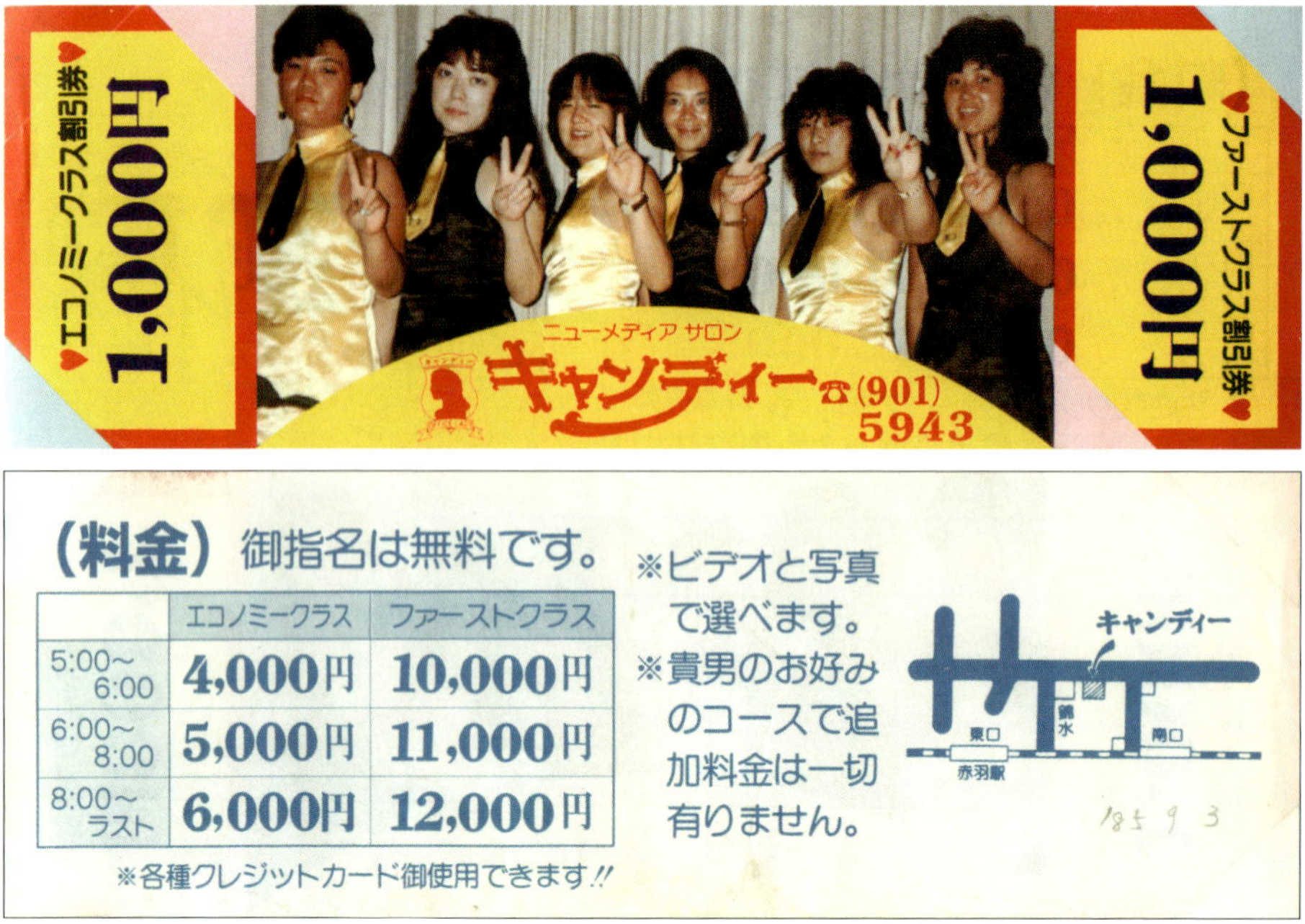

♥エコノミークラス割引券♥
1,000円
♥ファーストクラス割引券♥
1,000円
ニューメディア サロン
キャンディー
☎(901)5943
(料金) 御指名は無料です。

	エコノミークラス	ファーストクラス
5:00〜6:00	4,000円	10,000円
6:00〜8:00	5,000円	11,000円
8:00〜ラスト	6,000円	12,000円

※各種クレジットカード御使用できます!!
※ビデオと写真で選べます。
※貴男のお好みのコースで追加料金は一切有りません。
キャンディー
東口
錦水
南口
赤羽駅
'85 9 3

1983年

1984年　1982年開店のサロンダイヤモンドと同一店舗。手入れを受けて店名と店長が変った?

短期間のうちにラブハンターがベルバラに変わり、さらにキャンディーと店名が変わった。しかしこの店舗の電話番号は901-5943で店名が変わっても換わらなかった。
フレッシュサロントマトもキャンディーと同じ建物(多分1階と2階)内にあり、ダイヤモンドからトマトと店名が変わったが、電話番号はダイヤモンドと同じ901-6867である。新天地のピンサロの中で最もひんぱんに店名を変えてきた店舗である。

I

コレクション

1986-2005

風俗営業取締法が1984年に大幅改正され、翌年2月に施行された。赤羽駅前でのチラシの配布はなくなり、替わってSUICAサイズのチラシが公衆電話ボックス一面に貼られ、券売機の脇や公衆トイレ等に置かれるようになった。職業・年齢別等で女性をそろえた無店舗派遣型のチラシが主流で、複数の店舗をまとめた小冊子型が増え、広域に配布された。飲み食いという男と女との間に介在していた儀式が取り払われ、直接女の属性で男に訴えかけるチラシに変わっていた。

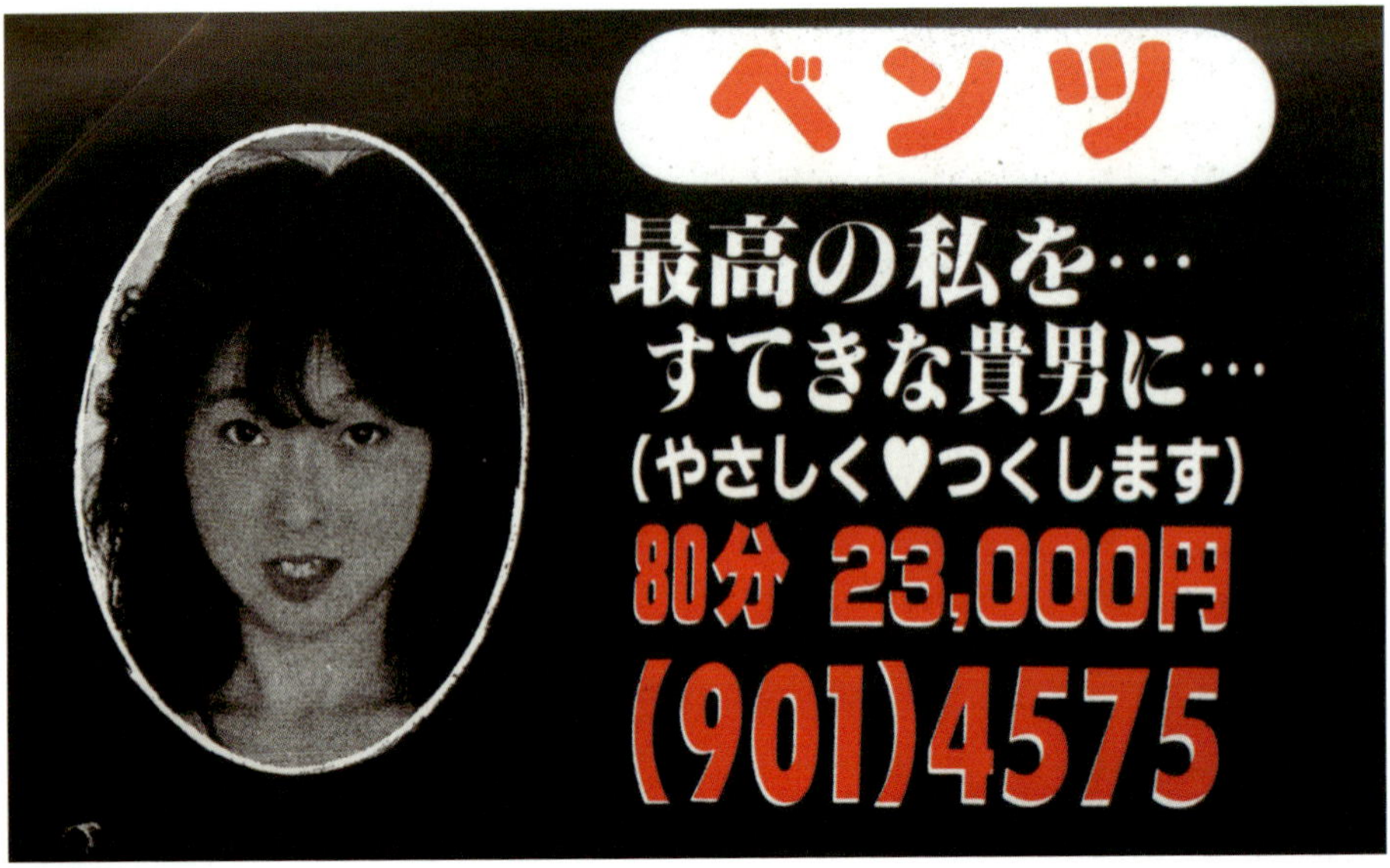

1986年

1987年

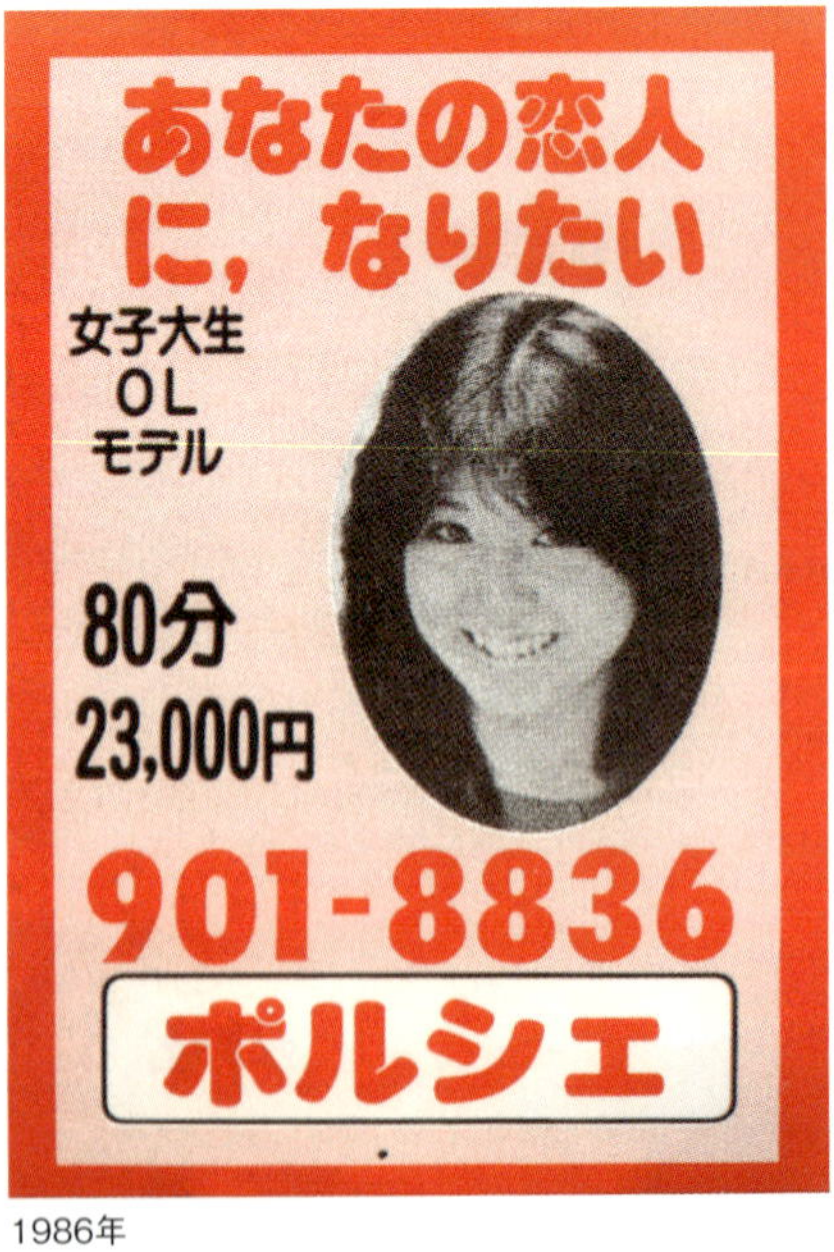

1986年

この頃より撒かれたチラシの内容が女性の属性と時間と値段だけの表示に変わっていった。これは飲食を媒介しなくなったことを意味する。

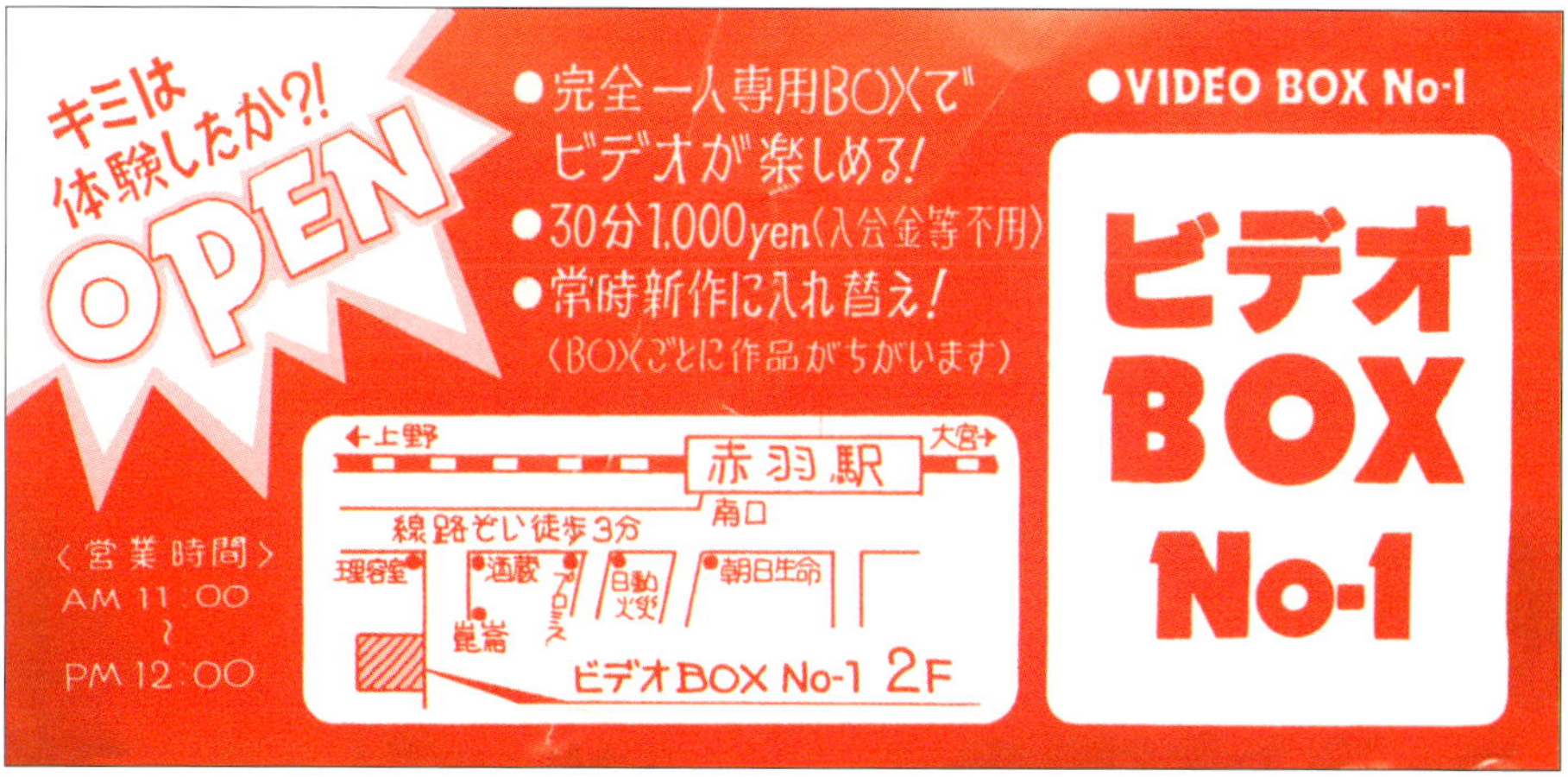

1986年

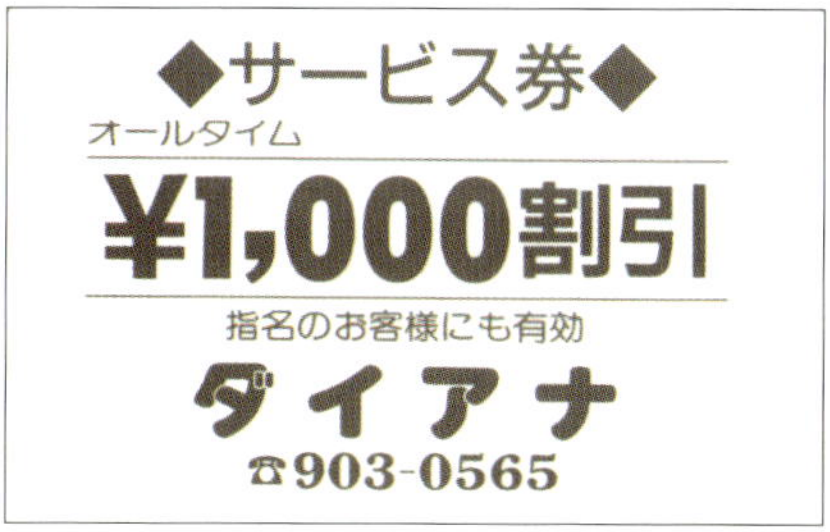

1987年

1986年

1987年

1986年

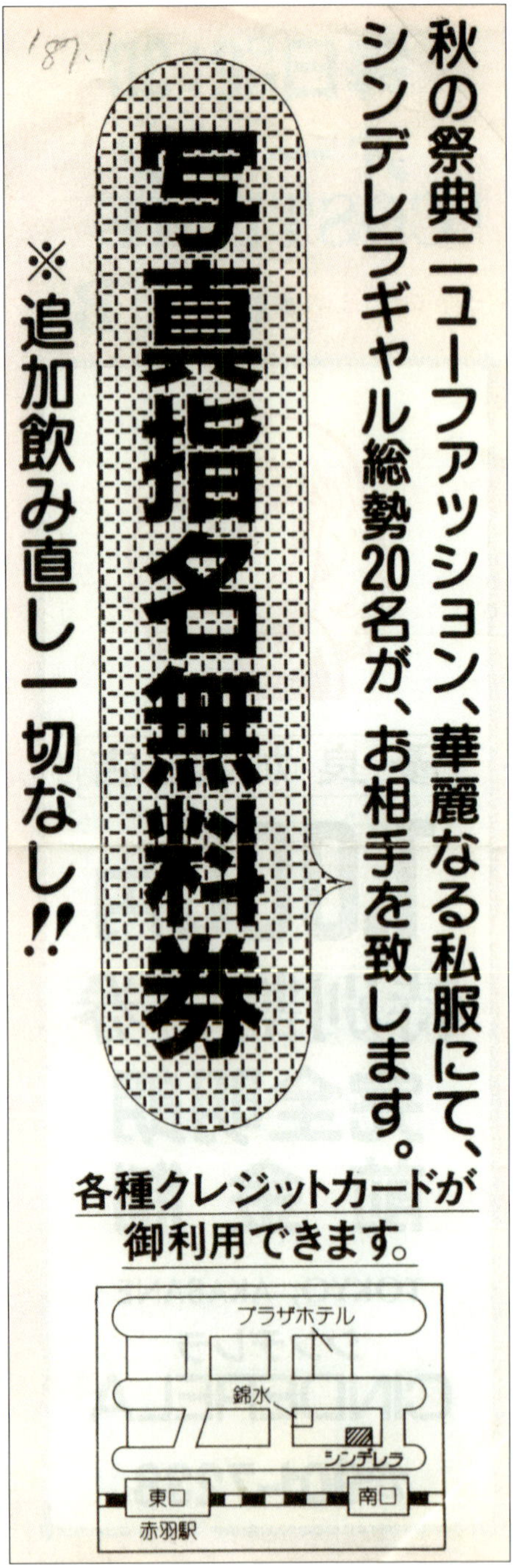
'87.1
秋の祭典ニューファッション、華麗なる私服にて、
シンデレラギャル総勢20名が、お相手を致します。
写真指名無料券
※追加飲み直し一切なし!!
各種クレジットカードが
御利用できます。
プラザホテル
錦水
シンデレラ
東口
南口
赤羽駅

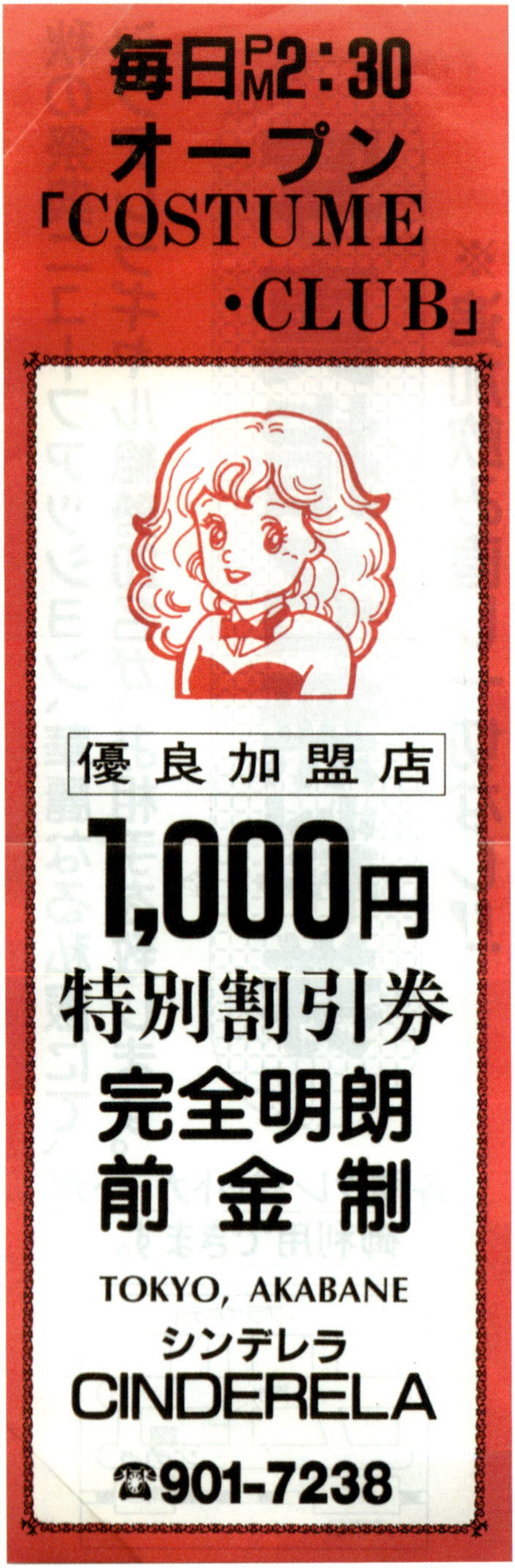
毎日PM2:30
オープン
「COSTUME・CLUB」
優良加盟店
1,000円
特別割引券
完全明朗
前金制
TOKYO, AKABANE
シンデレラ
CINDERELA
☎901-7238

1987年　1983年には東口一番街OK横丁に開店したシンデレラが赤羽駅南口に移ったのか?

1987年

1987年

1987年

1987年

1987年

1987年

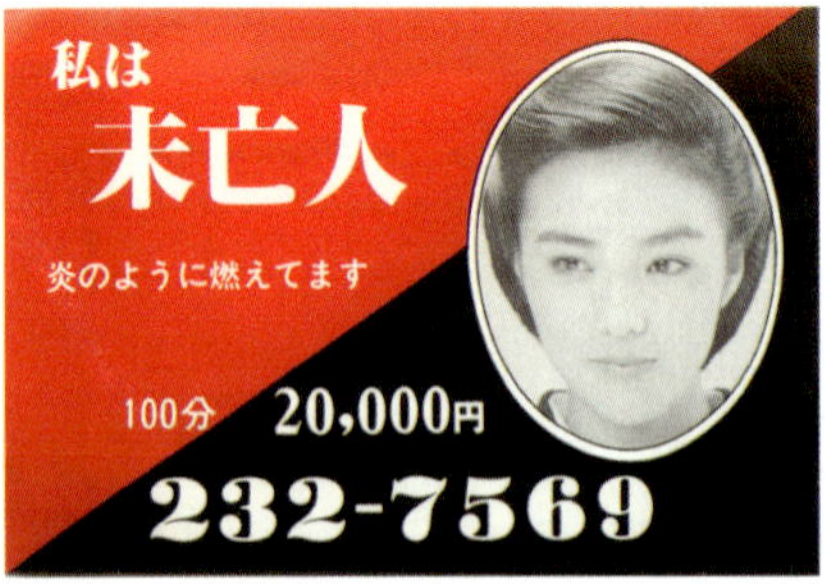

1987年

1987年

♡〔個室〕マッサージ♡
可愛いい人妻やOLがあなたへのサービス個室でたのしくお過ごし下さい。それが何よりの健康です。時節柄サービスの内容を尋ねるような野暮はお止め下さい。
目標は新大久保駅と大久保駅の中間で各駅より一分です。昼十二時より営業若くて美しい女性が大勢揃っております。
ご予算は一万円で結構です。
☎ 364—3015
個室マッサージ パンジー

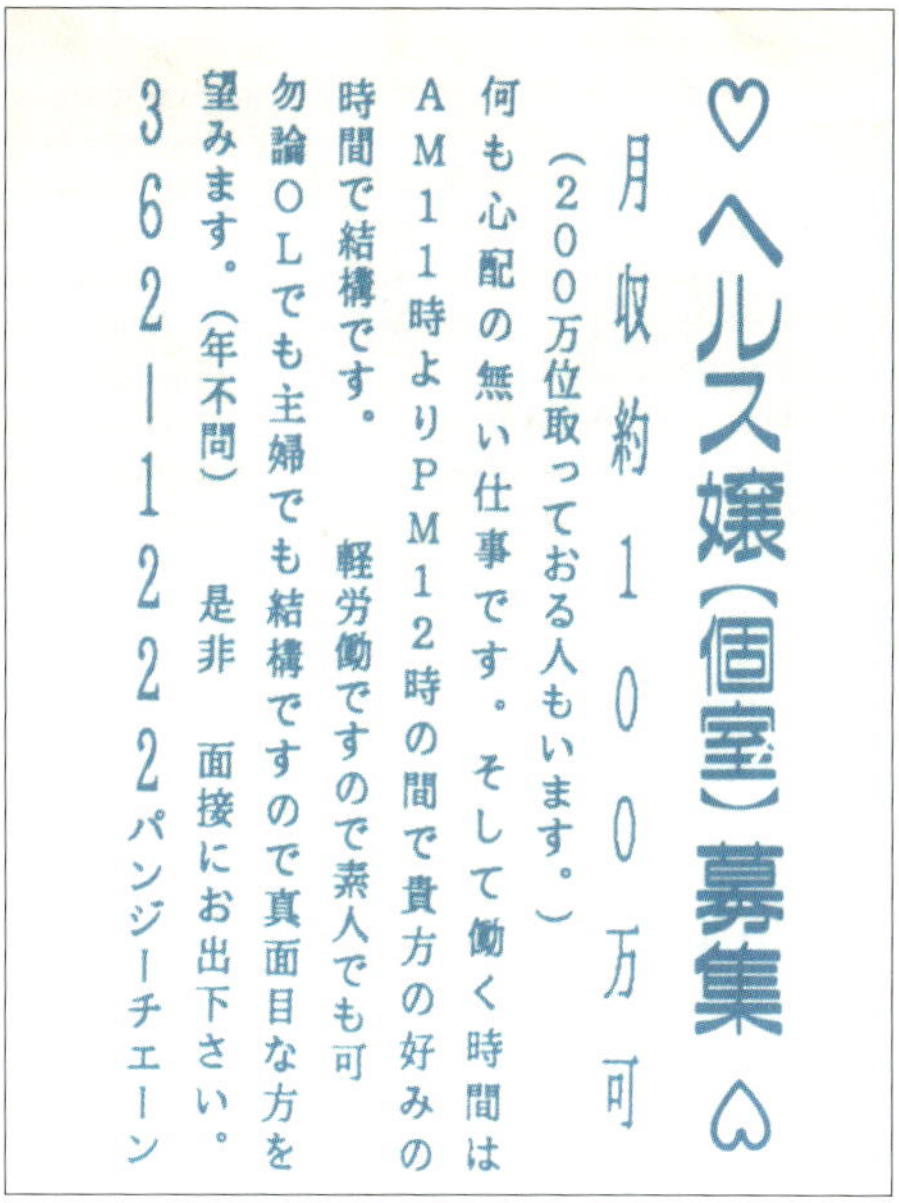
♡ヘルス嬢〔個室〕募集♡
月収約100万可
（200万位取っておる人もいます。）
何も心配の無い仕事です。そして働く時間はAM11時よりPM12時の間で貴方の好みの時間で結構です。
軽労働ですので素人でも可
勿論OLでも主婦でも結構ですので真面目な方を望みます。（年不問）
是非 面接にお出下さい。
362—1222
パンジーチエーン

1987年　男性側の好みにより、女性もひよこ、学生、人妻、未亡人、熟女とチラシの差別化が進んだ

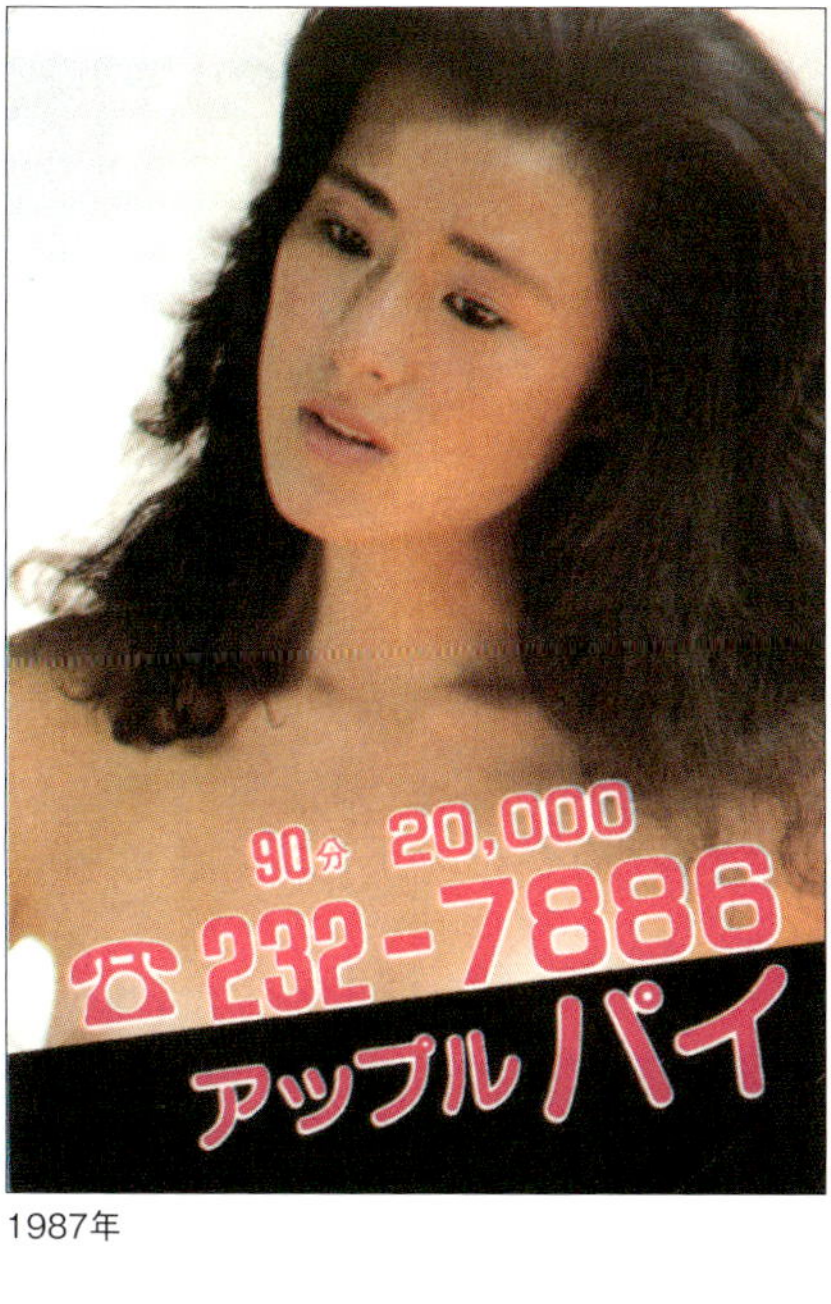
90分 20,000
☎ 232-7886
アップルパイ

1987年

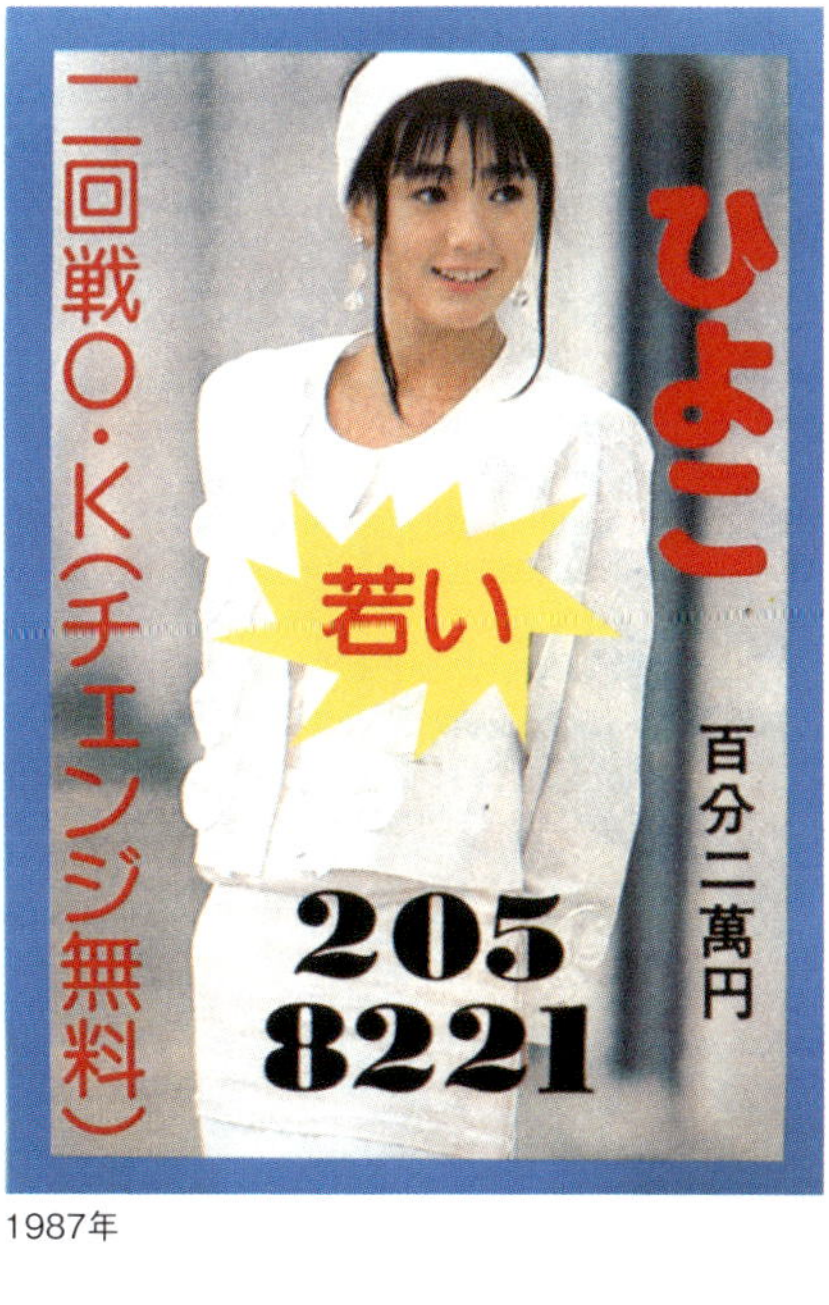
ひよこ
若い
百分二萬円
205
8221
二回戦O・K（チェンジ無料）

1987年

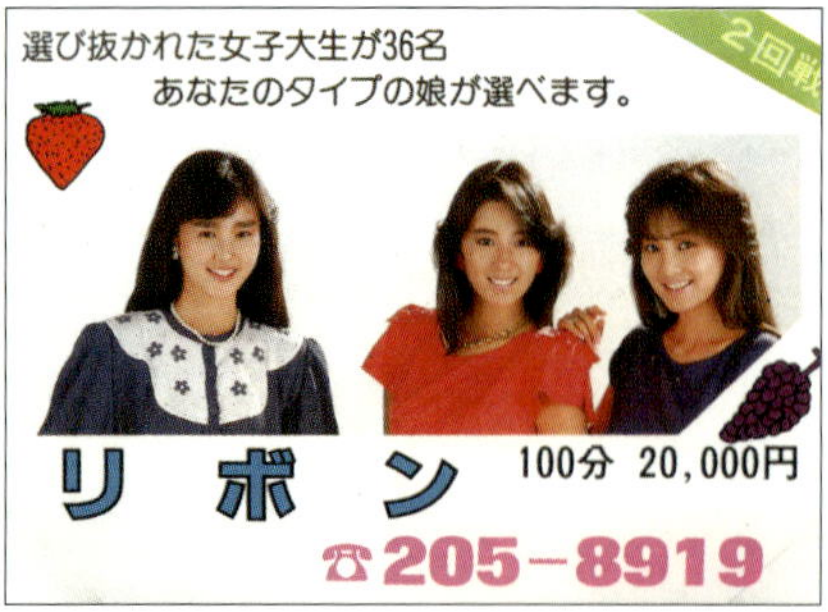

1987年

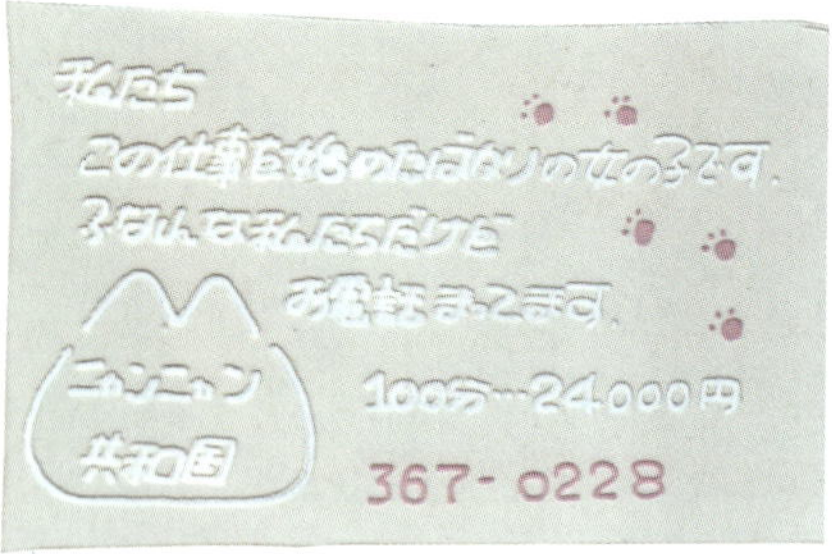

1987年

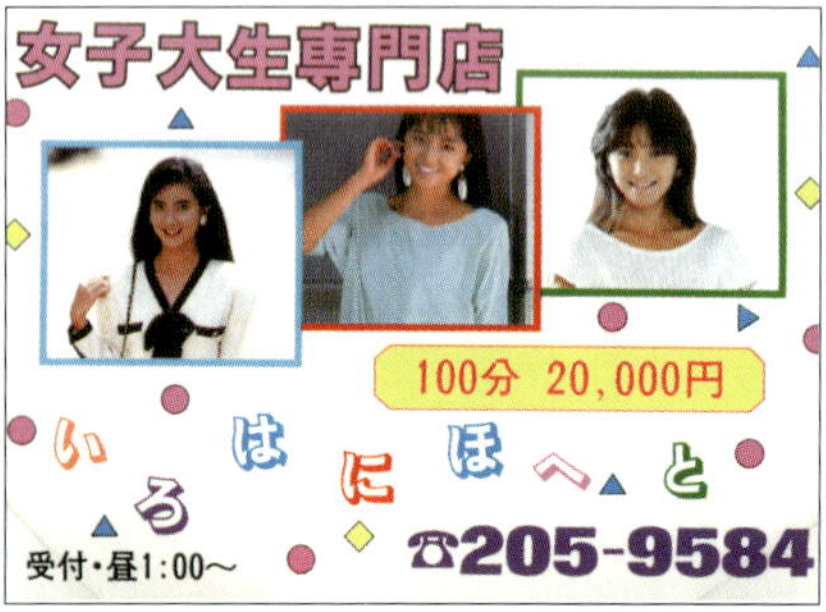

1987年

1987年

1987年

1987年

1987年

1987年

1987年

1987年

1987年

1987年

1987年

渋谷 NEW TOWN 情報
'87.1
新春第一弾!! 特選優良店
新春各店にぞくぞく新人登場!!
今年も渋谷情報できまりだ!!
渋谷 NEW TOWN 情報
新春第一弾!! 特選優良店
新春、各店にぞくぞく新人登場!!
今年も渋谷情報できまりだ!!

1987年　小冊子になっていて渋谷道玄坂のホテルの地図が付いている。44ページまでが小冊子

パートナー
タイプは多数、選んで下さい。あなたはどのコース
☎770-1460
ぷりんせす ぷりんせす
☎770-0643

道玄坂 ホテルMAP
道玄坂

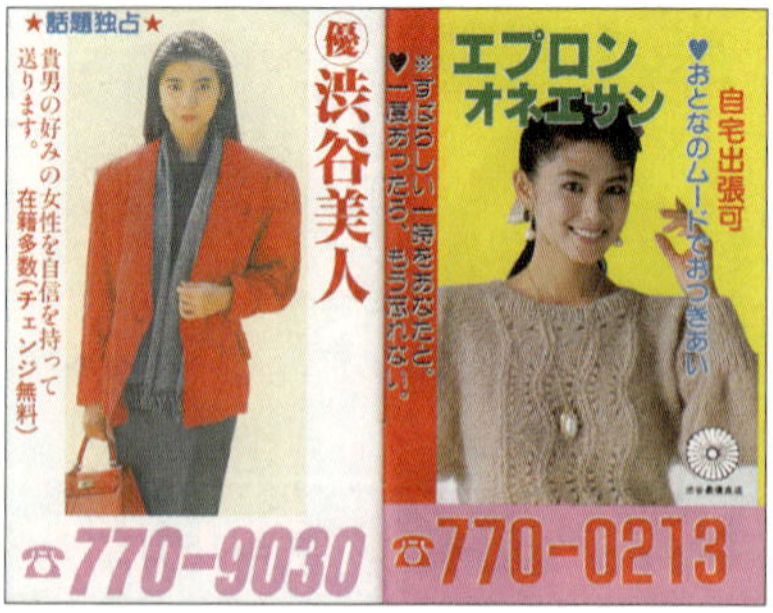
★話題独占★
優 渋谷美人
貴男の好みの女性を自信を持って送ります。在籍多数(チェンジ無料)
☎770-9030
エプロン オネエサン
自宅出張可
♥おとなのムードでおつきあい
☎770-0213

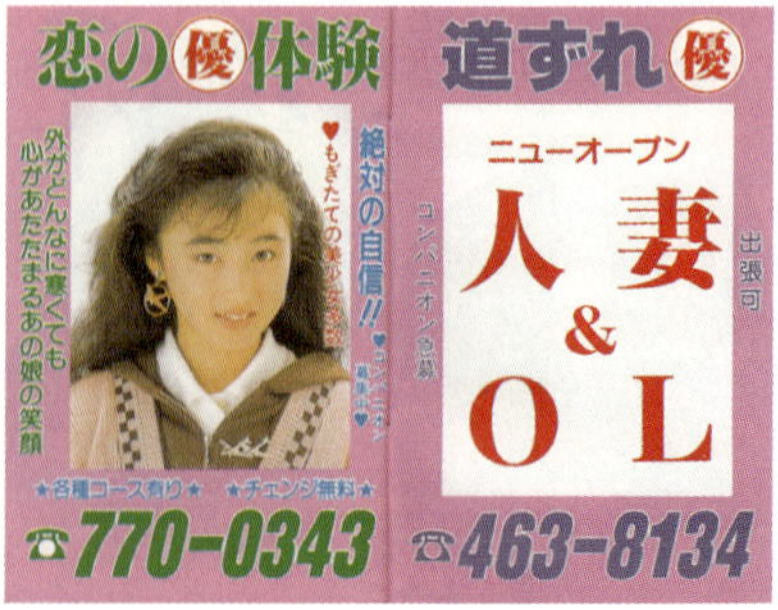
恋の優体験
外がどんなに寒くても心があたたまるあの娘の笑顔
絶対の自信!!
★各種コース有り★ ★チェンジ無料★
☎770-0343
道ずれ優
ニューオープン
人妻 & OL
出張可
☎463-8134

新妻クラブ
美人揃いで話題最前線のお店
チェンジ無料
私あなたとの出逢いを大切にしたい
☎770♥0495
I♥LOVE
♥貴方の目でたしかめてください。
TEL496-7724

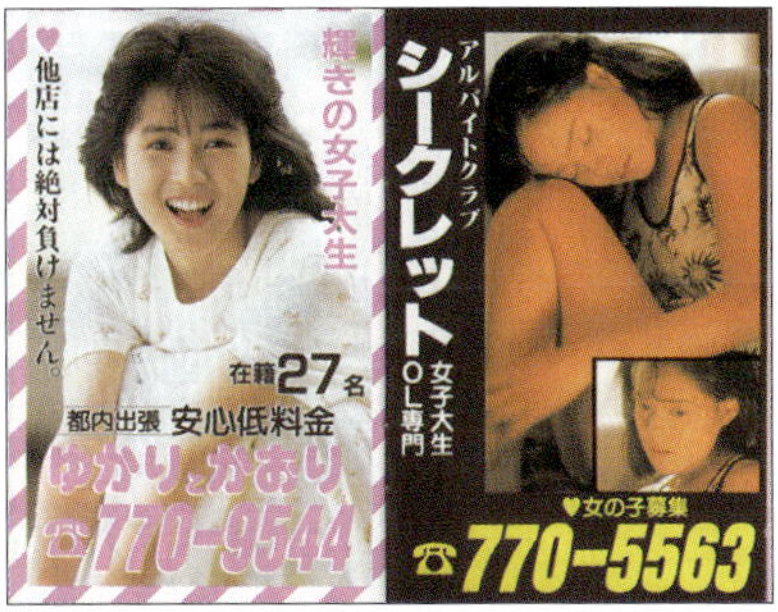
♥他店には絶対負けません。
輝きの女子大生
在籍27名
都内出張 安心低料金
ゆかりとかおり
☎770-9544
アルバイトクラブ
シークレット
女子大生 OL専門
♥女の子募集
☎770-5563

あいどる倶楽部
女子大生専門店
渋谷一粒揃い、ルックスで勝負!!
在籍28名
都内シティホテルも出張します。
初めての女の子募集中
☎476-3005
特
原宿娘
素人女性に限り大募集
ニューオープン
絶対の自信
☎770-9633

トットッ
しやわせって ナンダンケ
ここにて・ん・わ スルコトヨ。!
☎476-2144
ヤング♥ヤング
素人専門 若さ爆発!!
♥スリムな女性
♥スタイルのいい子
なんでもNO1
☎770-0643

スリムランド
スリムな女性はまかせて下さい
★コンパニオン募集中★
★各種コース有り★ ★チェンジ無料★
☎770-3950
さわやか
女子大生
在籍35名
☎770-9936
NEW クリスタル

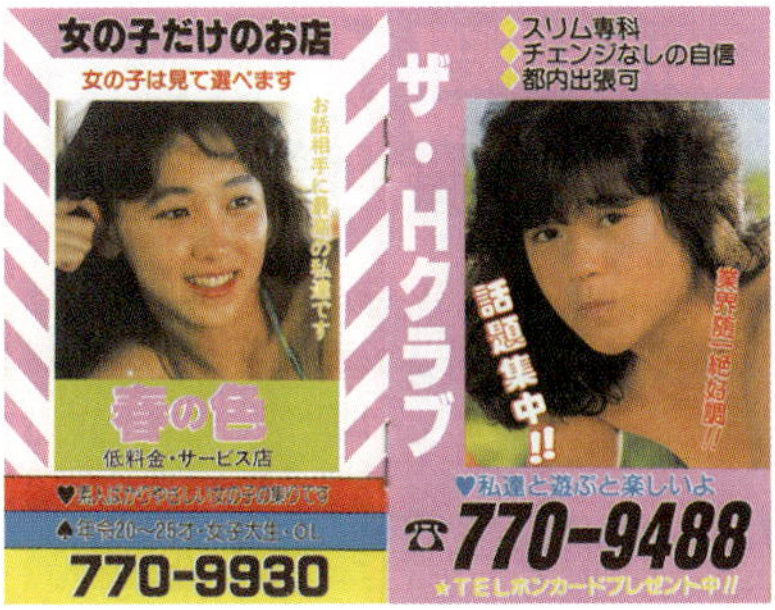
女の子だけのお店
女の子は見て選べます
春の色
低料金・サービス店
♠年令20~25才・女子大生・OL
770-9930
◆スリム専科
◆チェンジなしの自信
◆都内出張可
ザ・Hクラブ
話題集中!!
♥私達と遊ぶと楽しいよ
☎770-9488
★TELホンカードプレゼント中!!

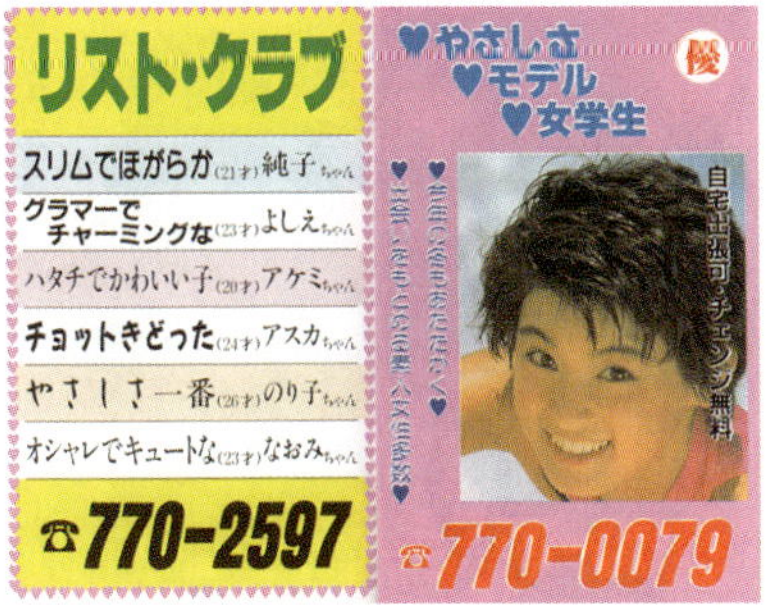
リスト・クラブ
スリムでほがらか(21才)純子ちゃん
グラマーで チャーミングな(23才)よしえちゃん
ハタチでかわいい子(20才)アケミちゃん
チョットきどった(24才)アスカちゃん
やさしさ一番(26才)のり子ちゃん
オシャレでキュートな(23才)なおみちゃん
☎770-2597
♥やさしさ
♥モデル
♥女学生
優
自宅出張可・チェンジ無料
☎770-0079

特
秘書倶楽部
素人女性に限り募集中です
サービスモットー♥安心料金
☎770-9609
優
女子大生のみ
学生証みせます!!
渋谷18番
☎770-0018

渋谷18番のチラシには学生証みせますとある。ニセの女子大生もいたことの証明か

セカンドハウス
あなたの大切な時間を
私たちと
私たち顔と
スタイルに自信があります
770-0702
目でたしかめてください!!
カレッジ
女子大生のみ
〈チェンジ無料〉
新規オープン
優
770-8408

よろしくどうぞ
つくしてつくして
つくしてみたい
スリーセブン
●安心低料金・都内出張可
Tel 476-3337
人気爆発!!
渋谷No.1クラブ
現役女子大生多数
♥貴方の好みに合わせます。♥
770-5334

なんと！在籍50名!!
♥新人ギャル、続々入店中
チェンジ無料
出張OK
渋谷フルコース
770-9345
女子大生
フレッシュ 在籍25名
オレンジクラブ
770-6133

いつもやさしいほほえみを――
さわやかな女の娘があなたのもとへ
♥SHIBUYA
ベストロマン♥
出張可・チェンジ無料
優
〈アルバイト女性のみ〉
770-1547
やさしさ
自宅出張可
人妻・未亡人
人妻&未亡人
496-6282

現役女子大生多数
在籍 32名
♥街角でスカウトした
女の子達♥
都内一流ホテル出張
安心低料金
常時女の子募集中!!
770-9939
レッスンNo.1
渋谷最優良店
女子大生専門
女の子は選べます。
〈チェンジ無料〉
スリムな女の娘
770-8166

1988年　金髪女性がはやったが一過性のもので2000年代に入るとチラシにない

1987年

1987年

1988年

1988年

1988年

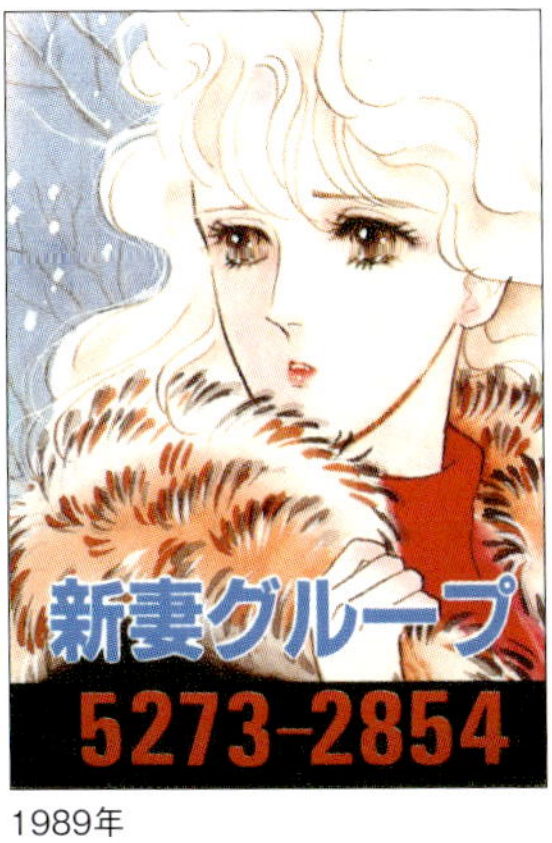

1989年

1989年

1989年

2回戦
ガールフレンド
19・20・21歳スリム専門店
100分2万円
チェンジ無料
☎208-0522

1987年

女子大生専門店二回戦OK
二〇八-〇八六九
200%倶楽部
100分
20,000円

1987年

テレクラ
電話でねるとんしようよ!!
ねるとん倶楽部
チョットまった!!
チャンス・チャンス恋人のいない貴女に
とっておきのシティーボーイと電話で、
ねるとん…(ごめんなさい・OK)電話だから簡単!!
通話料無料
0120 女性専用ダイヤル(24時間)
0120-24-1799

1988年

レディタウン
LAFORET
OHTSUKA
Charge
初めての方
8時迄 3,300円
8時過 5,500円
18:00~24:00
ラフォーレ
豊島区北大塚2-6-12 青木ビル2F
JR大塚駅北口前
03-3917-6152
大塚駅北口

1988年

最高級
MEN'S ESCORT CLUB
令嬢倶楽部
ハイクラスのレディでお待ちしています
☎200-5983

1989年

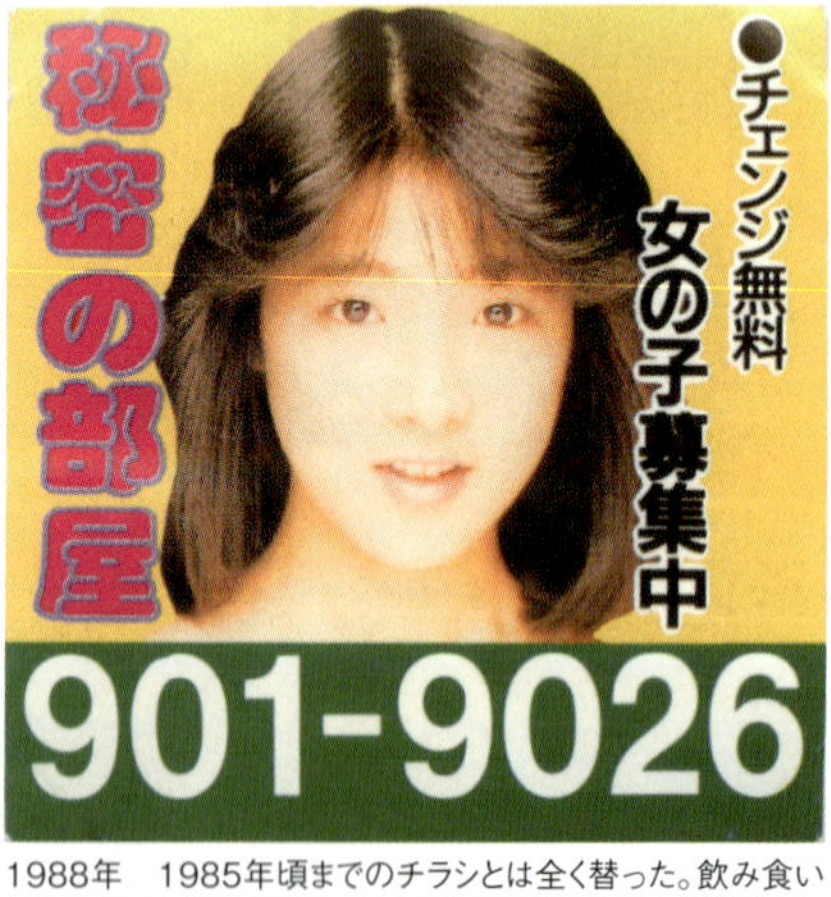
●チェンジ無料
女の子募集中
秘密の部屋
901-9026

1988年　1985年頃までのチラシとは全く替った。飲み食いの事は書かれず女性に関する情報だけとなった。

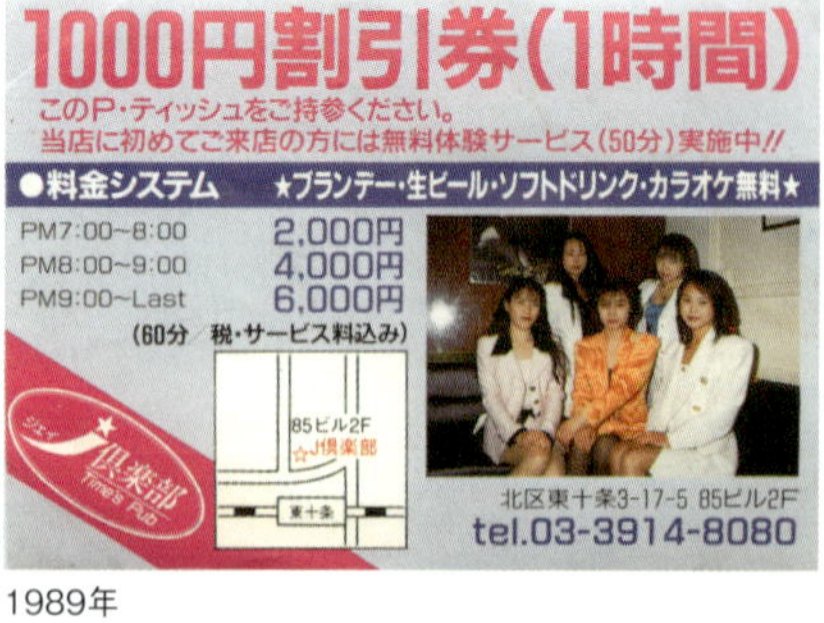
1000円割引券(1時間)
このP・ティッシュをご持参ください。
当店に初めてご来店の方には無料体験サービス(50分)実施中!!
●料金システム
★ブランデー・生ビール・ソフトドリンク・カラオケ無料★
PM7:00~8:00 2,000円
PM8:00~9:00 4,000円
PM9:00~Last 6,000円
(60分 税・サービス料込み)
85ビル2F
J倶楽部
J倶楽部
Time's Pub
北区東十条3-17-5 85ビル2F
tel.03-3914-8080

1989年

1989年　1.銀座、赤坂、六本木という地域　2.VIP、最高級の文字　3.高級感のあるファッションなどでちりばめられたチラシ

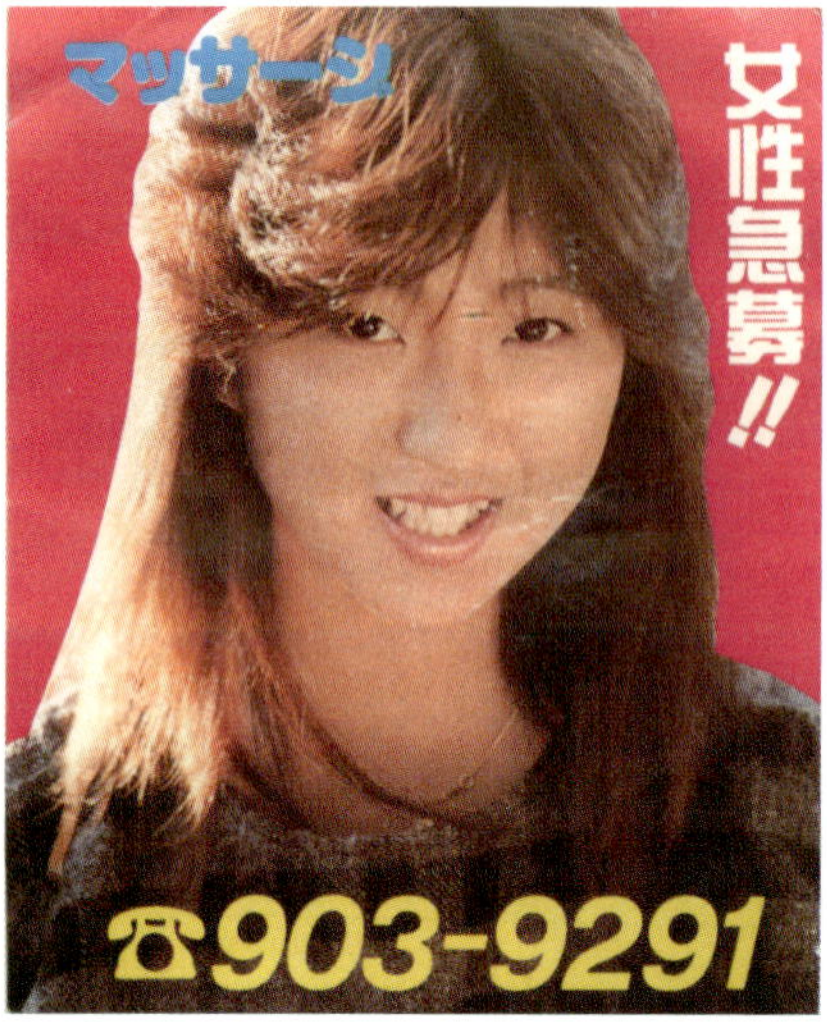
マッサージ
女性急募!!
☎903-9291

1989年

プリティー
2回戦
100分25,000円
360-2745

1989年

Cカップコレクション
学生・OL・モデル・新妻
私のオッパイに愛をください
Cカップ以上の美女だけのクラブ
☎362-9286

1989年

スリムで可愛い子だけ！
素人専門
女の子は全員 求人雑誌で
募集しました
♥30名の女の子
♥20才までの女の子
♥出張もOK！
♥ 女の子は女性
誌で募集しました
♥女の子は見て選べます。
362−4937
アルバイト♥ギャルズ

1989年

♡ギャル募集♡
女の子グループ
チェンジ OK
自宅 OK
Tel03-901-9211
たとえばABCAと言って！
髪形 A ストレートの長い髪 B 長い髪パーマあり C 短かい髪
体型 A スリム B スリムでボイン C ポッチャリ
性格 A あかるい子 B おとなしい子 C おもしろい子
年令 A 18・19・20才 B 21・22・23才 C 24・25・26才
1990年

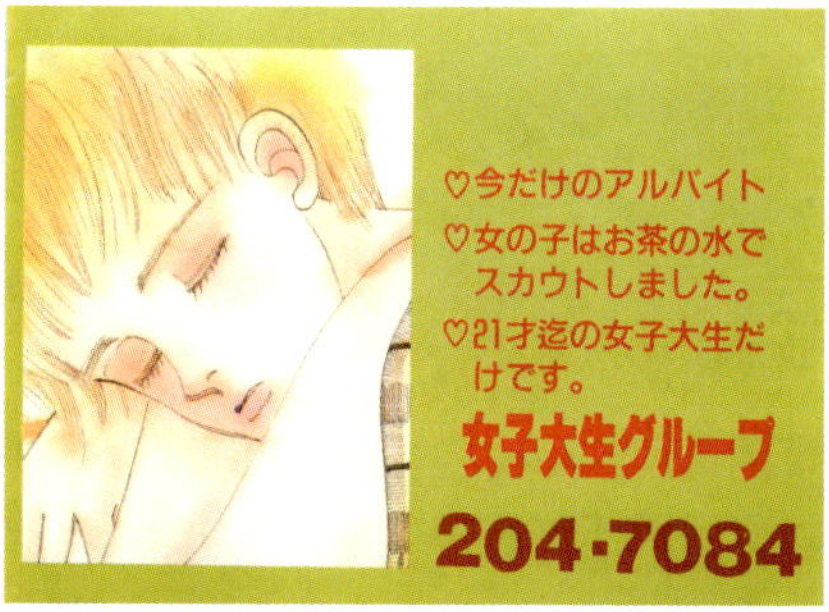
♡今だけのアルバイト
♡女の子はお茶の水でスカウトしました。
♡21才迄の女子大生だけです。
女子大生グループ
204-7084
1989年

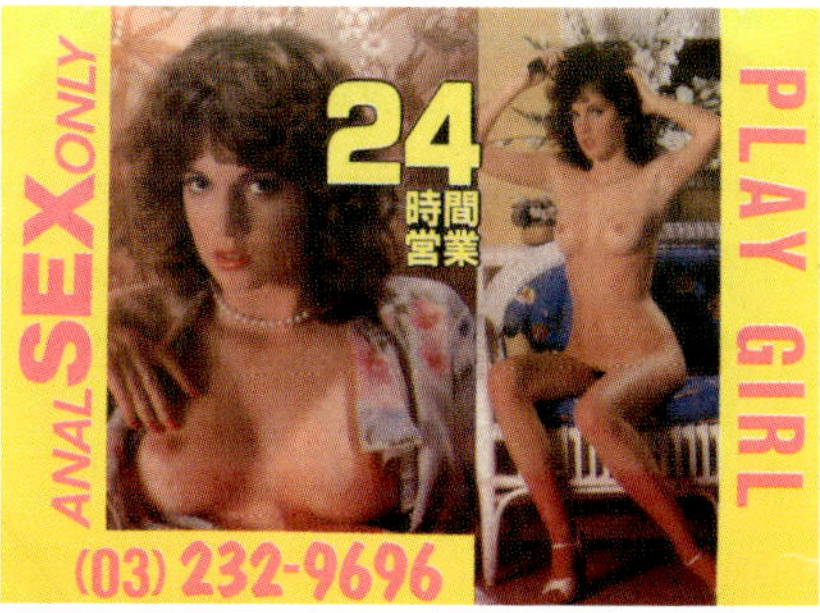
ANAL SEX ONLY
24時間営業
PLAY GIRL
(03) 232-9696
1990年

SEX IN ANAL
金髪娘
24時間営業
03
232
6523
1990年

24時間営業
ANAL SEX ONLY
03(232)6523
世界の美女
1990年

24時間営業
世界の美女
03
232
6523
SEX IN ANAL
当店は売春はやっておりません
1990年

シンフォニー
学生・OL・若妻
可愛いい子つぶぞろい
コンパニオン募集中
☎207-1329

1990年

個人秘書
★優しく教えてね！
ピチピチ健康な
女子大生
が、伺《うかが》います。
新宿優良店
メモリー
★お気軽にTEL下さい。
232-2967
アルバイト学生募集中（要学生証）

1990年　女子大生は人気があったことがチラシから窺える

素人女性専門
だから安心安全です
新規
オープン
料金明朗 ワンダーランド
205−4446
女性募集、素人歓迎、23才位迄

1990年

個人秘書
女子大生・OL
が、伺《うかが》います。
普通の女の子の
集まりです。
新宿
優良店
メモリー
♥好みのタイプをTEL下さい。
232-0604
20才〜22才の素人の女の子募集中

1990年

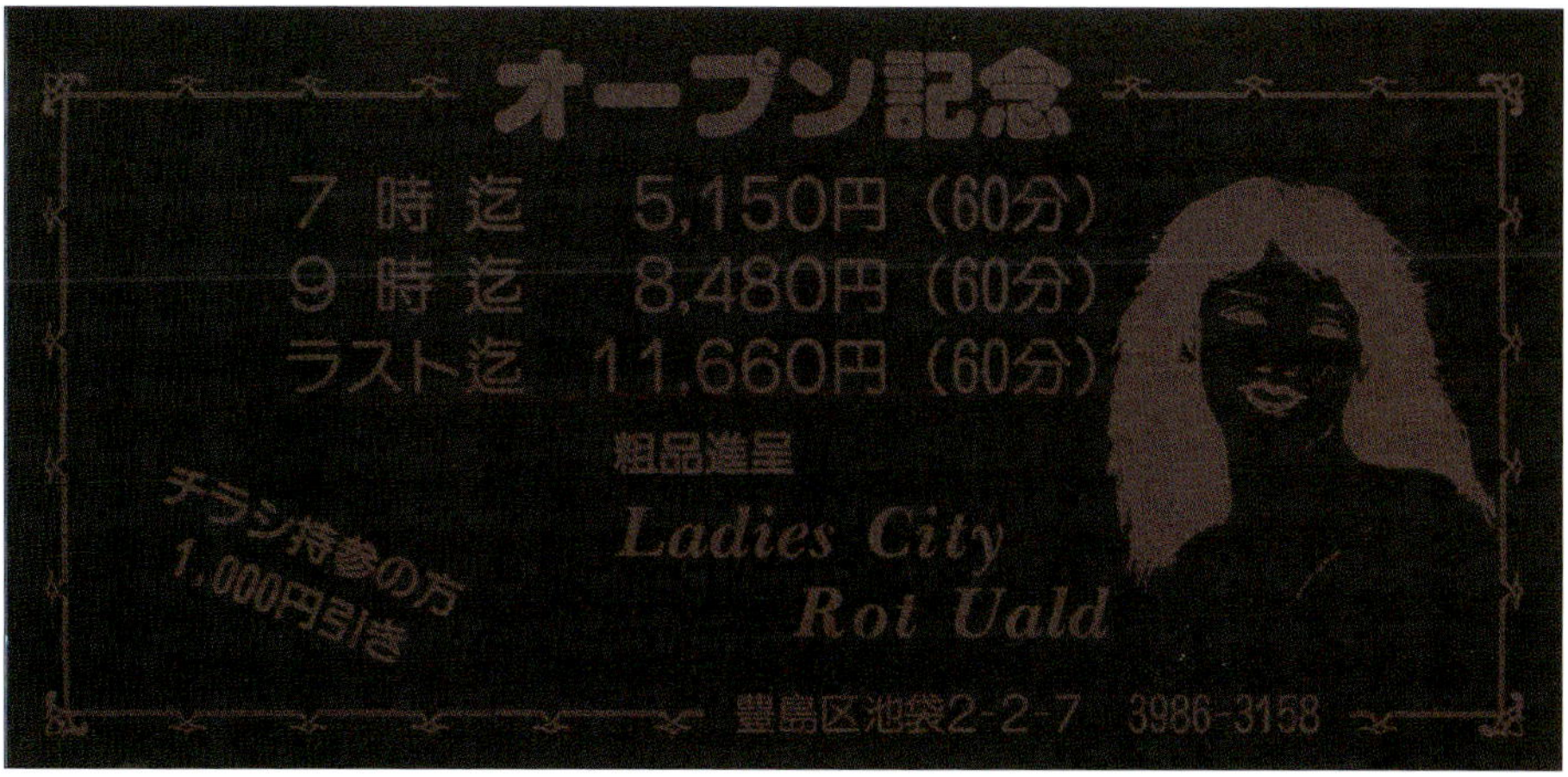

1990年　このような店舗型のチラシは少ない

1991年

1990年

1990年

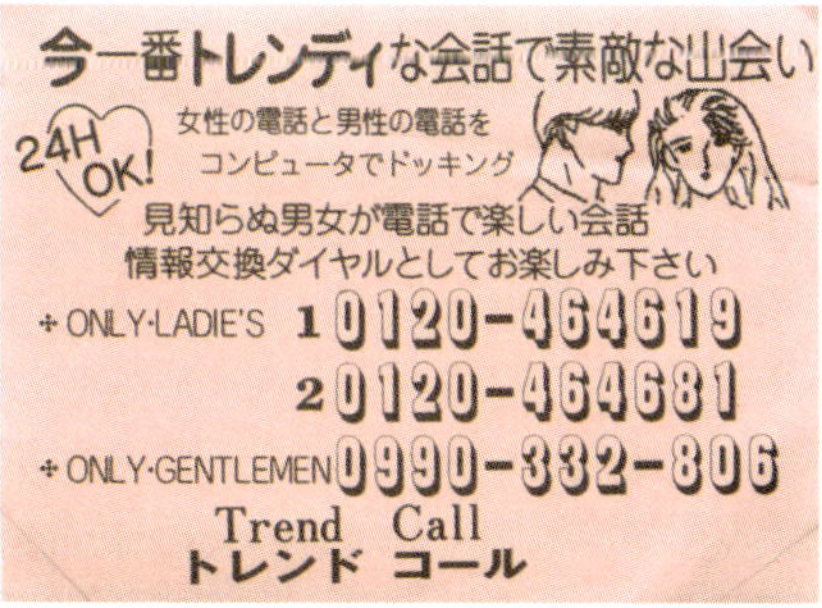

1991年

1991年

女子大生パブ
BOTTLE PRESENT
ボトルプレゼントカード
●本券を御持参の方に会員証(有効期間2ヶ月)発行の上サントリーウイスキーボトル1本を無料サービス致します。
女子大生パブ ヴィック

1990年

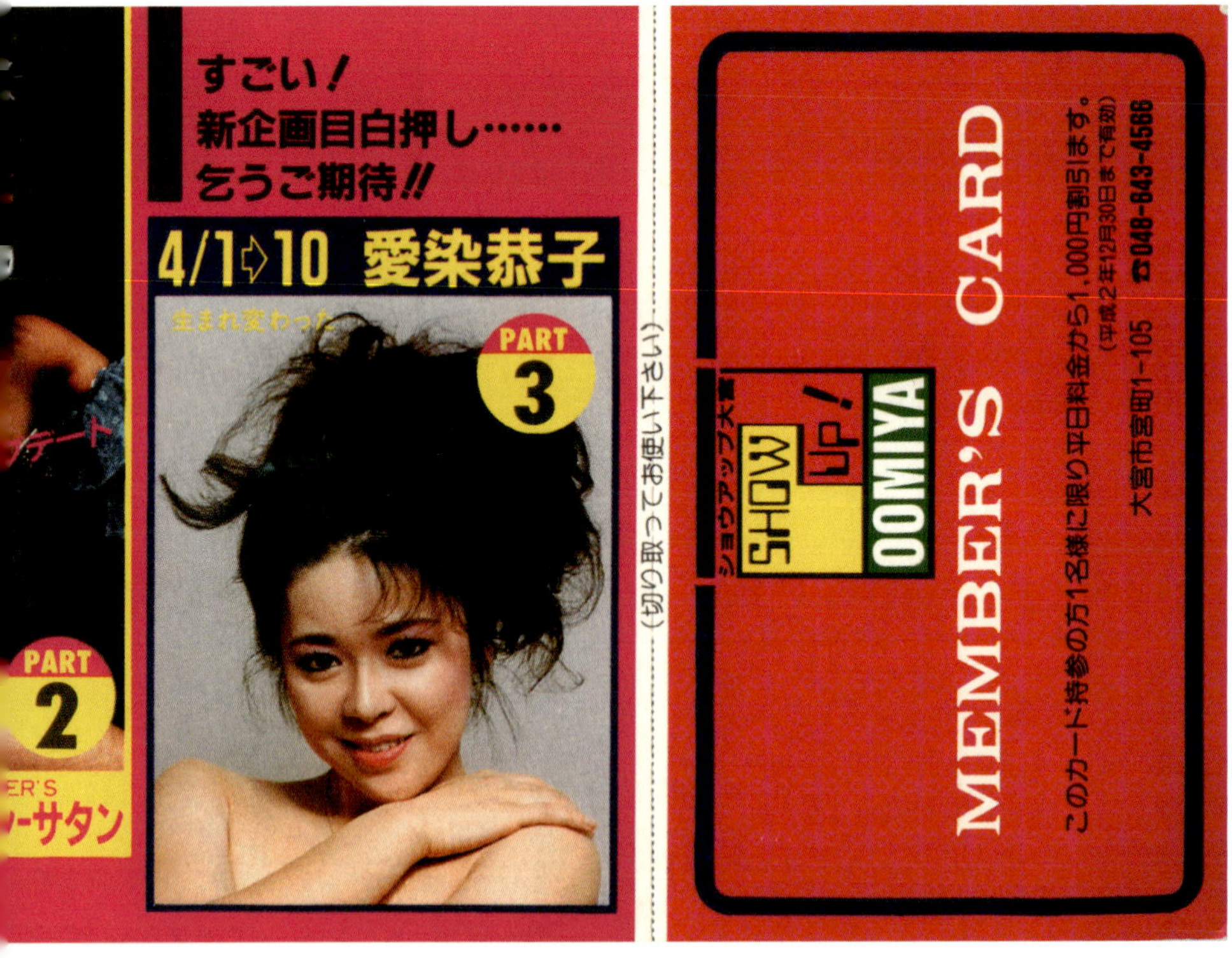
すごい!
新企画目白押し……
乞うご期待!!
4/1⇨10 愛染恭子
生まれ変わった
PART 3
PART 2
(切り取ってお使い下さい)
ショウアップ大宮
SHOW UP!
OOMIYA
MEMBER'S CARD
このカード持参の方1名様に限り平日料金から1,000円割引ます。
(平成2年12月30日まで有効)
大宮市宮町1-105 ☎048-643-4566

1990年 愛染恭子:ヌードモデルからピンク映画、ストリップ劇場で活躍。1994年ストリップ界から引退。以降はアダルトビデオを中心に活動した。映画『白日夢』で本番行為をしたり、ストリップ劇場に出演中に公然わいせつで現行犯逮捕されたりして名を馳せた

1991年　1980年代のあだち充のヒット作「タッチ」の浅倉南風のイラスト

1991年

1991年

1992年　ダイヤルQ2（0990）は成人向け情報提供回線として爆発的に利用者が拡大した

1991年

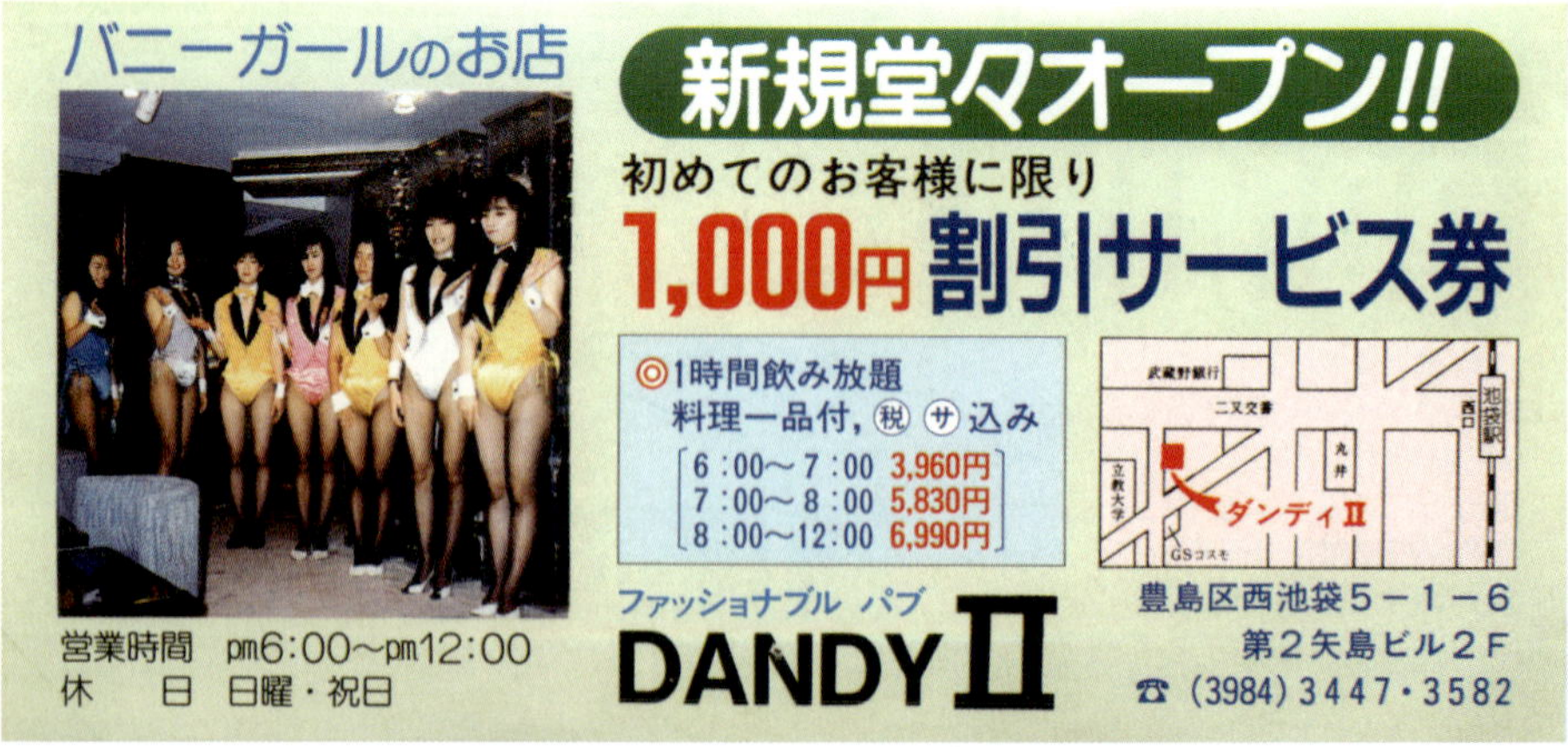

1991年

テレホン・セックス
美香の部屋
0990-346-990
公衆電話でのQ2ダイヤルは
通話不能が多いので
自宅から、かけてネ

女子大生・OL専門店
ニューオープン
清純派の素人女性集めました。
ワインク
22才迄 学生 OL募集
☎3208-6161

1991年

東京物語
NEW OPEN
GYPSY girl
自宅・ホテルOK
女性募集中
受付 PM7:00~
3315-2572

1991年

テレホン・セックス
玲子の部屋
本気で燃えます
貴方に聞いてほしいの!
0990-345-990
*公衆電話BOXはQ2がつながらない
電話が多いので自宅等でかけて下さい。

1991年

'93
男女革命
Free time Free talk
全員プレゼントのお知らせ…
♥裏面をみてね♥
待ってるばかりじゃ
素敵になれない……
for Ladys 24 hours
秘密ダイヤル
0990-341745
TWO SHOT
0120-178619
伝言ダイヤル
0120-398219
新しい出逢いをプロデュース T・C・C

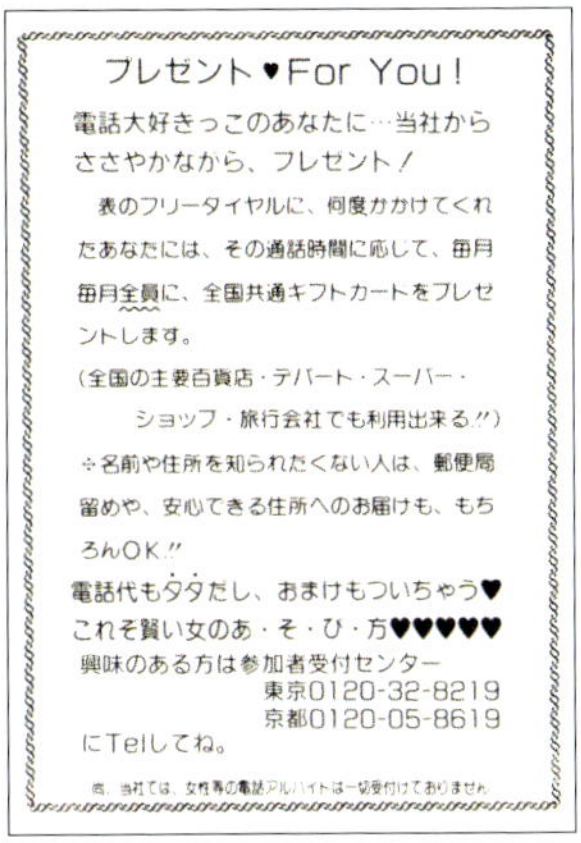
プレゼント♥For You!

電話大好きっこのあなたに…当社から
ささやかなから、フレゼント!

表のフリーダイヤルに、何度かかけてくれたあなたには、その通話時間に応じて、毎月毎月全員に、全国共通ギフトカートをプレゼントします。

(全国の主要百貨店・デパート・スーパー・ショップ・旅行会社でも利用出来る!!)
※名前や住所を知られたくない人は、郵便局留めや、安心できる住所へのお届けも、もちろんOK!!
電話代もタダだし、おまけもついちゃう♥
これぞ賢い女のあ・そ・ひ・方♥♥♥♥♥
興味のある方は参加者受付センター
東京0120-32-8219
京都0120-05-8619
にTelしてね。
尚、当社では、女性等の電話アルバイトは一切受付けておりません

1993年

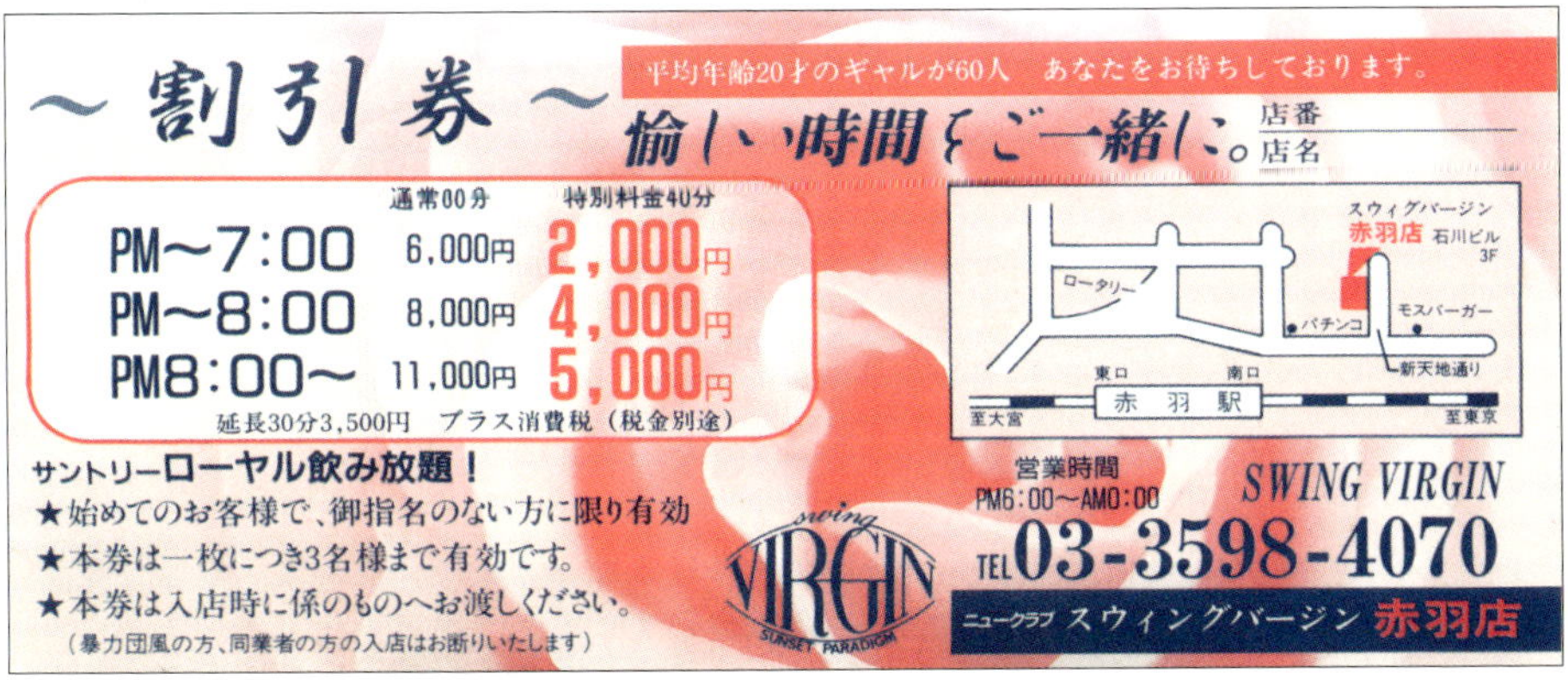
~割引券~
平均年齢20才のギャルが60人 あなたをお待ちしております。
愉しい時間をご一緒に。
店番
店名
通常60分 特別料金40分
PM~7:00 6,000円 2,000円
PM~8:00 8,000円 4,000円
PM8:00~ 11,000円 5,000円
延長30分3,500円 プラス消費税(税金別途)
スウィングバージン
赤羽店 石川ビル3F
ロータリー
パチンコ
モスバーガー
新天地通り
東口
南口
赤羽駅
至大宮
至東京
サントリーローヤル飲み放題!
★始めてのお客様で、御指名のない方に限り有効
★本券は一枚につき3名様まで有効です。
★本券は入店時に係のものへお渡しください。
(暴力団風の方、同業者の方の入店はお断りいたします)
swing VIRGIN SUNSET PARADIGM
営業時間
PM6:00~AM0:00
SWING VIRGIN
TEL03-3598-4070
ニュークラブ スウィングバージン 赤羽店

1993年

パブランジュリー"カルガモ"が贈る"素敵なプレゼント"
NEW OPEN!!
料金システム
入店時間 お1人様
6：00～7：00まで ¥3,000
7：00～ラストまで ¥5,000
キャバクラ界の王道をゆく当店が自信を持ってお送りするシステムです。今宵のひとときは"業界初"の低料金・高サービスできっとご満足頂けます!!
パブランジュリー倶楽部 カルガモ
PM6:00 START
(日曜日のみ定休)
〒115 東京都北区赤羽南1-7-1 石川ビル2F-A
☎03-3598-6261

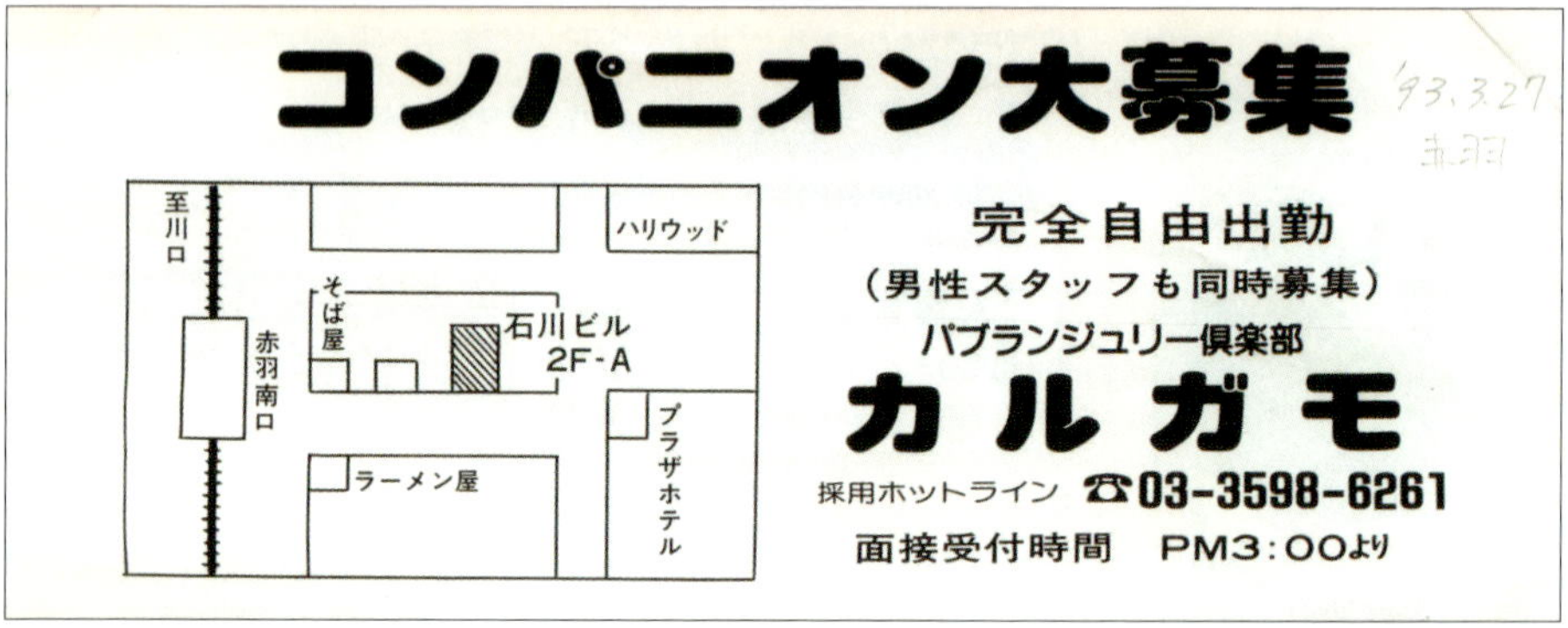
コンパニオン大募集
'93.3.27
赤羽
至川口
赤羽南口
そば屋
石川ビル 2F-A
ハリウッド
プラザホテル
ラーメン屋
完全自由出勤
(男性スタッフも同時募集)
パブランジュリー倶楽部
カルガモ
採用ホットライン ☎03-3598-6261
面接受付時間 PM3:00より

1993年　赤羽ではまだ店舗型の店も頑張っています

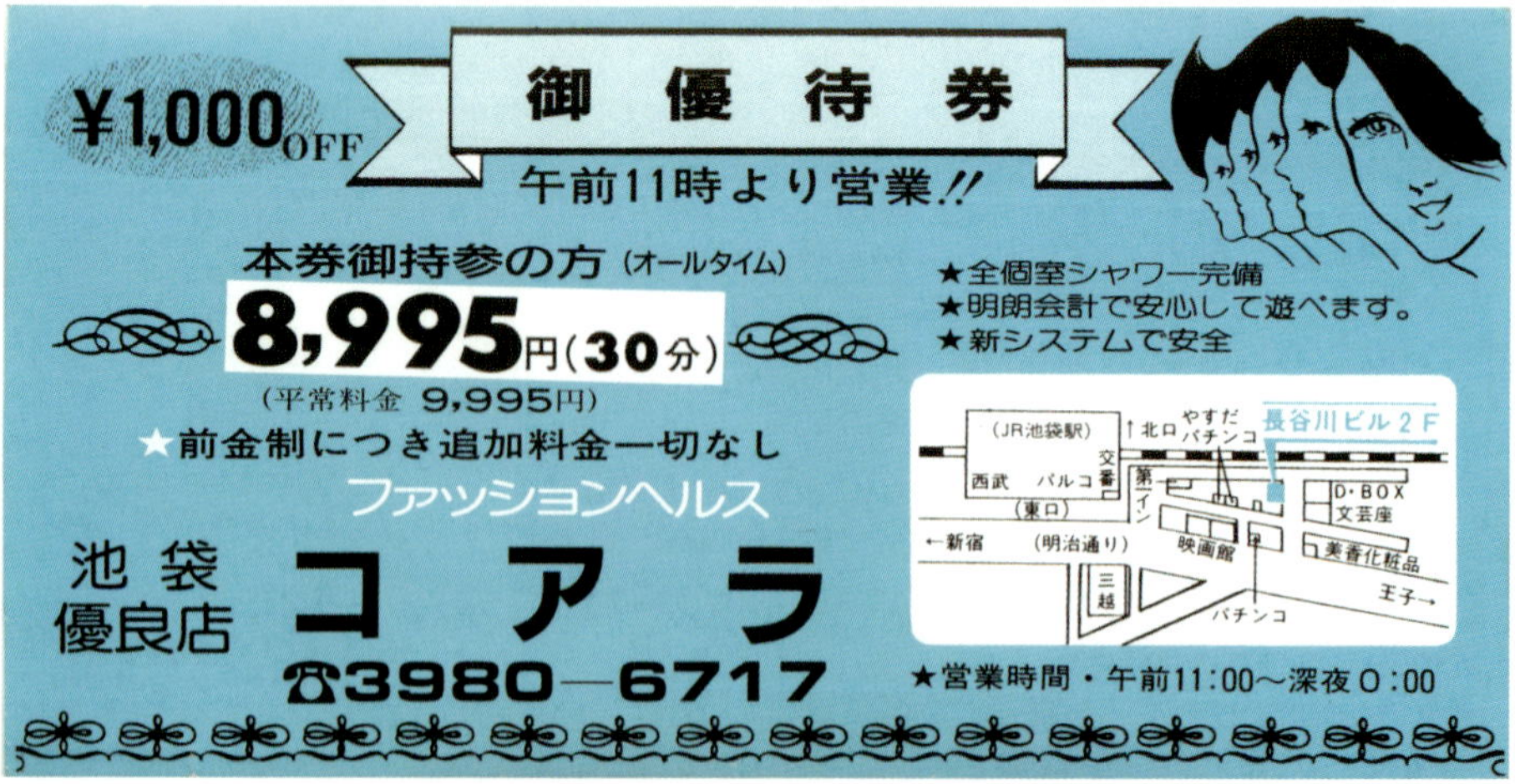
¥1,000 OFF
御優待券
午前11時より営業!!
本券御持参の方(オールタイム)
8,995円(30分)
(平常料金 9,995円)
★前金制につき追加料金一切なし
ファッションヘルス
池袋優良店
コアラ
☎3980―6717
★全個室シャワー完備
★明朗会計で安心して遊べます。
★新システムで安全
(JR池袋駅)
北口
やすだパチンコ
長谷川ビル2F
西武
パルコ
交番
(東口)
第一イン
D・BOX
文芸座
←新宿
(明治通り)
映画館
美香化粧品
三越
王子→
パチンコ
★営業時間・午前11:00～深夜0:00

1993年

ラグジュアリーな
大人の空間を演出。
SUICYOKA
GOLD MEMBER'S CARD
SYSTEM
料金システム
時間
通常料金
初めてご来店でご指名のないお客様に限り
7:00～ 9:00
¥7,000
9:00～11:00
¥9,000
11:00～last
¥11,000
alltime
50% off
all 60min
50min
T.C(30min)¥4,000
service charge 20%　TAX 6%

酔蝶花
SUI CYO KA
新宿区歌舞伎町1丁目9番10号〈睦ビルBF〉
☎03-3200-7388
東京都豊島区西池袋1丁目33番4号
☎03-3981-3094
団体5名様以上御予算に応じます。
クレジットシステムをご利用下さい
50%OFF
HIGHEST CLUB・酔・蝶・花

1994年

レオが好きだ。
ReO GROUP
60分・飲み食べ放題
■PM6時～8時迄 3,500円
■PM8時～ラスト迄 5,500円
本券1枚にて何名様でもOKです!!
特別御優待券
"いい女"勢揃い！今・レオが面白い！
Arbeit Club ReO
かわいい娘見い～つけ!!
新しい顔レオはいいね
"お待ちかね"新人学生・OLが続々入店!!
新鮮な素顔にじっくり迫って満足度100%!!
ReO GROUP
新宿ReO西口店 ☎3344-3832
渋谷ReO店 ☎3770-3330
新橋ReO店 ☎3436-5759
新宿ReO店☎3200-6651
池袋ReO店☎3982-6030

1994年

1994年

1994年

1994年

1994年

1994年

1994年

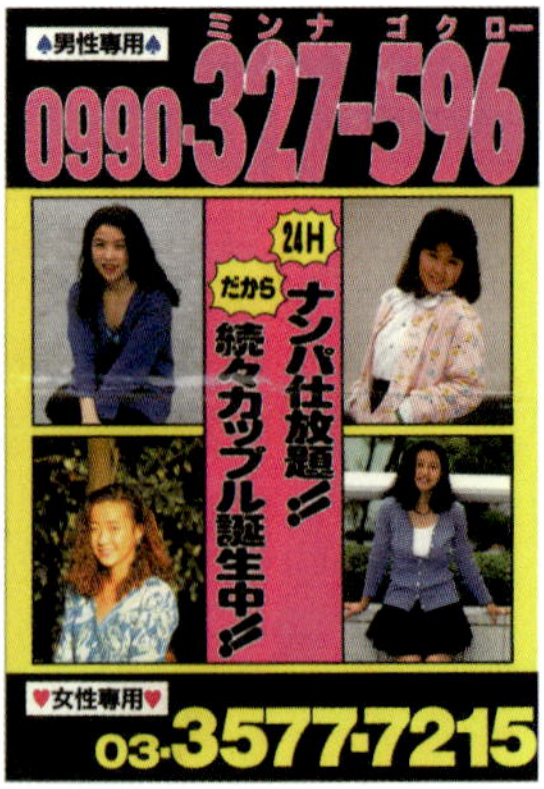

1994年　これはチラシではなくA3版のポスター。実物は縦42㎝×横29.7㎝

1995年

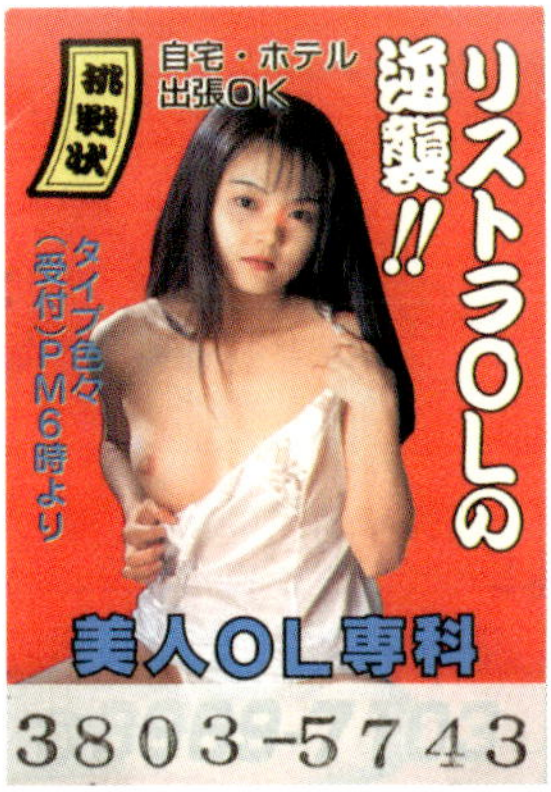

1995年

1995年

1995年

1995年

1995年

H大好き素人娘のアルバイト!
絶対満足!!
衛生管理100%万全
HOTEL♥自宅出張専門
寒い季節にHOTな夜を届けたい…
P.M 6:00～
3598-0391
1995年

素人専門店(女子大 OL)
会えば必らず納得します
♡新宿優良店 ※チェンジ無料※♡
レモン(23才までのやさしくてかわいい女の子募集。)
3232-0214
1995年

学生・若妻・OL
チェンジ・キャンセル無料
素人専門・安心料金
自宅出張OK
◆衛生管理100%万全
◆各種コースあり
◆㊙VIPコースあり
◆時間早上げなし
ミッキー
女の子募集中!!
3205-4446
1995年

【博多ではここがNo.1】
Pretty Girls
プリティーガールズ
学生・OL・人妻・熟女 etc….
［ホテル出張］
素人だけのお店です。
女の子募集中!
●お電話待ってます。
483-1122
1995年

最高級倶楽部
業界No.1 話題騒然!!
ニューオープン
女の子募集
VIP専科
うんざりするほど、愛されたいの
容姿・性格・サービス自信あり
満足度200%・衛生管理万全
♥なんでもお気軽にご相談ください。
自宅出張OK
3209-5653
1995年

NEW OPEN
GCギャルコレクション
衛生管理万全
★都内ホテル・自宅出張いたします
♥♥容姿・性格・内容すべて業界No.1! 赤坂・六本木・渋谷で連日、可愛い娘だけをスカウトしています。
5379~2583
各種カードOK
1996年

業界No.1サークル
クリスタル
衛生管理協会加盟店
ホテル・自宅出張OK
♥私たち全員素人の女の子の集まりです 女の子はみんな若くて(20才～25才迄) 可愛い子ばかり ピチピチはちきれていて思わず声もうわずっちゃう♥
3205~6337
各種カード御利用出来ます
24時間営業
1996年

1,000円割引券
ランジェリーパブ
オープン
料金システム
★PM8:00オープン～PM10:00まで御来店の方
お一人様60分
税・サービス料全て込み!!
5,000円
飲み放題 カラオケ無料
★PM10:00～AM1:00まで御来店の方
お一人様60分
税・サービス料全て込み!!
7,000円
飲み放題 カラオケ無料
割引券1枚で何名様でも割引!(例.3名様→3,000円割引)
当店
ランジェリーパブ Bee
赤羽駅南口前 須永ビル4F ☎3901-4844
1995年

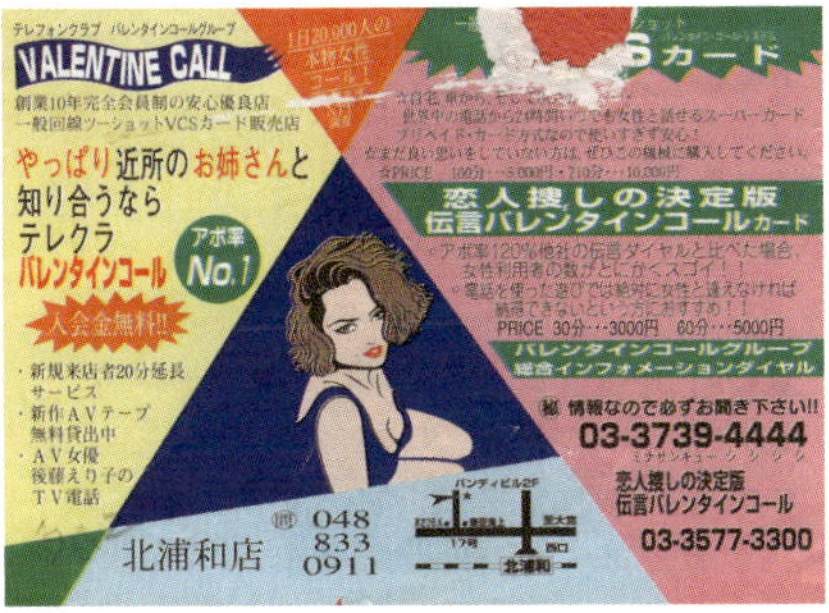

1995年

1995年　テレクラは1985年の風営法改正以降流行しはじめた。現在でも目的・年令別のツーショット&伝言ダイヤルは健在だ

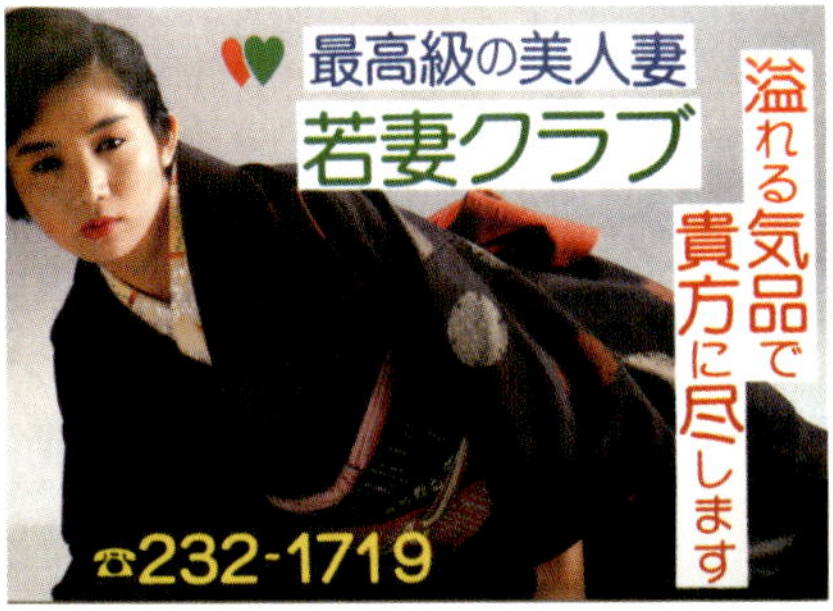

1997年

1997年

1997年

1997年

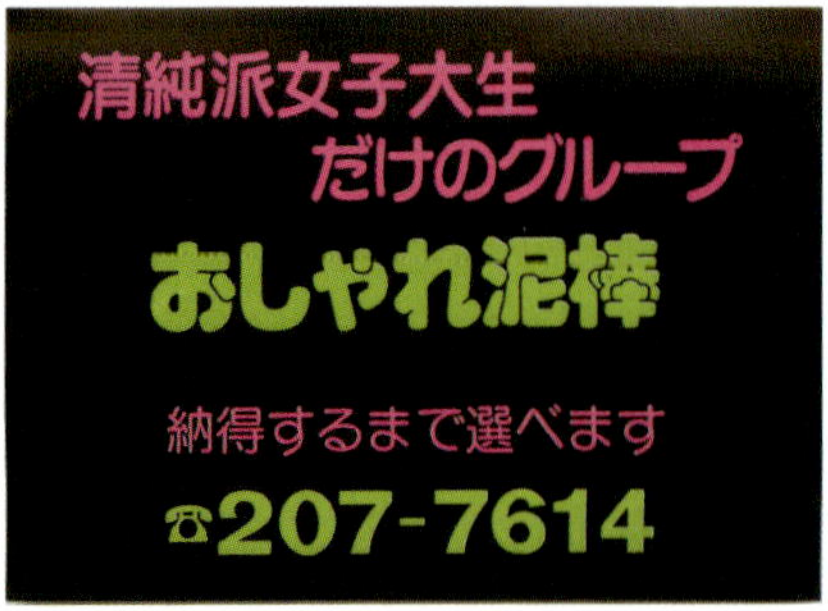

1997年

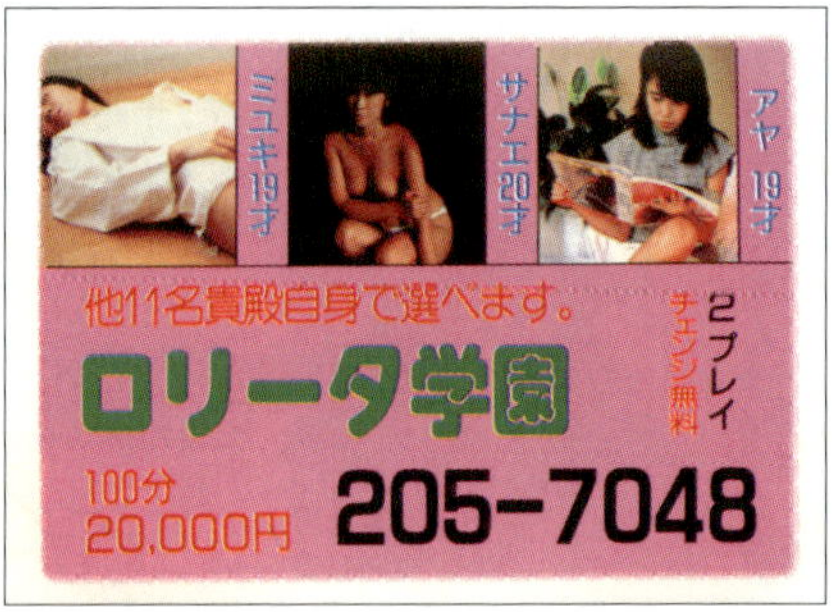

1997年

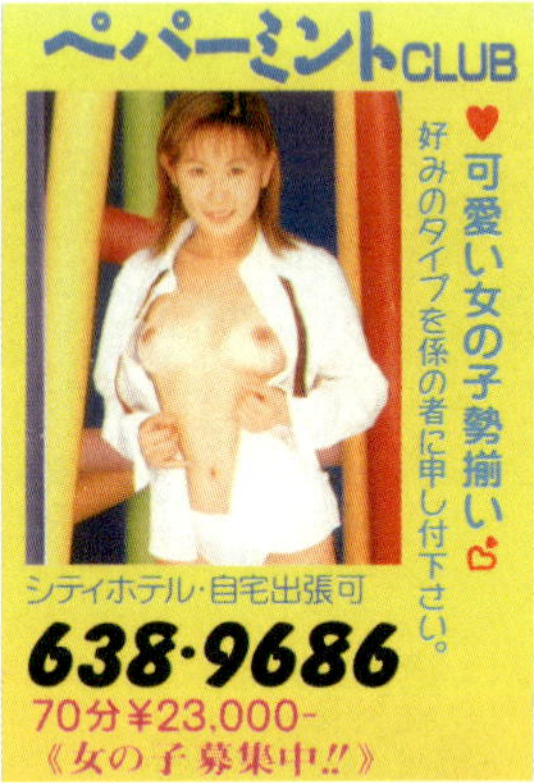

1997年

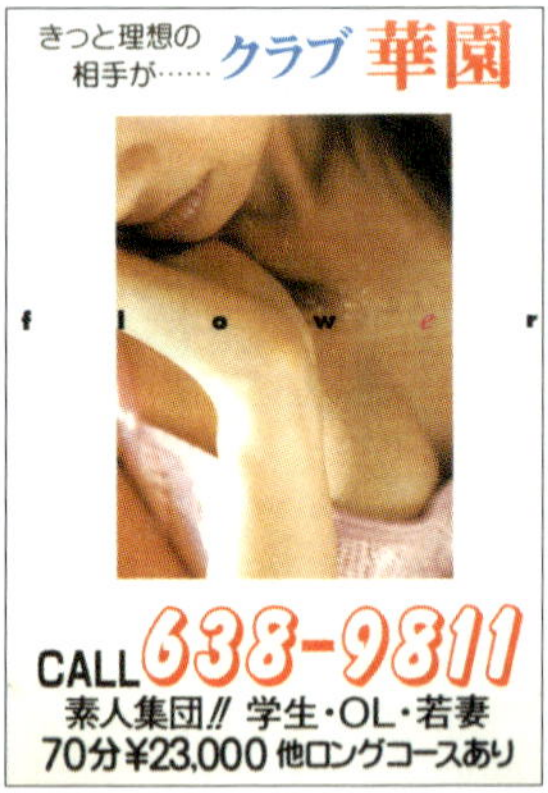

1997年

1997年　チラシに書かれる情報量が次第に多くなり、具体的になった

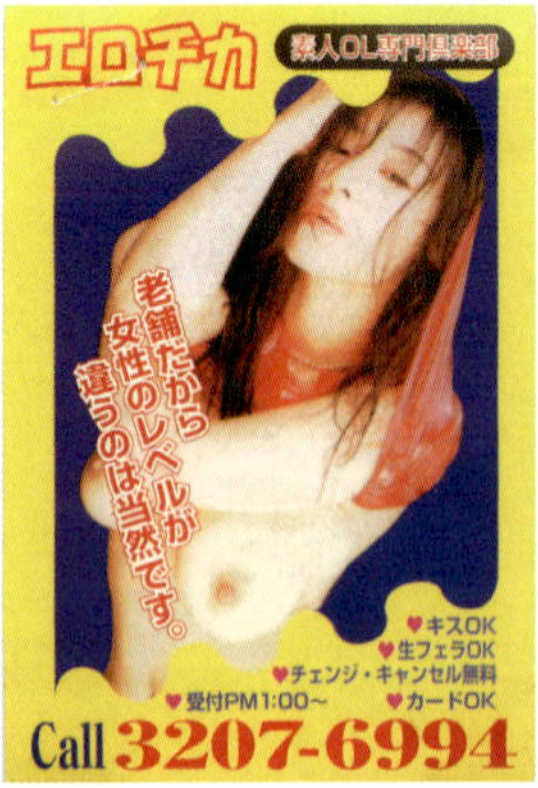

1997年

1997年

1997年

1997
JUL.
Shinjuku
Night Spot
TOKYO MAGAZINE MAP
1997 JUN.
1997年　小冊子で表裏両面印刷

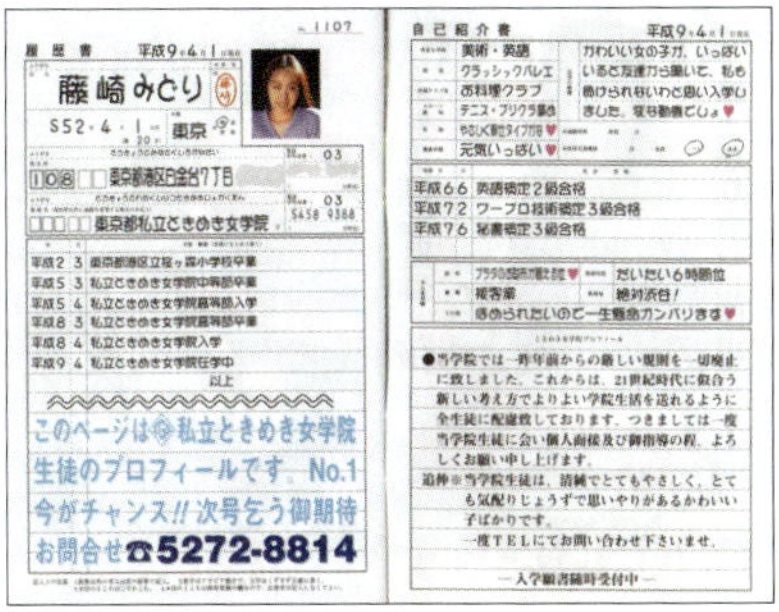
履歴書　平成9年4月1日
藤崎みどり
S52・4・1
東京
108
東京都港区白金台7丁目
東京都私立ときめき女学院
平成2 3 東京都港区立桜ヶ丘小学校卒業
平成5 3 私立ときめき女学院中等部卒業
平成5 4 私立ときめき女学院高等部入学
平成8 3 私立ときめき女学院高等部卒業
平成8 4 私立ときめき女学院入学
平成9 4 私立ときめき女学院在学中
以上
このページは私立ときめき女学院
生徒のプロフィールです。No.1
今がチャンス!! 次号乞う御期待
お問合せ☎5272-8814
自己紹介書　平成9年4月1日
美術・英語
クラッシックバレエ
お料理クラブ
テニス・プリクラ集め
元気いっぱい
かわいい女の子が、いっぱいいると友達から聞いて、私も負けられないわと思い入学しました。宜しく御願いでしょ
平成6 6 英語検定2級合格
平成7 2 ワープロ技術検定3級合格
平成7 6 秘書検定3級合格
だいたい6時間位
接客業
絶対渋谷!
認められたいので一生懸命ガンバリます
●当学院では一昨年前からの厳しい規則を一切廃止に致しました。これからは、21世紀時代に似合う新しい考え方でよりよい学院生活を送れるように全生徒に配慮致しております。つきましては一度当学院生徒に会い個人面接及び御指導の程、よろしくお願い申し上げます。
追伸※当学院生徒は、清純でとてもやさしく、とても気配りじょうずで思いやりがあるかわいい子ばかりです。

一度TELにてお問い合わせ下さいませ。

―入学願書随時受付中―

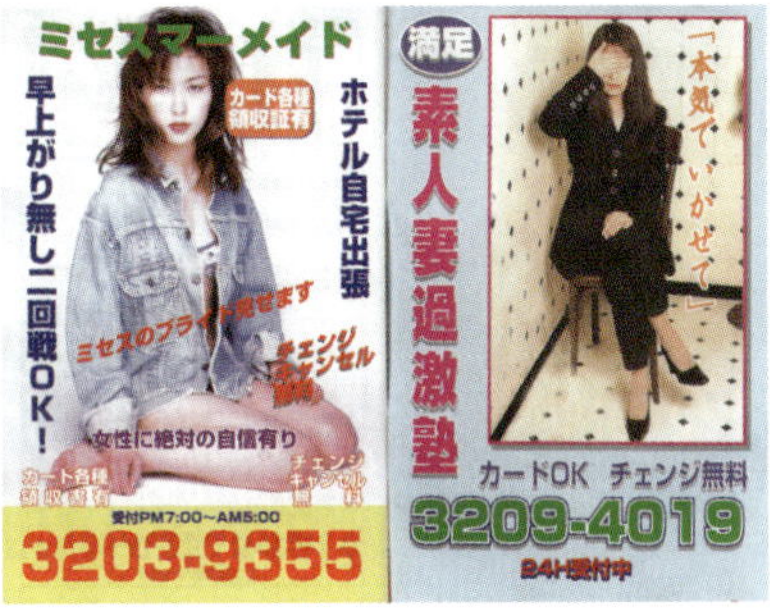
ミセスマーメイド
早上がり無し二回戦OK!
ホテル自宅出張
カード各種領収証有
ミセスのプライド見せます
女性に絶対の自信有り
受付PM7:00〜AM5:00
3203-9355
満足
素人妻過激塾
「本気でいかがですか」
カードOK　チェンジ無料
3209-4019
24H受付中

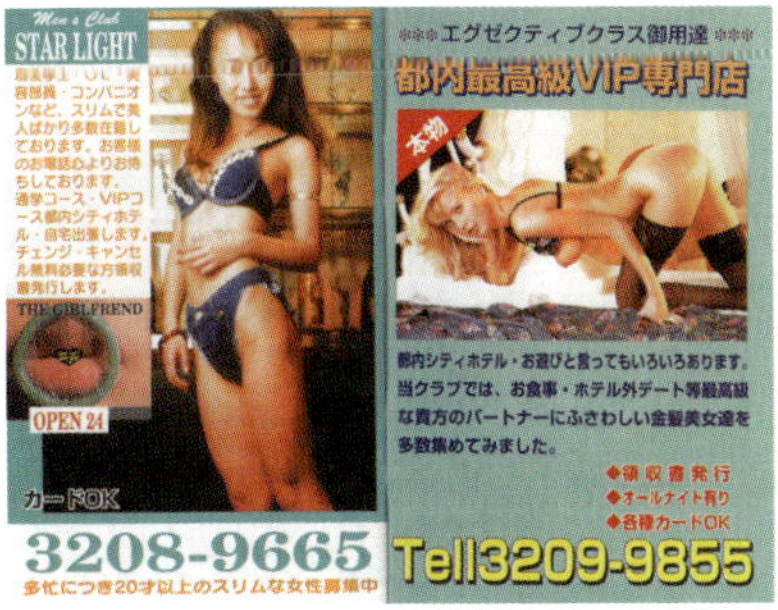
Men's Club
STAR LIGHT
容部員・コンパニオンなど、スリムで美人ばかり多数在籍しております。お客様のお電話心よりお待ちしております。
THE GIRLFREND
OPEN 24
カードOK
3208-9665
多忙につき20才以上のスリムな女性募集中
エグゼクティブクラス御用達
都内最高級VIP専門店
本物
都内シティホテル・お遊びと言ってもいろいろあります。当クラブでは、お食事・ホテル外デート等最高級な貴方のパートナーにふさわしい金髪美女達を多数集めてみました。
◆領収書発行
◆オールナイト有り
◆各種カードOK
Tell3209-9855

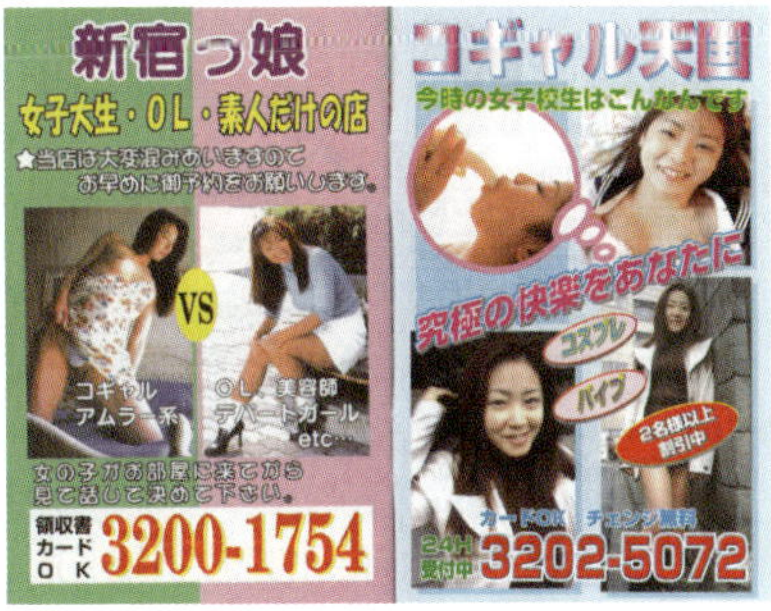
新宿っ娘
女子大生・OL・素人だけの店
当店は大変混み合いますのでお早めに御予約をお願いします。
VS
コギャル
アムラー系
OL・美容師
デパートガール
etc…
女の子がお部屋に来てから見て話して決めて下さい。
領収書
カードOK
3200-1754
コギャル天国
今時の女子校生はこんなんです
究極の快楽をあなたに
コスプレ
バイブ
2名様以上割引中
カードOK　チェンジ無料
24H受付中
3202-5072

アナル・3P・オールナイト
3204-2823
ブロンドPARK
当店のブロンドガールズ（在籍50名以上）は業界No.1美女そろい&サービスであなたの御来店をお待ちしています

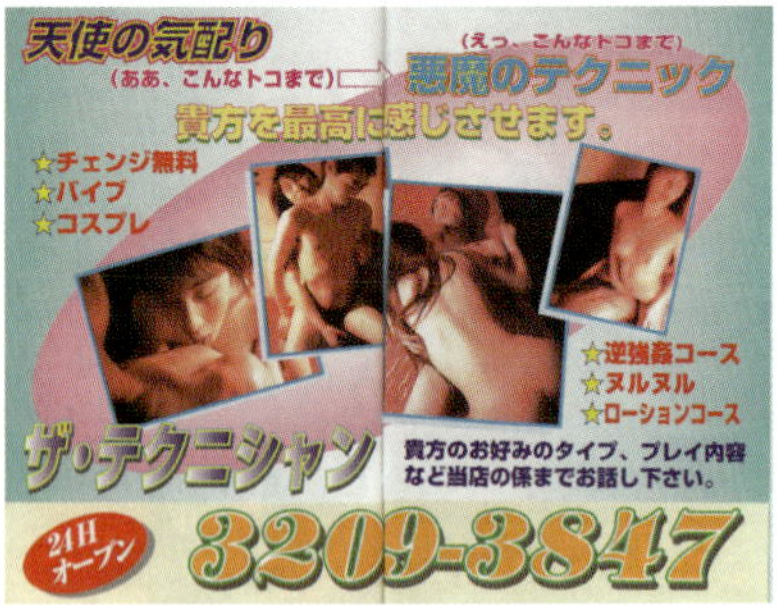
天使の気配り
（ああ、こんなトコまで）
（えっ、こんなトコまで）
悪魔のテクニック
貴方を最高に感じさせます。
★チェンジ無料
★バイブ
★コスプレ
★逆強姦コース
★ヌルヌル
★ローションコース
ザ・テクニシャン
貴方のお好みのタイプ、プレイ内容など当店の係までお話し下さい。
24H オープン
3209-3847

エッチの大好きな女の子大集合!!
女子大生
コギャル
OL
AV女優
キャンギャル
イベントギャル
モデル
ヤンママ
etc.
23才迄で未経験の可愛い女の子募集中。一回だけの体験アルバイトでもOK！
▼渋谷駅、六本木交差点周辺を中心に可愛い女の子奇麗な女性だけを連日スカウトしています。
週間大衆
週間ポスト
週間宝石
アサヒ芸能
各男性週刊誌等で取材記事の一番多い最優良店。
大胆過激な快感ギャルに君はどこまで耐えられる？
Beppin《ベッピン》
チェンジ無料
各種カード取扱い
領収証発行
3208-9665
御予算・お時間的なことは係の者にご相談下さい。

ギブアップさせます
責める人妻
もうやめてなんて言わせない
超ウルトラハードサービス
（終わった後も快感が続きます）
病みつきになる絶品テクニック
普通の男じゃもう敵わない!!
カードOK・領収書発行
3200-4629
しろうとに自信アリ
Call 5273-0990
Qeen

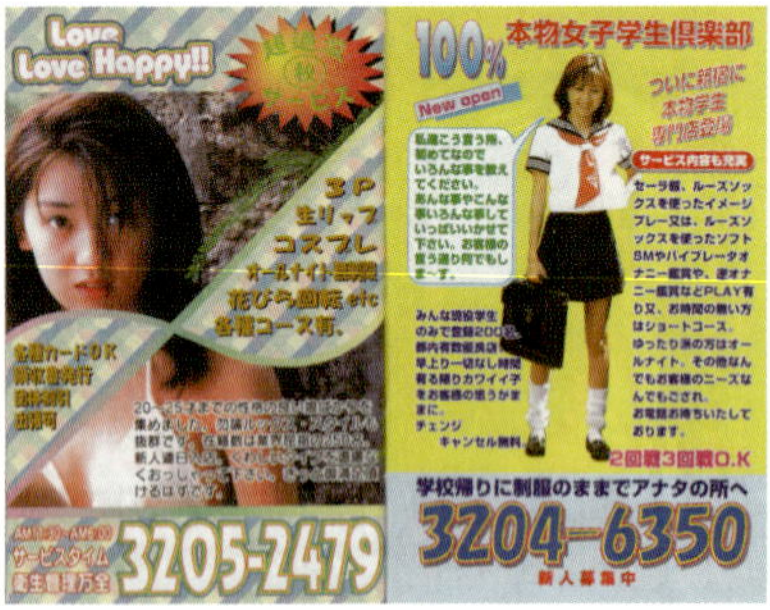
Love Love Happy!!
3P
生リップ
コスプレ
花びら回転etc
各種コース有。
3205-2479
100%
本物女子学生倶楽部
New open
サービス内容も充実
2回戦3回戦O.K
学校帰りに制服のままでアナタの所へ
3204-6350
新人募集中

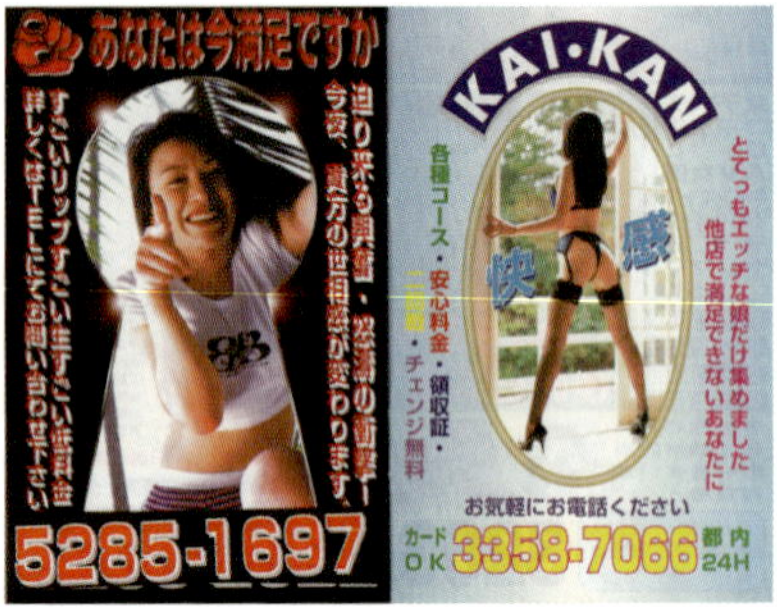
あなたは今満足ですか
迫り来る興奮、怒濤の衝撃！
今夜、貴方の世界感が変わります。
詳しくはTELにてお問い合わせ下さい
5285-1697
KAI・KAN
快感
各種コース・安心料金・領収証・二回戦・チェンジ無料
とってもエッチな娘だけ集めました
他店で満足できないあなたに
お気軽にお電話ください
カードOK
3358-7066
都内24H

完全シロウト採用店だよ！
王様のブランチ
来て～
○さあ！今すぐ電話を!!
3232-8427
ただ今人妻紹介中！
今迄は一部の方だけに紹介していましたが今月から一般の方も受付いたします。
私達はサービスの向上につとめています。
素人の集まりですので、プライバシーは守ってね。
新鮮
人妻同好会
2回OK!
カードOK
素人の人妻だけ
23才位から35才位迄の未経験の方募集中
私達、あるサークルの人妻51名
ニューオープン
3200-3176

TBS「王様のブランチ」のパクリ

クラブスティング
Call 5272 2277
当店は白人ブロンド専門のインターナショナルクラブです。もちろん安心料金業界No.1の美女そろいです。初めてのお遊びの方でも親切に御案内致します。
各種コース・3P・アナル等、領収書・カードも御利用OKです。

素人専科
ZERO
チェンジ無料
2回戦
領収証発行
都内出張
自宅・ホテル
3358-2077
超高級V・I・P専門店
容姿端麗・高料金
最高級の女性をそろえています。
Calvin Klein
都内VIP専門協会加盟店
指定のお店
5272-1206

新宿　夜の観光案内
不夜城・新宿へようこそ
10代
学生
OL
★チェンジ無料
★カードOK
★領収書有り
コスプレ
キス
フェラ
ローテイション
コース有
2回戦OK
VIPコース有
素人だからこその何でも有りの超過激プレイ
Call 3232-2048 受付24H

NEW OPEN
VIP専門店
Dキス・生フェラ・2回戦
当クラブでは貴殿志向のお客様に満足して頂ける様、グラビアモデル・タレントスクール生・女子大生・OL・若妻等の中から容姿端麗で洗練された女性のみを厳選の上、採用しております。
領収証発行・各種カードOK
衛生管理最優良店
5272-5994

ハイグレード
High Grade
あなたを大事にします
学生
OL
モデル
コンパニオン
カードOK
VIPコース有
5386-6578
AM11:00～AM5:30
セレクション
女子大生
OL
モデル
女医先生
女教師
レースクィーン
若妻
良家のお嬢様
40～60歳のオバ様
看護婦
上流階級婦人
スチュワーデス
バスト90cm以上の
超グラマー
様々好者淫乱女性
（当店おすすめ）
・新宿一低料金、チェンジ無料、路上OK
・時間内、何回でもチャレンジOK
・タイプによっては、事前にご予約を
・各種カード使用できます。
・上記のタイプからお選び下さい。
3232-8429

ヨーロッパ&ロシア
3208-7098
各種コース・3P・オールナイト
性感、もちろん　アナルもOKです。
領収書・カード　OK御利用下さい。
都内で唯一のロシアンクラブ誕生！
ロシア・北欧より
セクシーでキュートな
ブロンドガールズ70名！
CLUB ロシアーナ

風俗経験の無い純正アルバイトクラブ
6月1日OPEN 新入生20才
素人山の手のお嬢様
ヌードモデル・学生・コンパニオン
とことんルックス、そしてフナー
もちろん性格にこだわりました。
安心優良店
団体割引あり
カード可
領収書発行
3204-9026
Cityホテル
出張可
身体のほてりを隠しきれない危険な人妻達が今、貴方と共に極楽昇天
あぁっいけない悶絶人妻
「あぁっこんなになってる」
「主人は今　出張中なの…」
領収書発行
24時間受付中
3209-3965

高級club
ウィズ
With
●チェンジ無料
●コスチューム有
●VIPコース
●都内CH出張
●衛生管理OK
●各種カード可
20才から募集
新宿No.1
●本当にイイ娘は長く席ません！失敗のない選択をお約束します。
5285 1688
気軽に電話してネ
都内No.1をめざします
スタイル抜群・サービス満点
安心低料金・2回戦・OK
モデル・レースクィーン・女子大生・OL・タレント等
お客様の好みのタイプをお電話にて
サーキットの娘
カードOK
3358-1022
都内出張

純情女子大生
5273-3427
出張イメクラ
乙女の祈り
もう彼女達は快楽のどれい
・セーラー服
・看護婦
・セクシー下着
・バーチャルレイプ
・OL
・その他御希望のイメージに応じます。
イメージに応じて小道具をお持ちします。
チェンジ無料
領収書有
2回戦OK
都内出張
24時間OK
3203-4609

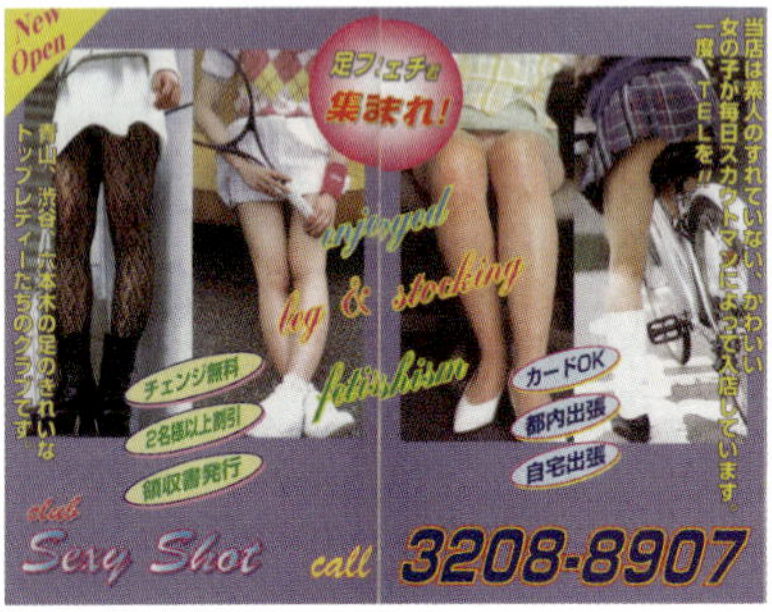

1993年～1999年まで人気のテレビ番組であった「料理の鉄人」のパクリ

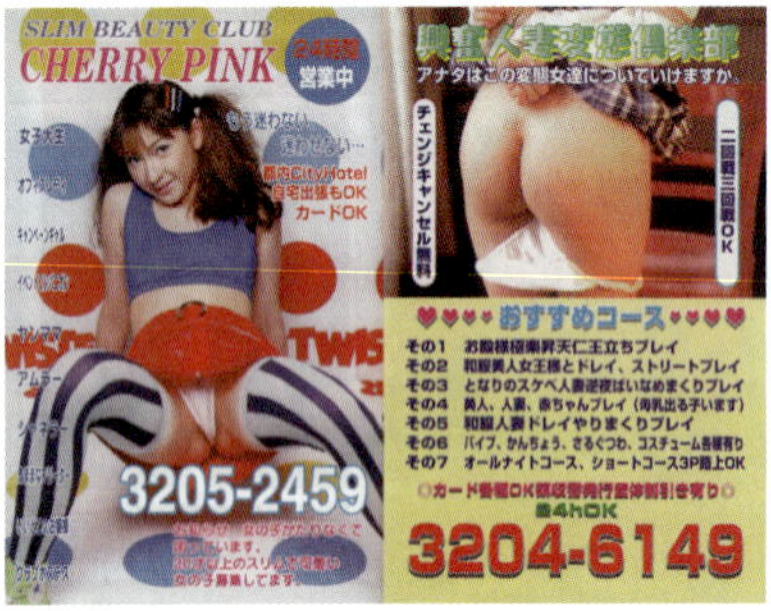

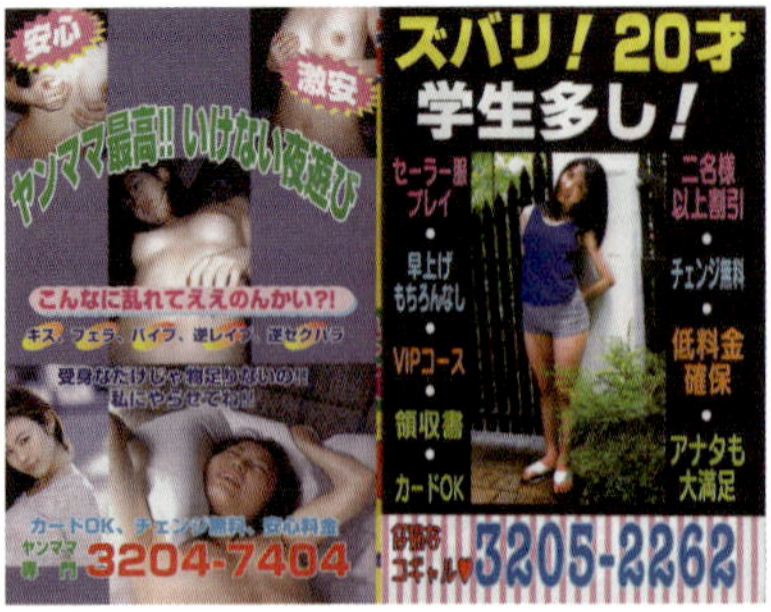

制服美少女達の放課後
在籍70名続々入店中
現役学生の美少女達がキスから始まる恋人プレイ
ノリの良さなら学生が一番!! 色々なことしようね!!
スーパーHな美少女が貴殿の部屋に……
★チェンジ無料 ★カードOK ★団体割引
3200-0572

若妻 本物素人 人妻
キスからはじまる人妻専門店
安心低料金明朗会計システム
3204-2569
進め!! フードル
べっぴん倶楽部
チェンジ無料
2回戦・各種コース有
領収証発行・低料金
カードOK
3226-0888
都内出張
お気軽にお電話ください

～究極のセクハラ～
"何回でもして下さい"
入社したばっかりのOL達が残業のかわりに生、生、生で…
都内ホテル&自宅 チェンジ無料 各種カードOK
3204-7012
時間内無制限発射
オール生学生
素人だけ
チェンジ無料 キャンセル 衛生管理万全
スリム・スリム
シャワーも一緒に
時間申告制 早上がり一切無し
OK 都内 Cityホテル 自宅 マンション 出張
安心低料金
3232-8397

東京ナイト
3209-9855
銀座・六本木
クラブホステス専門店
5285-1688

Fresh Girls
AM11:00～AM5:30
カードOK VIPコース有
5386-6576
完全暴露
キャバクラ嬢のオフタイム
これが真実
お店の外ではこんなに淫ら。
後ろから前からやっつけて下さい。
各種カード可 チェンジ無料
お気に召すまで何度でも
3200-5849

Shinjuku Night Spotここで終り。全て表裏印刷

New Open インターネット パフパフ
新人生専科・完全女学生バックアップ
TEL-3208-1215 安心低料金
全国初！在籍なんと290名
何回戦でもOK
ペロペロ生フ♥カポキス全身ド♥ル
ホテル街で可愛い子を見つけたら、私達が皆で開いた学生中心のお店の女の子です。皆、素人の子ばかりなので、やさしく色々おしえてネ!!
出張・路上待ち合わせOK
一気に昇天
各種コース有

シークレットサークル
お嬢さま大集合
とにかく一度見て下さい！女の子の質が違います！
●自宅出張OK ●チェンジ無料 ●カードOK ●領収書発行
今すぐお電話を……
5273-5107
女性募集 安心低料金
うすげしょう
薄化粧
●都内シティーホテル ●自宅出張可 ●VIPコース有 ●カードOK
3205-9661

チラシの写真や記述内容のきわどさがエスカレートしてきた。パンツ脱ぎかけで尻丸出し、股を拡げる、乳首を見せるのはごく普通となった写真。フェラ、バイブ、かんちょう、3P、仁王立ちプレイなどの過激な言葉があふれた。衛生管理万全、クレジットカード可、領収証発行等事前事後のサービスまであった

1997年

1997年

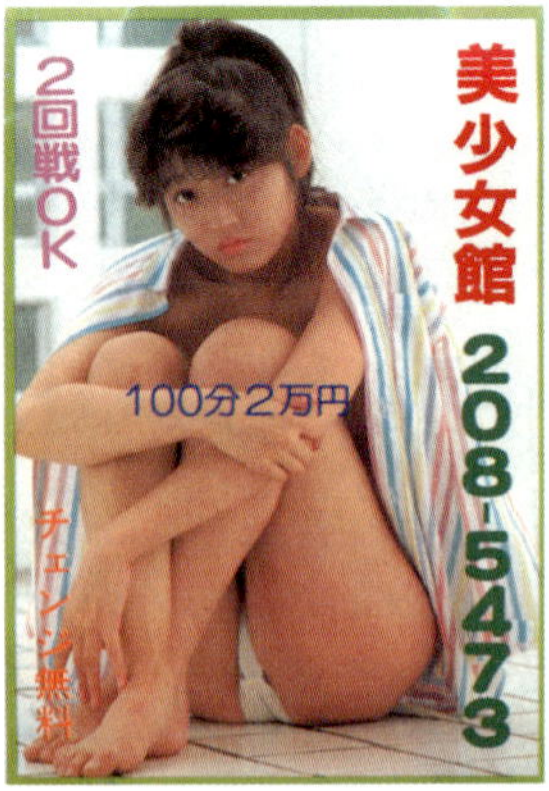

1997年　1997年頃よりチラシに金額、2回戦チェンジなどの表示が多くみられるようになる

1997年

1997年

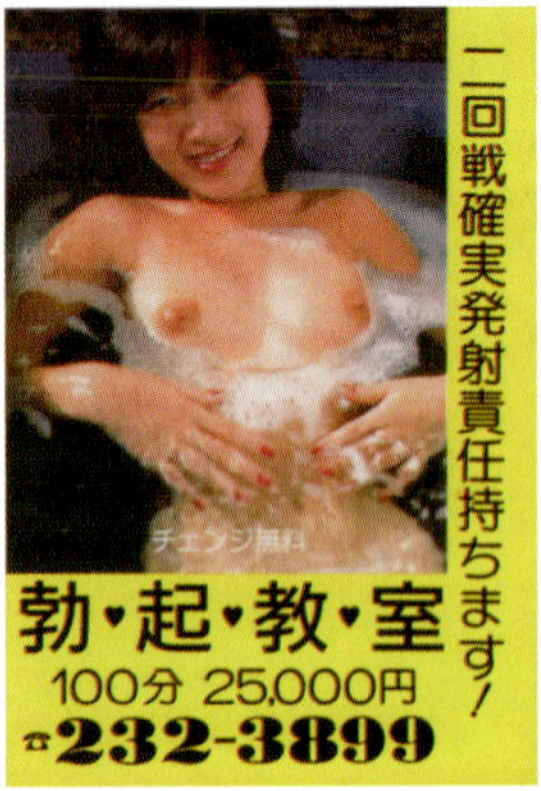

1997年

1997年

1997年

1997年

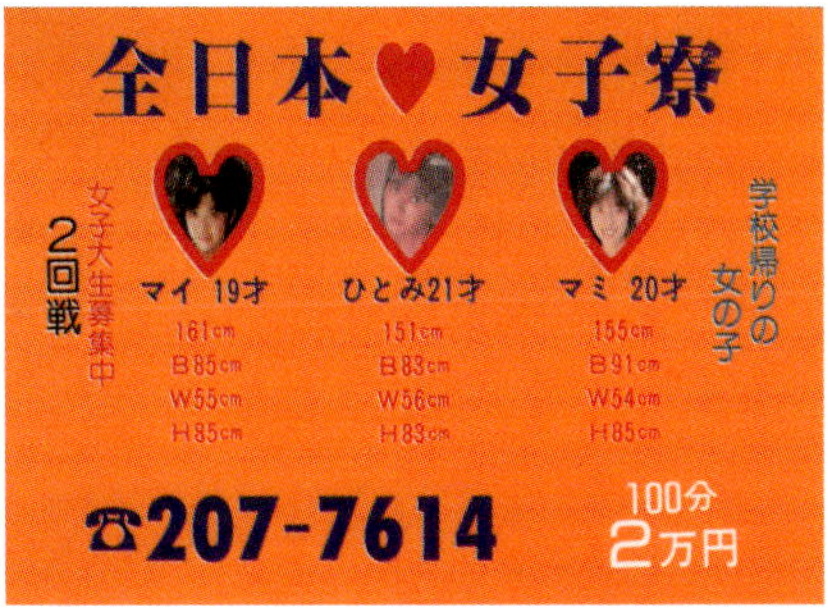

1997年

1997年

1997年

1997年

1997年

最高級モデル倶楽部
angel
New Open
博多No.1の美人専門店です。
素人セクシーギャル多数在籍
大学生・OL・人妻、貴殿のお好みの女性をお申しつけ下さい。必ず満足させます。
まずはTELを！
501−3399
コンパニオンレディー常時募集中 初心者大歓迎

1997年

愛らんど
☎2380506
一〇〇分 20,000円
2回戦 25,000円
チェンジ無料

1997年

時間があれば何度でも…ウフフ
エスコートレディ募集中
半分少女
ニューオープン
チェンジ無料
100分 20,000円
205-6059

1997年

ルーズソックス娘の発生地！
池袋北口 ナンパでGET♥
素人ギャル続々入店中！
話題の女の子は
NGなし！
未経験だけに
今がヤリどき
昼11時〜
（40分）￥5000
プレイ ＋5000
詳しい内容はテープ案内へ
㊙サービスが!03·3916·9064
浅倉さつき
池袋北口 にしいち学園ぽよぽよ マティーニ 03·5951·2352

1997年

1997年

1997年

70ページの白黒チラシから女子高生のファッションを連想する。

1997、1998年頃流行が絶頂だったこのルーズソックスの第一世代ともいえる代表的なスタイルはミニスカート、茶髪、顔黒（ガングロ）でポケベルを持っていた。これらは安室奈美恵をまねたアムラーのファッションとして大流行した。1998年～2002年頃、JKだった世代はギャルブームでルーズソックス第二世代といい、ポケベルが滅んで携帯が急速に普及していった。浜崎あゆみが女子高生のカリスマ的存在で彼女のファッションであるネイルアートや大きなサングラスなどの流行を生み社会現象となった。また、JKが性の対象となり始めた時期でもありブルセラショップという商売が出現した。

このチラシにその予兆が感じられる。

1997年

最高VIPクラブ
タップリの時間をいっぱいに心のこもったお遊びを!!
今まで高い料金で、気どっただけのつまらない女の子にばかり出逢っていたお客様に最適のお店をつくりました。
当店ではハートのこもった
生Dキスからはじまるすべて生リップ
各種カード・割安御利用!!
5272-8814

素直な新人
当店では、他の店で働いた経験者は採用していません。
コスチュームプレイ
若くてすれていない女の子
キスOK
新人続々入店中
カードOK
素人の学生だけ
ティーンエイジ・アイドル
3200-5849

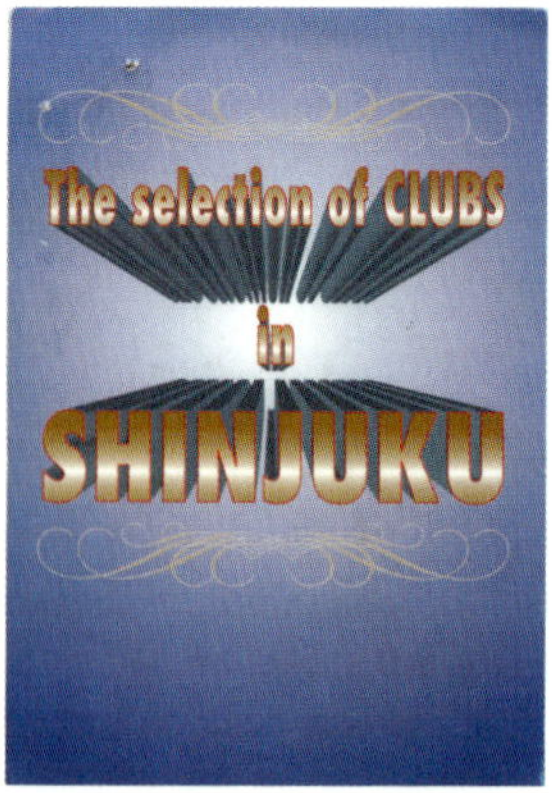
The selection of CLUBS
in
SHINJUKU

1997年　ロリコン、JKイメージ、大学生、新妻、人妻、熟女と性を対象とする年齢層が拡がって行く。72～75ページ上段「路上待ち合せ」までが1冊

エロチカ
素人OL専門倶楽部
老舗だから女性のレベルが違うのは当然です。
♥キスOK
♥生フェラOK
♥チェンジ・キャンセル無料
♥受付PM1:00～
♥カードOK
Call 3207-6994

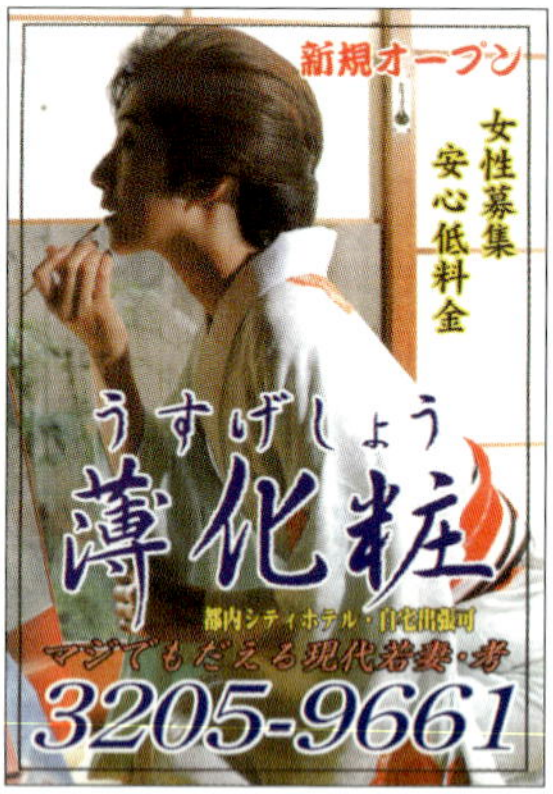
新規オープン
女性募集
安心低料金
うすげしょう
薄化粧
都内シティホテル・自宅出張可
マジでもだえる現代若妻・者
3205-9661

お待ちしております。
安心優良店
ラビット倶楽部
あなたの夢がすぐそこに…ほら。
女性募集中
3208-4151

人妻達
新人多数入店
素人妻だけの集まり
風俗経験ナシの人妻だから120%満足!!期待を裏切りません
全員素人、ルックス、スタイル抜群
内容豊富、何でもご相談下さい!!
各種カードOK　安心料金
3209-3965
素敵な女性募集

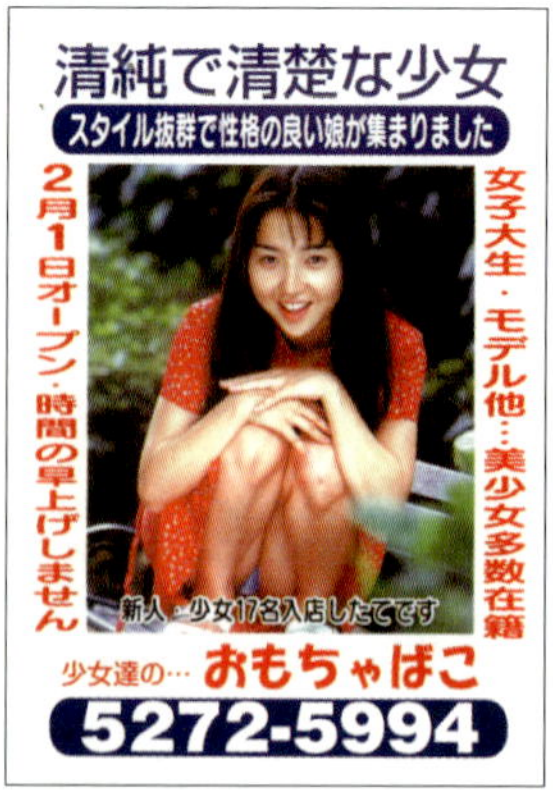
清純で清楚な少女
スタイル抜群で性格の良い娘が集まりました
2月1日オープン・時間の早上げしません
女子大生・モデル他…美少女多数在籍
新人・少女17名入店したてです
少女達の…おもちゃばこ
5272-5994

スーパースリム
10代
団体割引
チェンジ無料・都内出張可・カード可
VIPコース有
女子校生専門店
女の子募集中
ミニスカ・セーラー・ロリコン
3232-2527

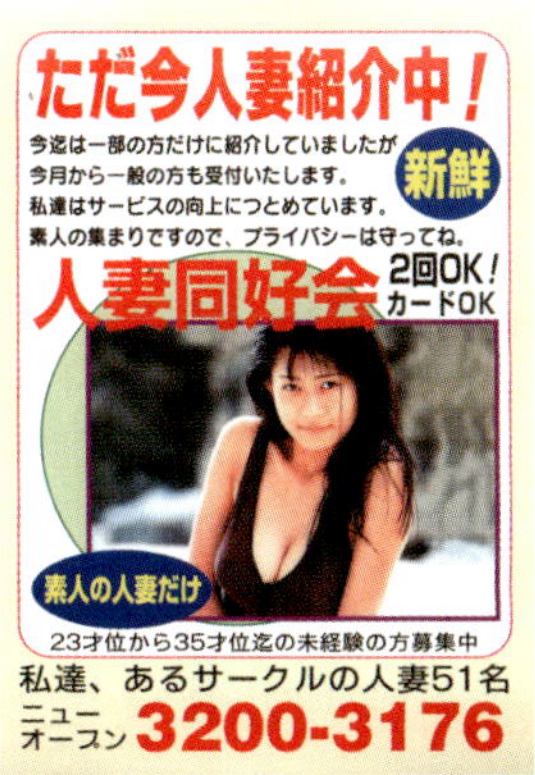
ただ今人妻紹介中！
今迄は一部の方だけに紹介していましたが
今月から一般の方も受付いたします。
私達はサービスの向上につとめています。
素人の集まりですので、プライバシーは守ってね。
新鮮
人妻同好会
2回OK！
カードOK
素人の人妻だけ
23才位から35才位迄の未経験の方募集中
私達、あるサークルの人妻51名
ニューオープン
3200-3176

新妻倶楽部
ういういしい美人妻と憩いのひとときを…
心やさしい20～28才迄の幼妻・人妻・美人妻の集いです…
3360-2682

美人熟女専科
美人はお風呂が大好き!!
容姿・性格絶対保証!!
AM9:00～6:00PM
早朝割引中
2名様以上割引中
路上待合OK・出張OK・カードOK
3204-6149

NEW OPEN
あなたのムード次第で金髪美人と最高のひとときを…
◆各種コース有◆カードOK
◆衛生管理万全◆チェンジ無料
Missing
3372-1499
好みのタイプを言って下さい。

教室
超H
10代集合!!
才
コギャル
今風のかわい～娘がいっぱい！
愛らしく、
従順な女の子。
カード利用可
チェンジ無料
二回戦可
早上げなし
安心低料金
2名様より割引中
3204-6350

最後の一滴までしぼり取ります
新規オープン
ハイヒール
都内シティホテル・自宅出張可
女性募集
3203-5514

美人熟女専科
美人はお風呂が大好き!!
容姿・性格絶対保証!!
AM9:00～6:00PM
早朝割引中
2名様以上割引中
路上待合OK・出張OK・カードOK
3204-6149

人妻達
新人多数入店
素人妻だけの集まり
風俗経験ナシの人妻だから120%満足!!期待を裏切りません
全員素人、ルックス、スタイル抜群
内容豊富、何でもご相談下さい!!
各種カードOK 安心料金
3209-3965
素敵な女性募集

プリクラ直送
うぶでまじめなすれてない女の子が集まったお店
みんなスカウトだから"初めて"
本当に素人？
本当です!!
3205♥2262
素人ならではのこのサービス
ういういしいいっしょにお風呂に入りましょ
本当にかわいい？
本当です!!
早上がり？
一切ありません!!

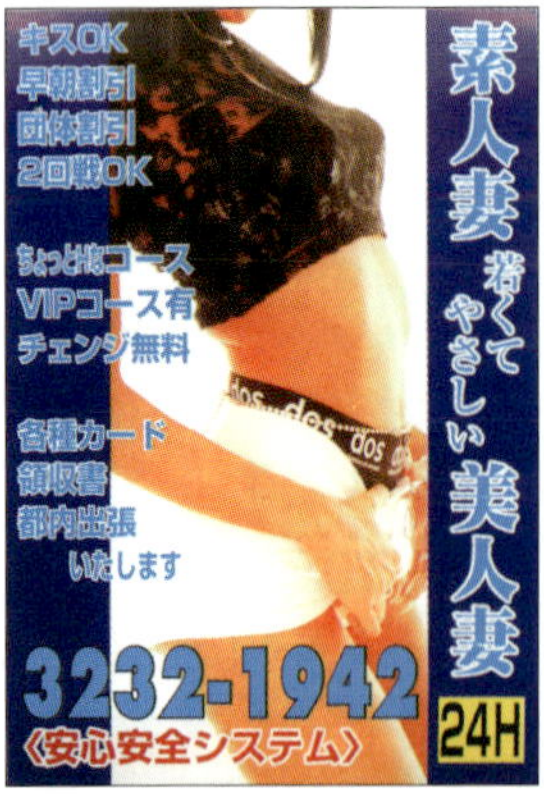

実に細かいサービス情報。早朝割引・団体割引・2回戦OK。ちょっとHなコース・VIPコース・チェンジ無料。各種カード・領収証・都内出張

この1束のチラシの中にコギャル、女子高生と書かれているものが5点ある。女子校生は女子高生を連想させる。71ページでも触れたが、JKが性の商品化の中に次第に取り込まれていく時代であった。

1998年

1998年

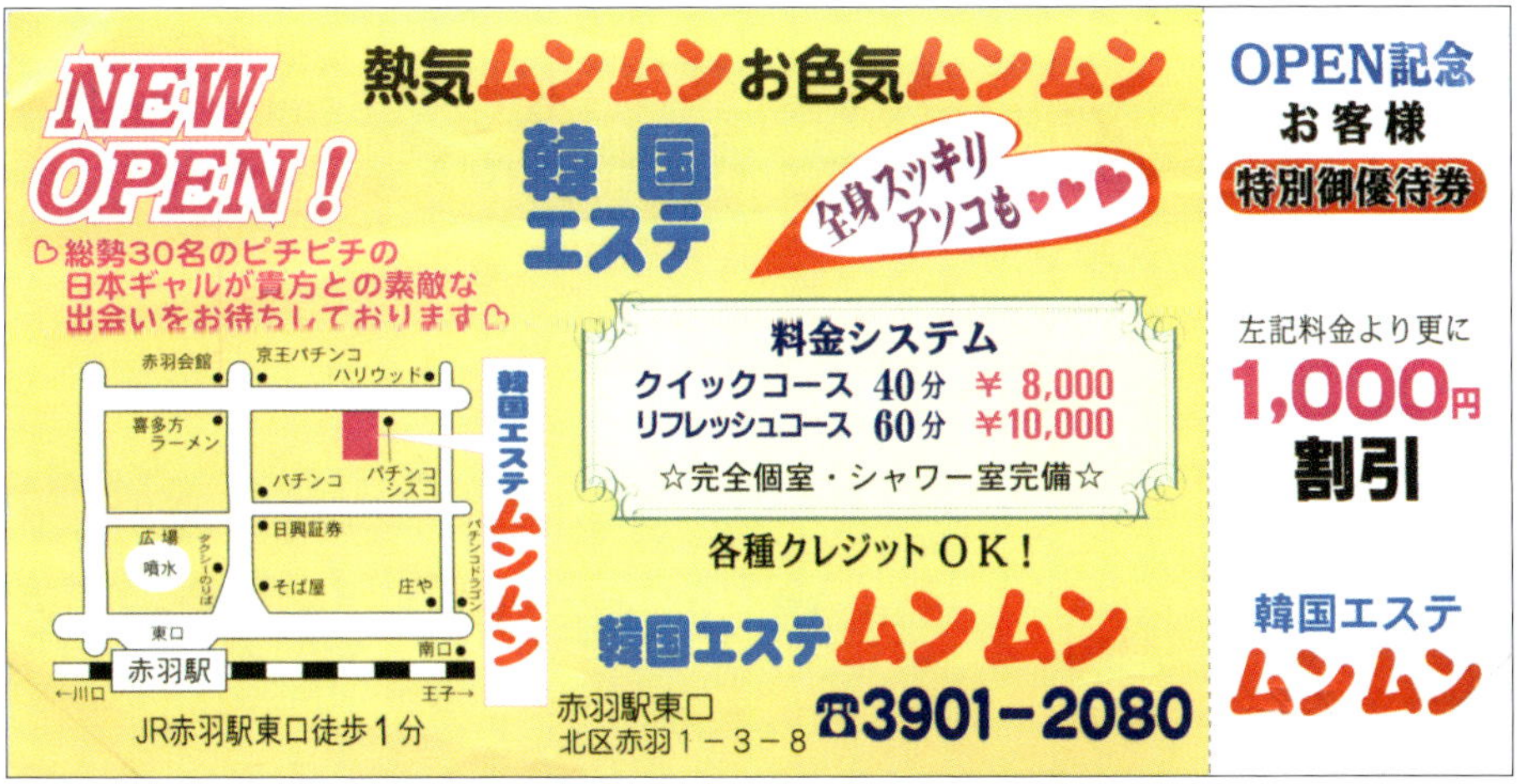

1999年

1998年

1998年

韓国式とか香港式と称するアジアンエステが流行し、赤羽でも次々に開店した。

この系統のエステは料金が安かった。

韓国式は「垢すり」マッサージとソープランドのような「洗体」が特徴だが、20代の美女、VIPコース、気持がイイ等と書かれていると単なる健全なエステでない印象。場所も新天地周辺。

1999年

韓国式エステ順
美人エステシャンと楽しい時間を・・・
超～極楽気分間違いなし必ず満足いただけます。
新規オープン
60分 7,000円～
年中無休 シャワー無料
営業時間 12:00～24:00 TEL03-3902-6011
消防署
プラザホテル
足利B
富士B
ハリウッド
三菱B
焼肉
パチンコドラゴン
モスバーガー
東口
JR赤羽駅 南口
至川口
至新宿
順

1999年

今話題のリラクゼーションマッサージ
高級香港式エステ 幸
1,000円割引券
お待ちしております
疲労回復・ストレス解消・肩こり
腰痛・頭痛・足のむくみ・不眠症
□全身エステ 60分 6,000円
□オイルエステ 60分 8,000円
□パウダエステ 60分 8,000円
※指名 1,000円
※深夜 11:00 以降各コースプラス 1,000円
経路とツボを高温の蒸しタオルとオイルで調整することにより、気血の循環を良くし美容と健康を保ちます。
☎03-3903-2725
北区赤羽1-10-2赤羽パレスビルB1
東本通り
住友銀行
富士銀行
スズラン通り
JR赤羽駅
さくら銀行
ジュエリーツツミ
パチンコ
丸久家具

1999年

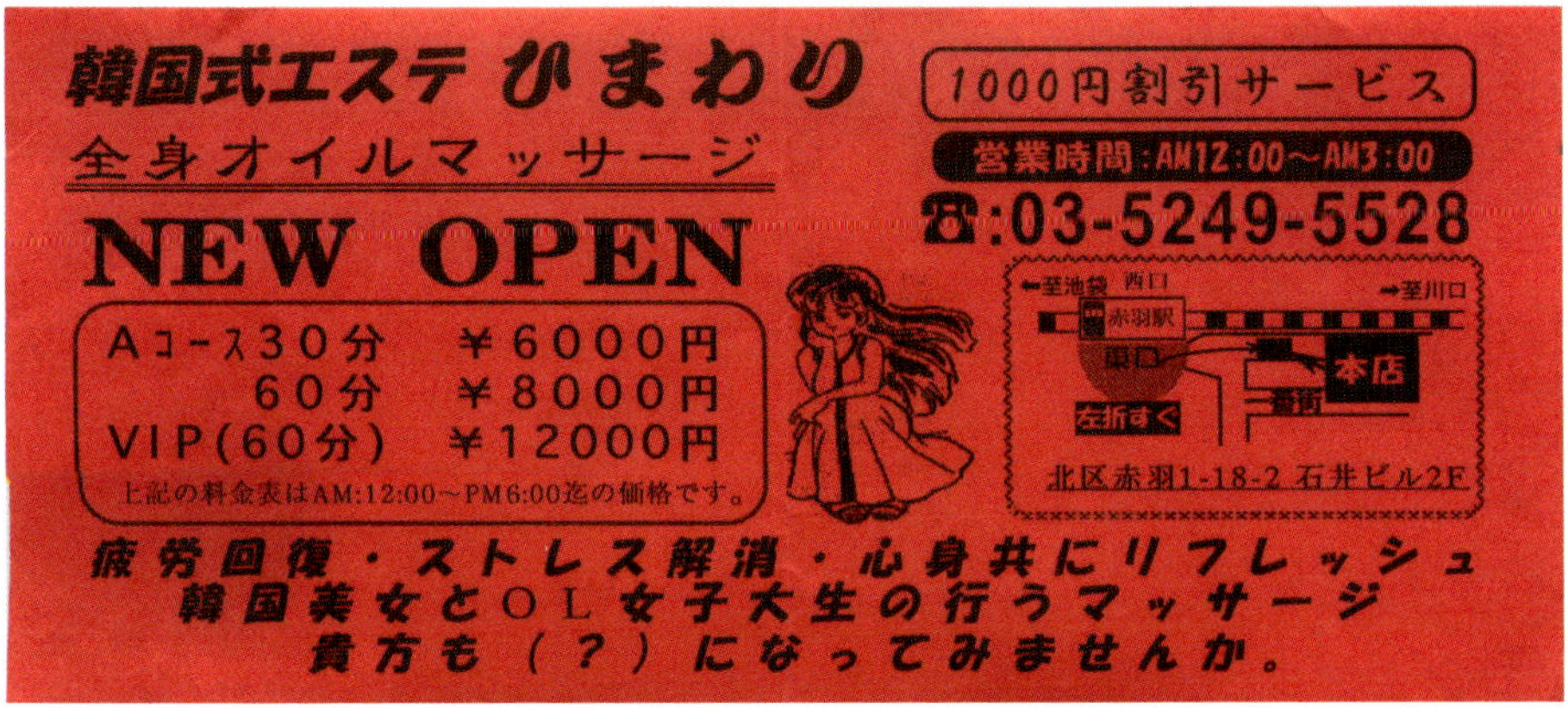

韓国式エステ ひまわり
全身オイルマッサージ
NEW OPEN
1000円割引サービス
営業時間:AM12:00～AM3:00
☎:03-5249-5528
Aコース30分 ¥6000円
60分 ¥8000円
VIP(60分) ¥12000円
上記の料金表はAM:12:00～PM6:00迄の価格です。
←至池袋 西口
→至川口
赤羽駅
東口
本店
一番街
左折すぐ
北区赤羽1-18-2 石井ビル2F
疲労回復・ストレス解消・心身共にリフレッシュ
韓国美女とOL女子大生の行うマッサージ
貴方も（？）になってみませんか。

1999年

2000年

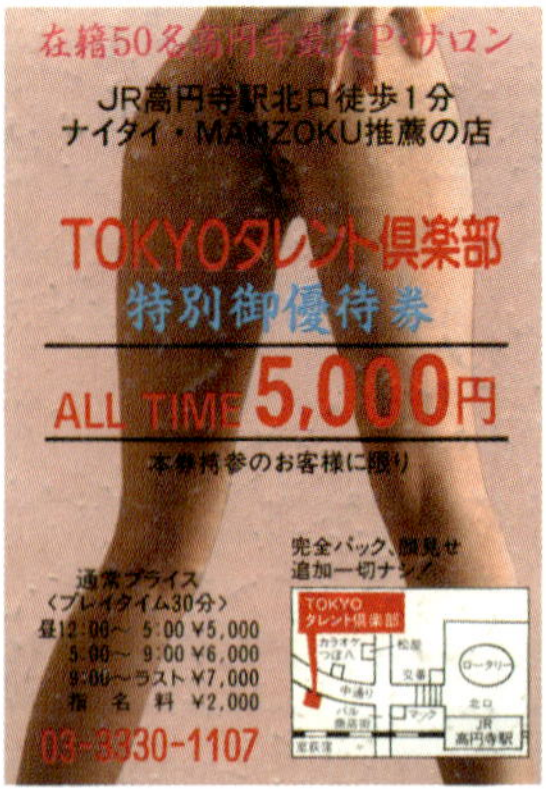

2000年　踏まれたチラシを路上で採取。踏み跡が残る

2000年

2000年

2002年

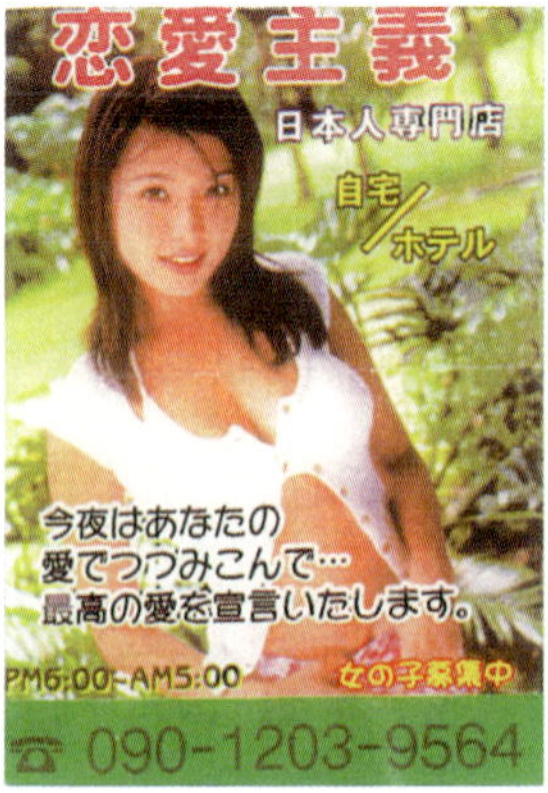

2002年

2000年

2001年

2002年

2002年

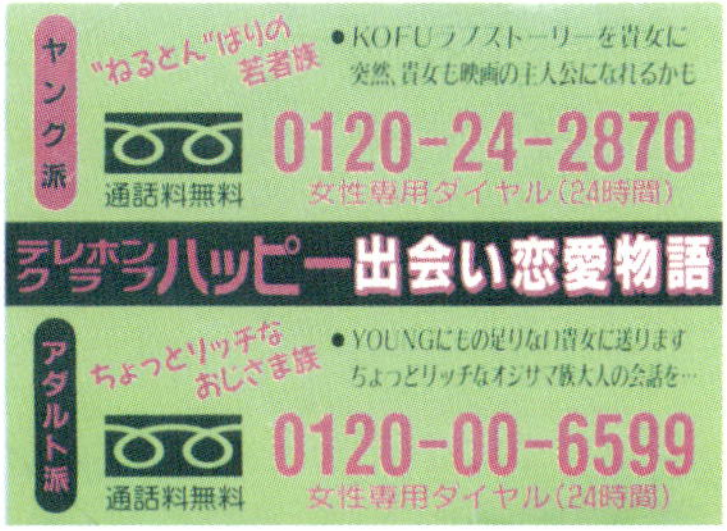

2000年

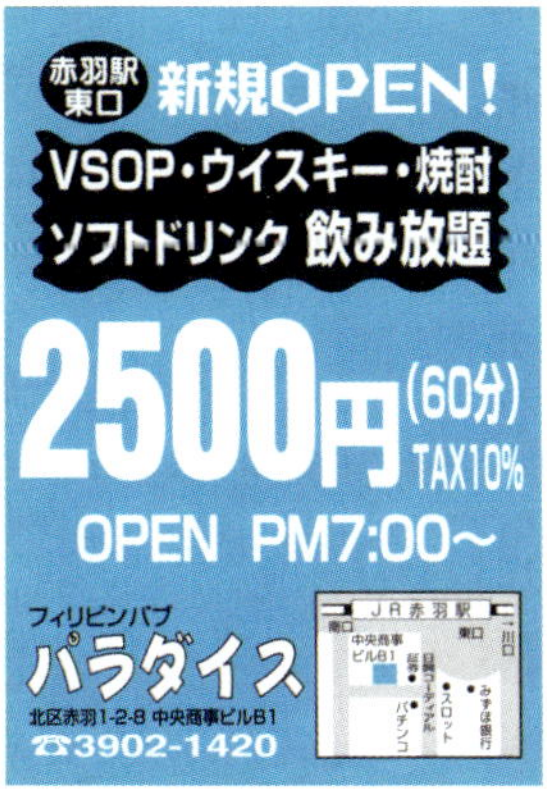

2003年

2002年

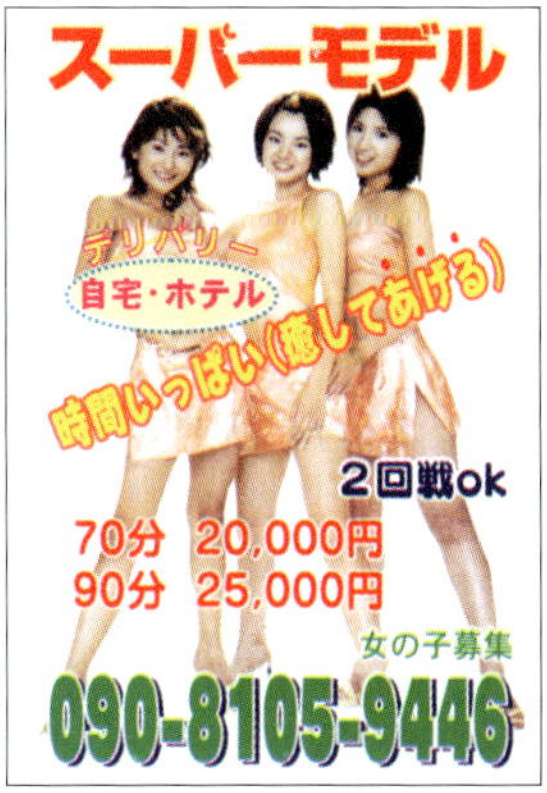

2002年

2002年

2002年　チラシの表現が「どぎつさ」を増してきた

2002年

2003年

2004年

2003年

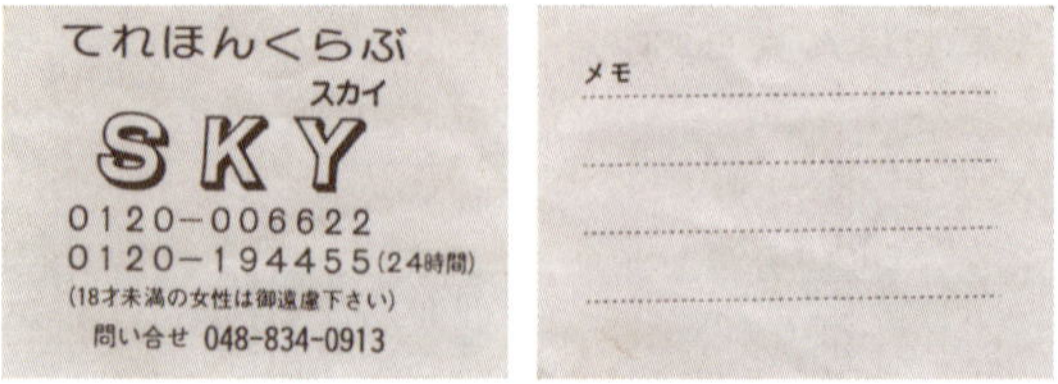

2005年

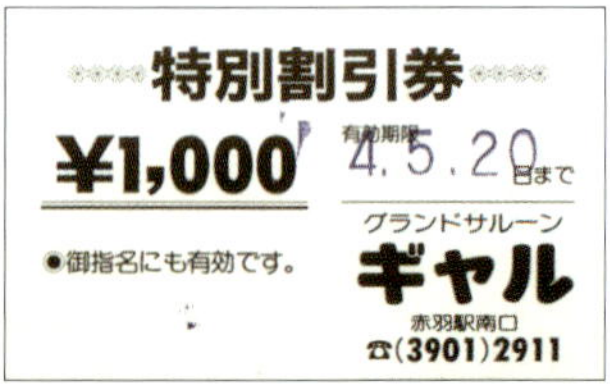

2004年

2005年　月間ホット&ホット3月号　表紙を含め34頁で表裏刷りの小冊子。チラシの情報量が盛り沢山だ。81～85ページまでが冊子になっている

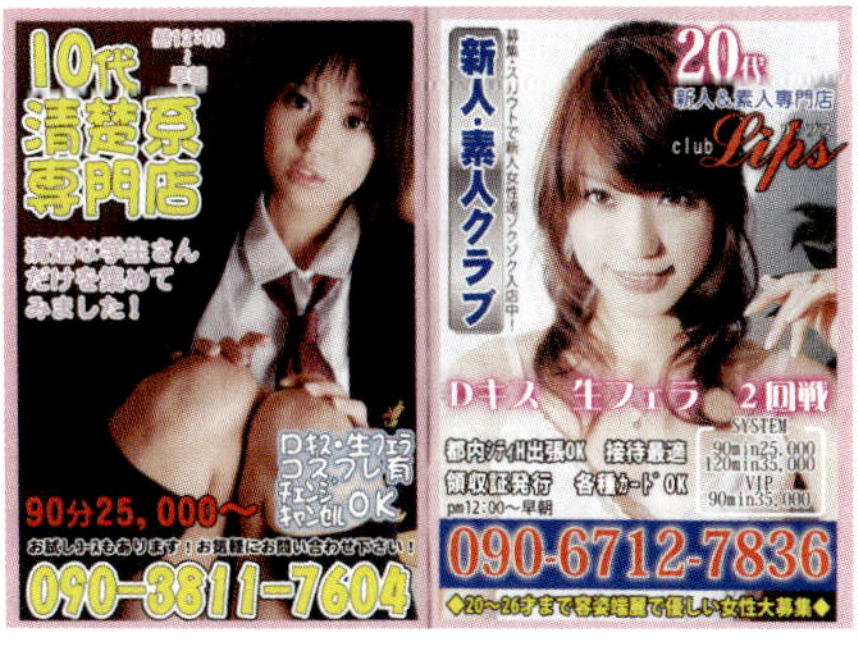

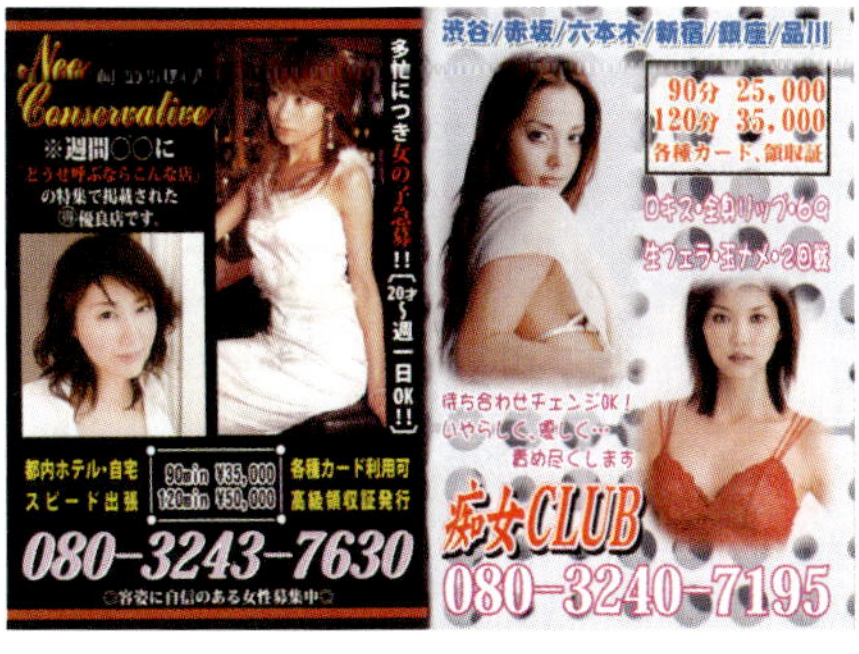

10代
Dキス
生フェラ
OKよ
私達渋谷のメル友だけで作っちゃいました。おねがいね
60分 23,000円
90分 28,000円
120分 38,000円
素人・学生専門友の会
ピーチ♥パイ
AM11:00～AM5:00年中無休
080-3276-5730
10代女子校生が春休みの
★アルバイト！★
チェンジ・キャンセル無料
キス・コスチューム・2回戦
新人
清純派素人美少女
3月1日よりゴールデンウィーク迄
新人女子校生を集めて限定営業中！
くらぶ 10代のはるやすみ
3月1日オープン 090-1740-0872

都内最大級
しかもチェンジ・キャンセル無料
リピートに自信アリ！
寂しい理由がある！
女の子在籍数No.1！
SUPER CLUB
スーパークラブ
NEW FACE
ニューフェイス
NEW OPEN! 今しか
遊べない素人アルバイト
カワイイ！キレイな娘ばかり
Dキス・生フェラ
2回戦OK
全身リップ等の
サービスもあり!!
団体様大歓迎
90min 25,000円
その他VIPコースもご用意しております。
営業時間 午後13:00～ 午前 5:00
領収書発行可
渋谷・新宿・銀座・赤坂・六本木・品川
090-6348-8929
多忙の為、繋がりにくい場合は090-4249-4067

渋谷センター街から
LOVE LOVE
Avenue
Dキッス
生フェラ
2回戦
早上がり等一切無し！
SYSTEM
¥25,000-/60分
¥30,000-/90分
090
1755
8066
こーるみー(^^)v
華
KOREAN MODEL COLLECTION
韓国モデル倶楽部
厳選された女性のみを御紹介させて頂きます。
100min25000
120min30000
○2回戦OK
○団体割引有
080-3244-4024

10代素人クラブ
Dキス・生フェラ
チェンジ・キャンセルOK
90分25000
090-8136-7744
♥優しくかわいい女性募集！1日体験入店有♥
渋谷うぶっ娘学園2005
080-3240-6210
ロリッ娘&スカウトマン同時募集!!

「妹系」未発達娘専門
NEW OPEN
お兄ちゃん！あそぼ
セーラー or ブレザーサービス！
Dキス
Nフェラ
2回戦
080-3240-0759
女の子&スカウトマン同時募集!!
やすらぎの部屋（人妻専科）
090-3851-5134
90分25,000

激ヤバ!!限界
ギリ×2
恋人プレイ!!
★2005年、渋谷に新名所が誕生!!
★今までとは女の娘の質が違います!!
★基本プレイサービスが違います!!
★お客様の満足度が違います!!
渋谷解禁！
業界騒然の
基本プレイ
■ラブ×2DKス
■ラブ×2Nフェラ
■2回戦
■コスチューム
チェンジ キャンセル 無料
カード 領収証 OK
キスミー
Kiss★Me
NEW OPEN in Shibuya
女の娘を写真で選べる!!
オフィシャルHPアドレス
http://www.
お教えします!!
90分 25000円
ショートコース、ロングコース 他、各種コース有
080-3240-0776 受24h

New Open
出会い系
15名様！昼限定¥20000→¥16000
60min 23000
80min 23000
100min 26000
120min 29000
80min 30000
120min 36000
090-4412-3592
各種カードOK・領収証OK
素人長身スリム専門店
090-9868-4318

↑↓両頁で1店舗

名門
女子大生
サークル
優良
◆都内出張
◆ホテル御紹介
◆団体割引
◆安心丁寧
◆領収書発行
システム
レギュラーコース 90分25,000
VIPコース 90分35,000
♥お電話してね♥
当店は、女子大生達のメール ネットワークを使い、口コミだけで集めた「素人学生専門店」です。
連日多数の女の子達がアルバイト入店しております。
是非、お客様の目でお確かめ下さい。
満足してね♥…200%
コスプレもありまぁ～す!!
OPEN PM12:00～
090-1741-6385
衛生管理万全

現役 to UnderAge
(期間限定)
出会い系よりお手軽!!
本物をGet!!
080-3240-7393

韓国 リトルコーリヤン
ニューオープン!
都内シティホテル・自宅・領収書発行
スピード出張! 生で中出しOK!
システム 80分¥20000- 100分¥25000- 120分¥30000-
オール生サービス
受付24H
090-8076-8169

Dキス
生フェラOK
90min 25000
120min 35000
倶楽部真珠夫人
080-3243-5129

10代学生専門
Dキス
生フェラ
2回戦
90分25,000~
お試しコース有!
090-2983-8997
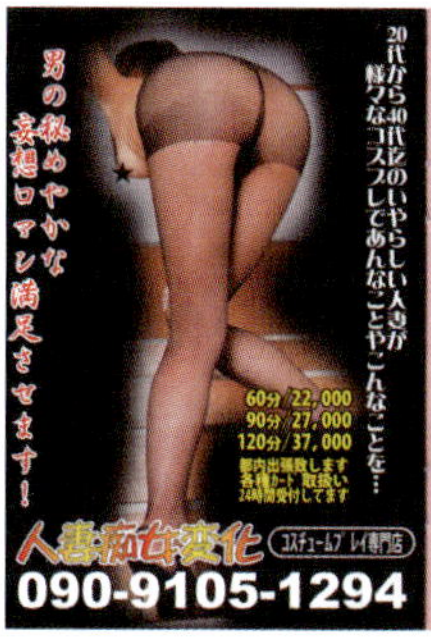
男の秘めやかな妄想ロマン満足させます!
20代から40代の様々なコスプレのいやらしい人妻があんなことやこんなことを…
60分 22,000
90分 27,000
120分 37,000
人妻痴女変化
コスチュームプレイ専門店
090-9105-1294

カワイイ♥優しい♥エッチ大好き
10代学生専門店
新人多数、毎日入店中
Dキス
生フェラ
2回戦
コスプレ
70min23000
90min25000
120min35000
M's
12:00~早朝
090-8088-3939

ひまわり
SunFlower
あなたに似合う私を探して、そして…あなたの色に染まり続けて…
★ヘルスコース★
15,000円
60分20,000円
70分23,000円
90分25,000円
120分32,000円
090-9104-4185

渋谷・色白素人専門CLUB
ラブストーリー 天使の恋人
セレクト
学生
OL
モデル
素人妻
一緒に春のかおりを感じたいから。
渋谷・目黒・品川・世田谷・新宿・銀座
090-1205-4411

清楚
癒し
純情
あすなろ女学園
90分 25,000
120分 35,000
ちょっとHな10代娘専門
待ち合わせチェンジ無料
080-3079-7556

10代
学生専門
ご奉仕委員会
Dキス
生フェラ
2回戦
コスプレ
団体割引有
各種カードOK
領収証発行
70min 23000
90min 25000
120min 35000
VIP90min35000
pm12:00~朝まで
080-3241-0589

キャリアウーマン専門店
きれいなお姉さんは好きですか?
社長秘書・保母さんから現役女教師女医先生など、キャリアの女性を専門にご紹介してます。
90分30,000円/120分50,000円
080-3248-8087

現役スカウト専門店!!
ホントだよっ!
Dキス
生フェラ
OK!!
10代学生専門倶楽部
60分¥23,000
90分¥25,000
120分¥35,000
お昼12時~翌朝5時まで年中無休
090 - 9994 - 0115
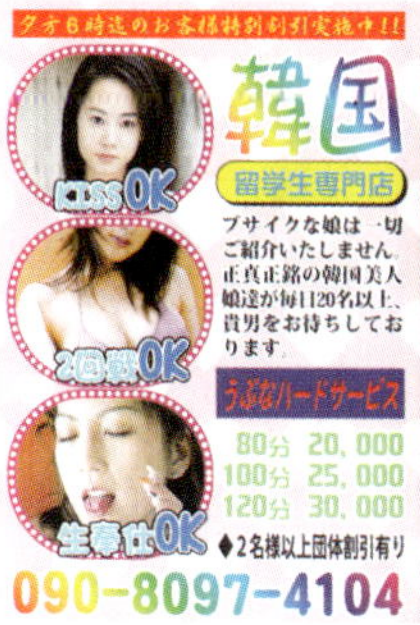
韓国
留学生専門店
KISS OK
2回戦OK
生奉仕OK
ブサイクな娘は一切ご紹介いたしません。正真正銘の韓国美人娘達が毎日120名以上、貴男をお待ちしております。
うぶなハードサービス
80分 20,000
100分 25,000
120分 30,000
◆2名様以上団体割引有り
090-8097-4104

コスプレ♥トレイン
コスプレは好きですか?
60min/22000
90min/27000
CLUB MANIAX
090-1799-4061

10代の女の子
NewOpen!
生フェラ・Dキス
2回戦コスプレ
システム
90分 25,000円
120分 35,000円
恋人気分でギュッとしてね♥
各種カードOK
090-9239-9204

NEW OPEN
業界未経験コンパニオン
お嬢様
エスコート
料金
90分 ¥35,000
120分 ¥50,000
High Quality
秘密厳守
090 4403 8933
業界未経験ONLY

080-3079-7558
蜜の味
白く妖しく艶めかしい肌、
美乳★巨乳
90min¥25,000
120min¥35,000
NEW OPEN
Men's club FACES
一日にお客様御一人だけの為、多少高額になりますが、絶対に後悔させません。
・現役モデル
・レースクィーン
・タレントスクール生
・企業キャンペーンガール
・各スチールモデル
・銀座高級ホステス
《SYSTEM》
STANDARD 90分 ¥35000
VIP 90分 ¥50000
ROYAL 90分 ¥80000
～募集中～
セクシーランジェリー完全着用
ガーター・Tバック・網タイツ
080-3240-0890
風俗未経験ONLY

渋谷人妻倶楽部 フロントシーク
レット調査による人気ランキング!!
※数少ない人妻のいる倶楽部から極秘調査
フロントマンが語る「素」の人妻達
No.1
No.2
No.3
※各店の女性の感想・苦情を情報局におよせ下さい。
人妻情報局
090-6600-7988
※全店カード領収書発行
※18才未満の方の御利用はできません。

風俗ライターY氏絶賛店!!
Sexy Lady セクシーレディー
レギュラー
90分25000円
120分35000円
プラチナ
90分50000円
120分70000円
新人教育
24時間営業中
080-3633-2323
女の子募集中！容姿に自信のある25歳まで
グレードワン
OL 秘書
レギュラーコース
90min/25,000
120min/35,000
VIPコース
90min/35,000
120min/50,000
ロイヤルコース
90min/80,000
120min/100,000
生フェラ・Dキス・シティH・自宅出張可
090-3851-5129

現役 制服美女
美脚自慢
プロスカウトマンによる現役OL
スチュワーデス
学生・社長秘書
連日入店中!!
全員素人!!
都内No.1の安心システム
60min¥20,000-
90min¥25,000-
120min¥35,000-
Dキス・生フェラ
2回戦OK
領収証OK
各種カードOK
当店はハズレなし!!
NewOpen!!
女の子募集
080-3398-4247
90min25000
120min35000
OL
専門アルバイト
Dキス・Nフェラ OK
都内出張・領収証OK
tel 090-1295-9413
NEW OPEN

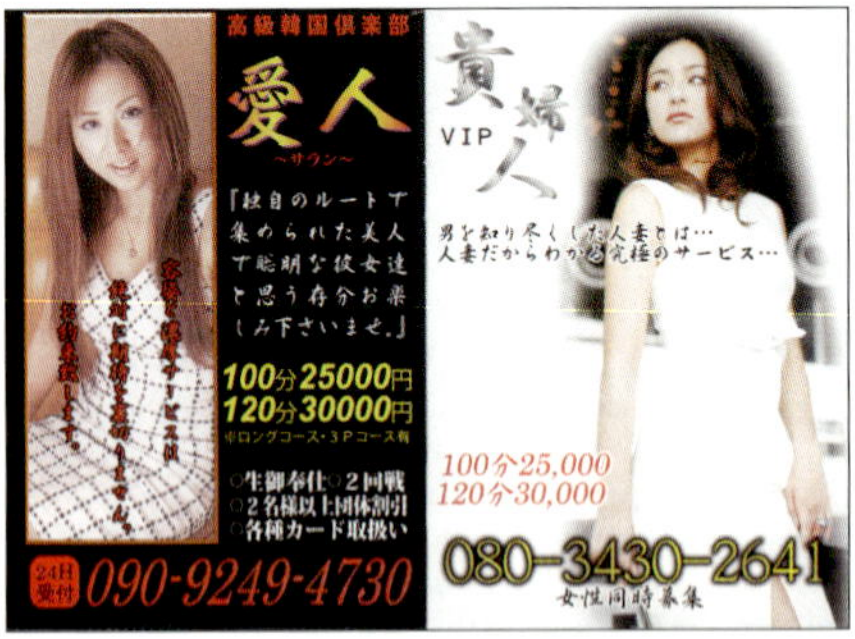
高級韓国倶楽部
愛人
～サラン～
『独自のルートで集められた美人で聡明な彼女達と思う存分お楽しみ下さいませ。』
100分25000円
120分30000円
※ロングコース・3Pコース有
○生御奉仕○2回戦
○2名様以上団体割引
○各種カード取扱い
24H受付
090-9249-4730
VIP
貴婦人
男を知り尽くした人妻とは…
人妻だからわかる究極のサービス…
100分25,000
120分30,000
080-3430-2641
女性同時募集

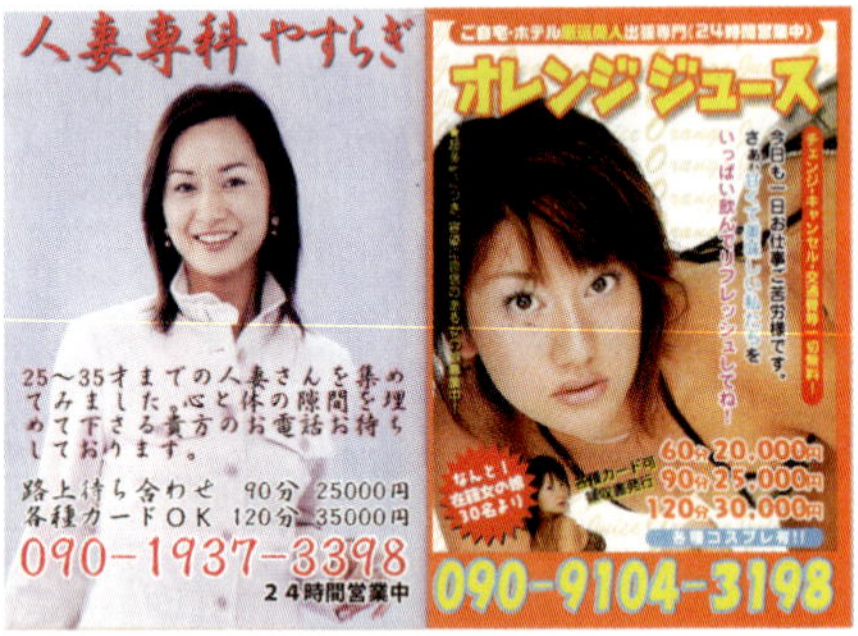
人妻専科 やすらぎ
25～35才までの人妻さんを集めてみました。心と体の隙間を埋めて下さる貴方のお電話お待ちしております。
路上待ち合わせ 90分 25000円
各種カードOK 120分 35000円
090-1937-3398
24時間営業中
オレンジジュース
いっぱい飲んでリフレッシュしてネ!
60分20,000円
90分25,000円
120分30,000円
090-9104-3198

10代渋谷校
色白♥清純♥ピチ²
一緒にお風呂はいろ♥
●チェンジOK♥Dキス
●コスプレあり♥Nフェラ
●領収証●各種カード可
24時間営業
090-3851-4779
majestic club PRESIDENT
プレジデント
90分50,000/120分100,000
PM12:00 ～ AM2:00
090-9109-1458
20歳～24歳の女性募集中

東京アルバイトクラブ
20代～素人専門店
No.1 escort club
Debut
人には言えない秘密のアルバイト
Dキス
生フェラ
2回戦
OK
都内シティ出張
領収証発行
各種カードOK
12:00～翌朝
安心SYSTEM
90min25,000
120min35,000
VIP
90min35,000
080-3240-7421
小柄でスリムな10代美少女
モデル・タレントの卵etc・・・
Kiss・2プレイOK
いっしょに遊ぼ～よ♪
ロングコース
ショートコース
コスプレコース
V・I・Pコース
制服美少女
ロリコン同盟！
080-3620-0477

New Open!
都内ｼﾃｨH・自宅出張
２名～団体割引
各種カード・領収証発行
青い果実
初めての娘ばかり集めました。
よろしくお願いします。
恥じらいながら
そっと捧げたいの…
「10代の素人専門店」
90分 ¥25,000-
昼12:00～翌朝5:00
090-3810-3197

新規OPEN、特別料金で御案内
当店は普段セックスレスでご不満の溜まっている二十代後半から三十代の人妻をご紹介している専門店です。仕事、長期出張で忙しくて振り向いてくれない旦那様…。時間とカラダを持て余している素敵な人妻との出逢いをお約束致します。
23区出張致します。
各種カードご利用できます。
２回戦、Nフェラ、DキッスOK
お風呂もご一緒に…
三十路通信
90分30,000～
am.10:00～受付
080-3243-5518
25才から39才までの人妻さん募集してます。(要面接)

Flight
ATTENDANT
90MIN 70,000YEN ビジネスクラス
120MIN 100,000YEN ファーストクラス
90MIN 50,000YEN エコノミークラス
OPEN 13:00
CLOUSE AM5:30
090-4283-5097

カワイイ、ロリロリの娘がお相手しま～す。
コスプレ都内随一の品揃え
23区内デリバリー OK
もちろん生フェラ
キス・２回戦OK
お気軽にスタッフまでTELLして下さいね。
100min 130min
¥25,000 ¥35,000
10代倶楽部
★Baby★
Gang★
090
9103
5305
女の子大大募集中ー日体験OK

現役の学生さんと遊べるお店
♥ドリーム♥
70分 23,000円
100分 28,000円
チェンジ・キャンセルOK
Dキス・Nフェラは恋人なみ
その他各種オプション有り
新人さん続々入店中！！
080-3079-7562
現役の素人女子○生をご紹介致します。
お昼12時から
翌朝日の出まで
年中無休
学生さんアルバイト登録制で常時募集中ですよ
お気軽にお電話下さい

上流階級の女
100min/30,000yen
都内在住の上流階級の
御婦人だけ在籍の倶楽部です。
都内シティホテル出張
領収証発行
生フェラ・KISS・２回戦有
CLUB
SWEET ROSE
080-3243-6204

☆エッチなOLさん☆
某有名企業のOLさんを集めてみました。面接採用の基準はエッチ大好きな娘、ミラクルMなOLです。
90/35000, 120/50000
※社長さん、あなたの会社のOLさんでもクビにしないでネ
090-3810-3193

New Open
人妻が始めた人妻専門店です。
美人若妻・容姿端麗熟女
ぜひ、一度お遊び下さい
お試しコース
60分20000
90分25000
120分35000
Dキス・生フェラOK
２回戦
チェンジ・キャンセル無料
都内シティH出張可
くらぶ ア・マン
090-3811-7623

清楚系奥様達のシークレットタイム
キスから始まる素人奥様の本気プレイ。
安心のシステム
90min 25000
120min 35000
Dキス・生F・２回戦・路待
高級領収証
090-1203-8133

ペアミント
○○○芸能掲載で話題沸騰の満足評価総合第一位を頂きました。
知る人ぞ知る優良店です。綺麗、もしくは可愛くないとダメ！という方、是非お電話下さい。満足感のある一時をお約束します。
60分20,000円
70分23,000円
90分25,000円
120分32,000円
19:00迄に
お電話の方
割引サービスアリ
領収書発行♥各種カード可♥
チェンジ・キャンセル無料♥
※女の娘募集中!!
女の娘多数在籍の為、詳しくタイプをお知らせ下さい。
もちろん各種コスチュームもございます。
080-3243-4730

2005年　ますますチラシの掲載店が広域になる。Adult Magazine。34頁、両面印刷。86～90ページまでが'冊子になっている

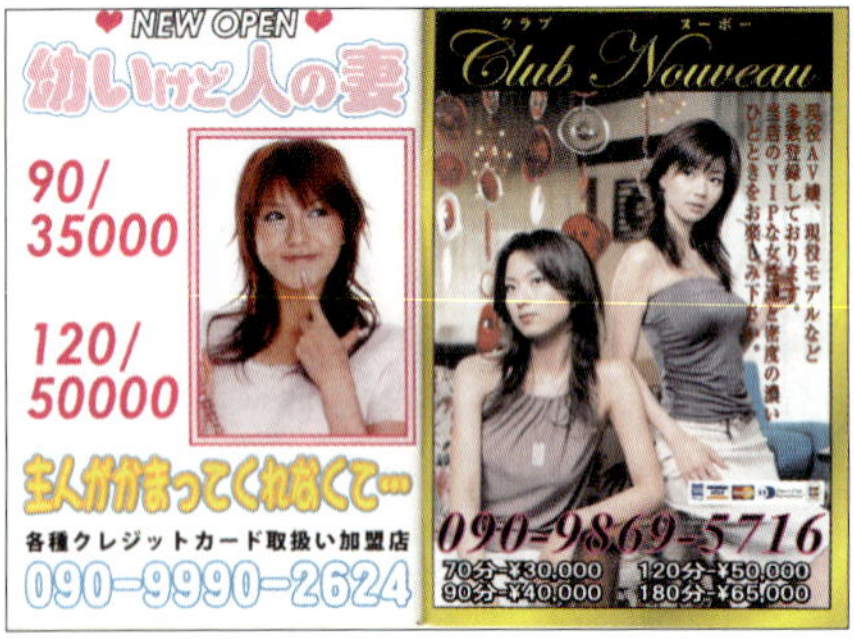

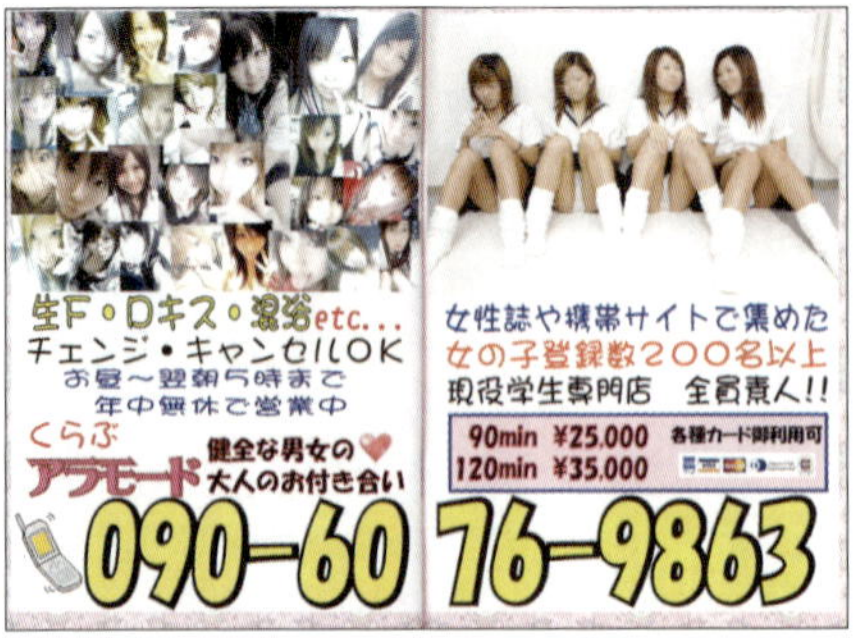

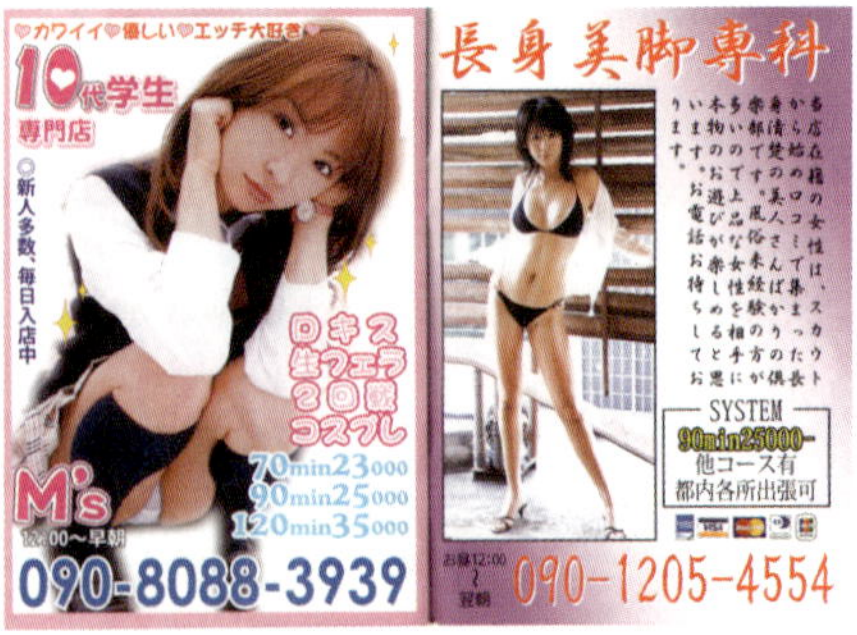

10代 専門
Dキス
2回戦
生フェラ
コスプレ
Love Girl
70分23000 90分25000 120分35000
090-8548-9738

OL専科
東京秘書室
普通のOLさん達を御紹介いたします。
詳しくは係りの者に、お気軽御申しつけ下さい。
090-1281-4732

10代
専門店
ピチピチ
ピッチピチの女の子だけのくらぶ
キス
生F
コスプレ
おフロー緒!
90分25000
24時間営業
090-3851-4756

OL若妻専科 夢クラブ
Dキッス
生フェラ
2回戦
カード各種
90分 25,000
080-3126-9965

本物 素人 美人
スタイル・ルックス最高級
渋谷発
女の子募集中25才まで
領収書発行・衛生管理抜群
当店は都内各所でスカウトした女性を厳しい面接の上 厳選して採用しております
90分30,000円～
ハイセンスクラブ
080-3633-5454

人妻専門倶楽部 GOLD HEAVEN
レギュラーコース
90min 25,000yen
120min 35,000yen
VIPコース
90min 35,000yen
120min 50,000yen
090-9324-3818

10代ロリ学園
お昼12:00
翌朝5:00
90分 ¥25,000
120分 ¥35,000
090-6227-6997

韓国モデル専門
韓国のオッパイが大きい女の子だけを集めて来ました。お客様の気持ちを理解した上で、女の子を揃えております。無駄な時間の浪費はさせません。
Dキス
生フェラ
生で中出しOK!
都内出張・昼12-翌5
090-3757-2870

70min 30,000
90min 40,000
120min 50,000
シャネル・コレクション
領収証発行
19才から27才までの優しく美しい女性が伺います。
080-3240-5452

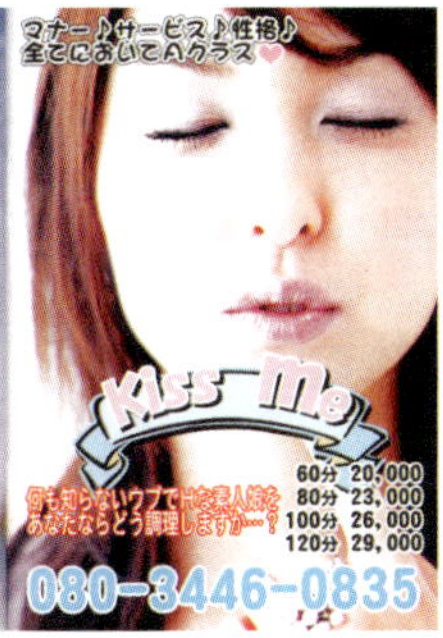
マナー♪サービス♪性格♪全てにおいてAクラス♪
Kiss Me
60分 20,000
80分 23,000
100分 26,000
120分 29,000
080-3446-0835

今ドキの渋谷っ娘
ギャル・コレ
90分¥25,000
120分¥35,000
チェンジ・キャンセルオッケー♪
090-3753-7483
お昼の12:00から翌朝の5:00まで待ってるから気軽に

女子大生クラブ
当倶楽部では自信を持ってお客様に好みのタイプを紹介しております。スタッフに詳しくお伝え下さいね。
可愛い女子大生達と…安心してたのしめます…
レギュラーコース
90分 25000
120分 35000
VIPコース
90分 35000
120分 50000
080-3279-1255

二十代・三十代の上品な女性
規定料金で二回戦お相手致します
週に一、二度の暇を見つけてのアルバイト素人美人だけを揃えてお待ちしております
90分 25.000円 VIPコース 35.000円
お試しコース 60分 20.000円御座います
朝10時～翌朝5時まで
高級クラブ 麗人
090-2927-4555

New Open
090-9786-8102
韓国留学生専門出張
100分25000/120分30000
◆20～26才迄のアガシのみ
◆生動奉仕で2回戦込み
◆スピード出張◆各種カード

090-4403-8928
Cerebrity
SYSTEM
90min 35000yen
120min 50000yen

清楚な奥様のサークル
都内で人気No.1の人妻専門店です
90分25000円
クレジットカード取扱
領収書発行可
NEW OPEN 営業時間12時～翌深夜まで
090-8133-5317

普通の女の子がお相手します!!
偽のレースクイーン、偽のスチュワーデス等々…
嘘のブランド性に高額料金を払ってませんか?
ロキス・生フェラ
各種カードOK
領収証発行
60分1回戦 20000円
90分2回戦 25000円
20才〜29才までの女の子募集中、未経験大歓迎!!
090-4403-8922
ハイクラス
OL
秘書
レギュラーコース
90min/25,000
120min/35,000
VIPコース
90min/35,000
120min/50,000
ロイヤルコース
90min/80,000
120min/100,000
生フェラ・Dキス・シティH・自宅出張可
090-8136-7776

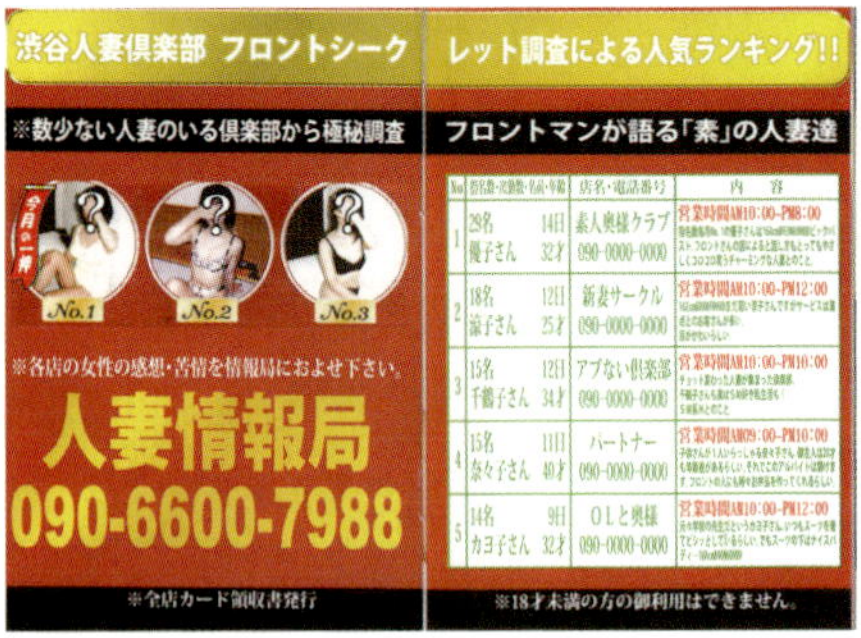
渋谷人妻倶楽部 フロントシーク
※数少ない人妻のいる倶楽部から極秘調査
No.1
No.2
No.3
※各店の女性の感想・苦情を情報局におよせ下さい。
人妻情報局
090-6600-7988
※全店カード領収書発行
レット調査による人気ランキング!!
フロントマンが語る「素」の人妻達
29名 14日 素人奥様クラブ 優子さん 32才 090-0000-0000
18名 12日 新妻サークル 涼子さん 25才 090-0000-0000
15名 12日 アブない倶楽部 千鶴子さん 34才 090-0000-0000
15名 11日 パートナー 奈々子さん 40才 090-0000-0000
14名 9日 OLと奥様 カヨ子さん 32才 090-0000-0000
※18才未満の方の御利用はできません。

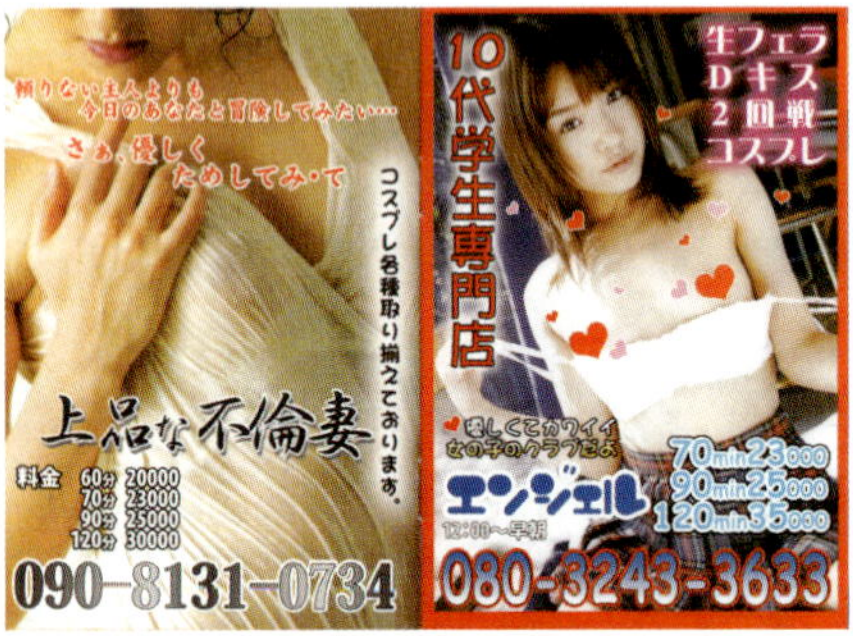
頼りないあんよりも今日のあなたと冒険してみたい…
さぁ、優しくためしてみ・て
コスプレ各種取り揃えております。
上品な不倫妻
料金 60分 20000 70分 23000 90分 25000 120分 30000
090-8131-0734
10代学生専門店
生フェラ Dキス 2回戦 コスプレ
エンジェル
70min23000
90min25000
120min35000
080-3243-3633

現役学生
10代専門
渋谷HIGH SCHOOL
Dキス
2回戦
生フェラ
コスプレ
90分25,000
営業時間:お昼12:00〜翌朝5:00
080-3243-3772
出会い系OL優良店
Fresh
NEW OPEN
コース料金
お試しコース 60分 ¥20,000
ビジターコース 90分 ¥25,000 120分 ¥35,000
メンバーコース 90分 ¥35,000→30,000
サービス内容
2名様以上割引有
チェンジ・キャンセル可
領収証発行可
各種カード利用可
24時間営業
080-3240-5518
◆多忙につきOL、アルバイト募集中!!◆

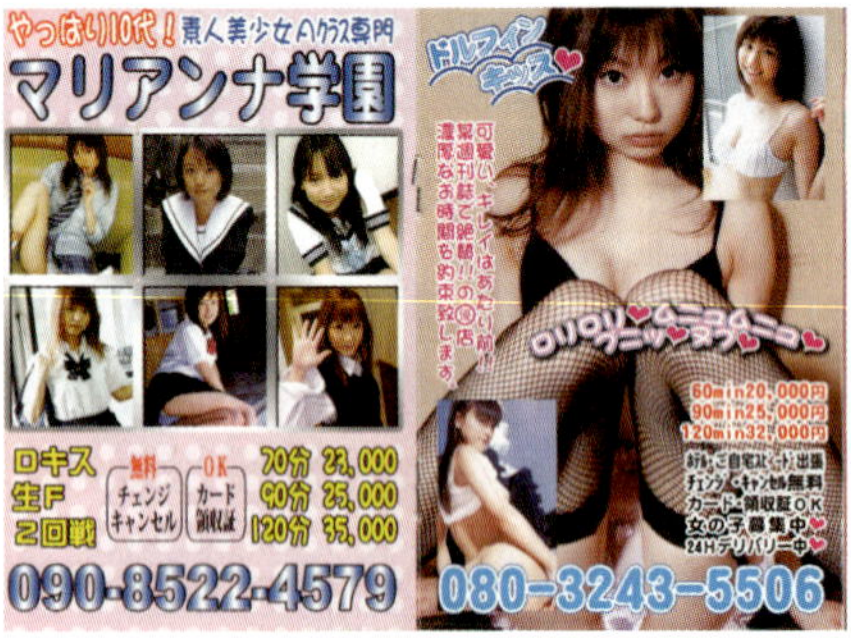
やっぱり10代!素人美少女Aクラス専門
マリアンナ学園
Dキス 生F 2回戦
チェンジ キャンセル
カード 領収証
70分 23,000
90分 25,000
120分 35,000
090-8522-4579
ドルフィンキッス
60min20,000円
90min25,000円
120min32,000円
女の子募集中
080-3243-5506

やっぱりカワイイ子!Dキス&生フェラOK各種カードOK
10代専門
ニューオープン
pm12:00〜5:00am
70分 23000〜
090-3851-4743
Love Doll!
New Open!
Dキス
生フェラ
2回戦
選び放題のラインナップ!
現役女子大生
グラビアモデル
キャンペーンガール
一流企業OL
おためしコース
60min 20000
90min 25000
120min 35000
恋人のようなプレイです!ご希望の娘が必ずいます。
080-3243-5046

都内最大
韓国モデル&留学生専門
常時30名以上の女の子達がお待ちしております。
キス・生・フェラ 2回戦OK!!
私達、韓国から来ました!
—安心料金—
80min20000
100min25000
120min30000
★2名様以上団体割引
★各種カード取り扱いOK
★ホテル&自宅スピード出張
080-5715-4831
渋谷に舞い降りた天使?小悪魔?
SEXY
早割りサービス 8:00〜17:00 16000円
60分 20000円
90分 25000円
120分 32000円
080-3244-5639

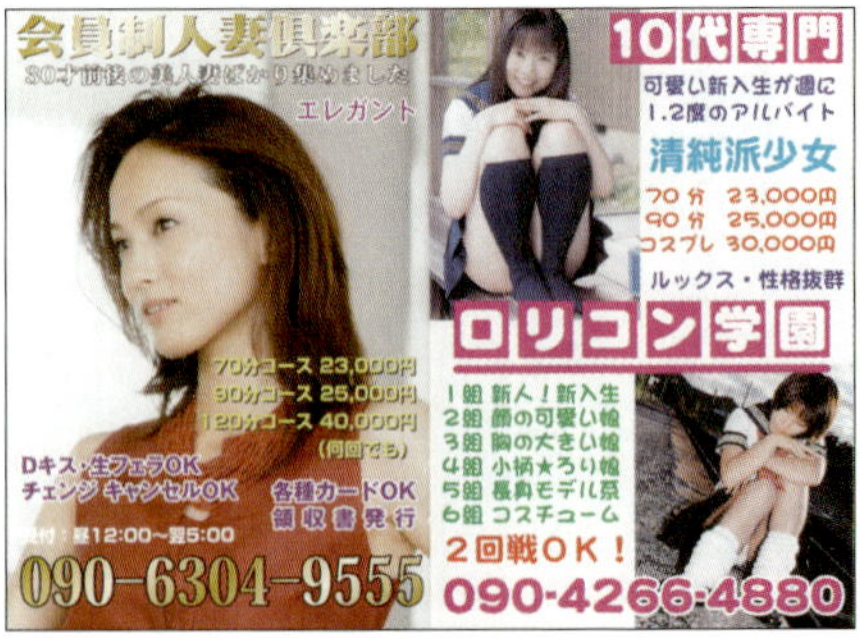
会員制人妻倶楽部
エレガント
70分コース 23,000円
90分コース 25,000円
120分コース 40,000円
Dキス・生フェラOK
チェンジ キャンセルOK
各種カードOK
領収書発行
090-6304-9555
10代専門
可愛い新入生が週に1,2度のアルバイト
清純派少女
70分 23,000円
90分 25,000円
コスプレ 30,000円
ルックス・性格抜群
ロリコン学園
2回戦OK!
090-4266-4880

可愛くないとダメ！という方是非お電話下さい。
10代美少女専門店
New OPEN
素人だけの女の子のお店だよ
60min/20,000
90min/25,000
120min/35,000
くらぶ はにかみ
090-8563-6518
090-9108-0178
女の子一日体験入店中

NEW CLUB 長身スリム専門店
渋谷/赤坂/銀座
六本木/品川
090-2916-2966
豊乳会-II
巨乳・美乳 脚線美
★お待たせ致しました★
今回パワーアップしてリニューアルオープンする事になりました。
時間内2回発射OK
[90分25000円]
速報！・くびれW60以下・ボインD-cup以上 保証
(各種カード・領収証 チェンジ・キャンセル無料)
080-3240-7162
20才～29才までの女の子募集(Dカップ以上)

OL 秘書専科
エレガントな女性と素敵な時間をお楽しみ下さいませ…
各種カードOK
PM12:00～早朝
090-8116-1952
恋のチューイングガム
ほんの少し背伸びしてもいいの？
やっぱロリだね!! ～10代専門店～
60min 20,000
100min 25,000
130min 35,000
090-9108-6254

素人セレブ
痴女系専門店
90min 25,000
120min 35,000
090-1755-8099
美少女クラブKiss
60min 20,000
90min 25,000
120min 35,000
チェンジ・キャンセル無料
23区出張致します
領収書発行
各種カード可
080-3243-5409

渋谷奥様サークル
週1～2回のアルバイトとして登録している200名の中からタイプ別に現役人妻を御紹介致します。人妻の躍動する白い柔肌と、本気サービスをご堪能下さい。
Dキス 生尺 2回戦 OKよ
90min23,000
120min35,000
PM12:00～早朝
080-3621-6444
ビィーナス
綺麗なお姉さんは好きですか？
レギュラー 90分 25,000 120分 35,000
お試しコース 60分 20,000
090-8134-3588

若妻痴女専科エロス
普段は清楚な人妻 ベッドではいやらしい欲望が…
90min 25000
120min 35000
24時間営業
090-3851-5127
美人妻クラブ
・20代の若妻から30代・40代の白金系の奥様達のひみつのアルバイトです。
・エロっぽくてグラマーでエッチ好きな人妻
とにかく素敵な女性をお贈りします…
90分 25000円 2回戦
お相手致します
AM10:00～
カードOK/領収証発行
090-4403-8918

Celebrity ～セレブリティー～
ビギナーコース 90 35,000
ロングコース 120 50,000
VIPコース 90 100,000
ファッション雑誌に出てくるスタイル抜群で笑顔がステキな女の子を集めてみました。
090-9865-4788
あの フラ○テー掲載店
クラブCHERRY
私たち女の子だけでやってるお店です。安心してTEL下さいね。
90min ¥25,000-
120min ¥35,000-
090-8131-0144

長身・美脚はお好き？
PM12:00～早朝
本物の素人女性を、スカウト、出会い系サイト、レディス・コミック等で集めました。長身で清楚な美人が本気のサービスを御約束致します。是非一度お電話してみて下さいませ。
女性急募!!
090-9297-6131
10代～人妻まであなたのご希望にそう女の子を取り揃えております。
60分 18000円
90分 23000円
AZ倶楽部 090-6007-9969

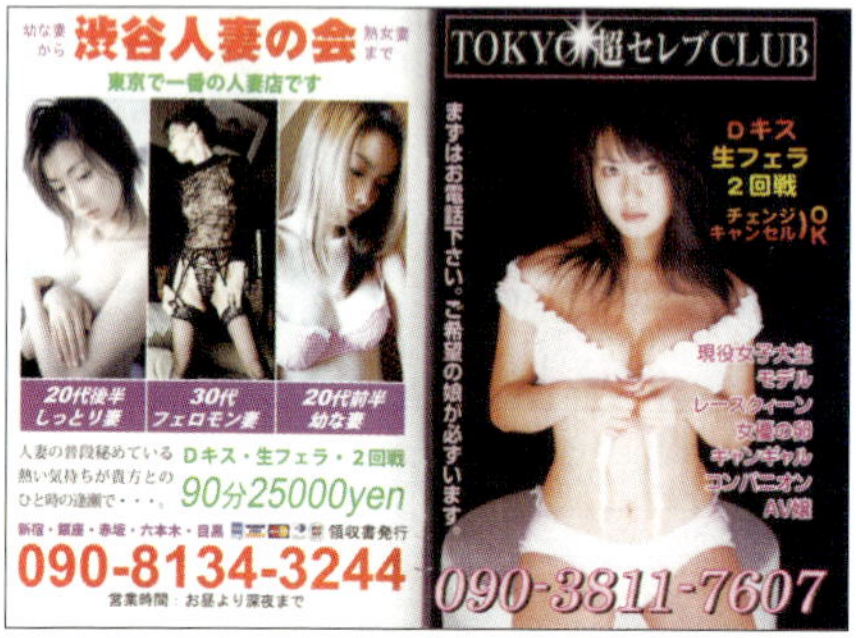

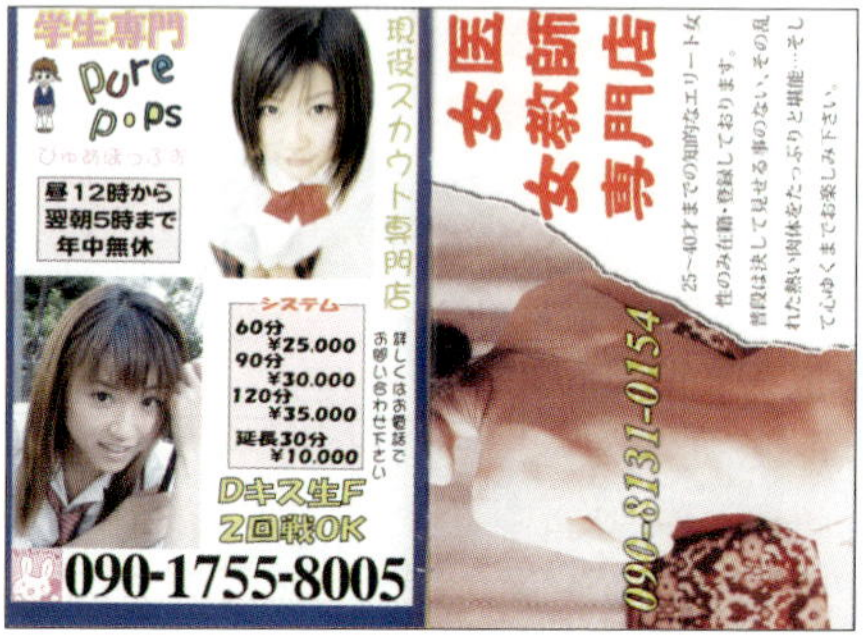

エー! こんな職業の人も?

平凡な日常にチョッピリ変化が欲しい。

I

コレクション

2006-2015

風俗営業取締法の3度目の大幅改正が2005年にあり、2006年5月より施行された。罰則が強化され、電話ボックスのチラシは一掃され、チラシにはほとんど性的な表現はなくなり、印刷の質・紙質ともに低下した。女の属性についての記述がなくなった。

2006年　草喰系男子の欲求にピッタリの店

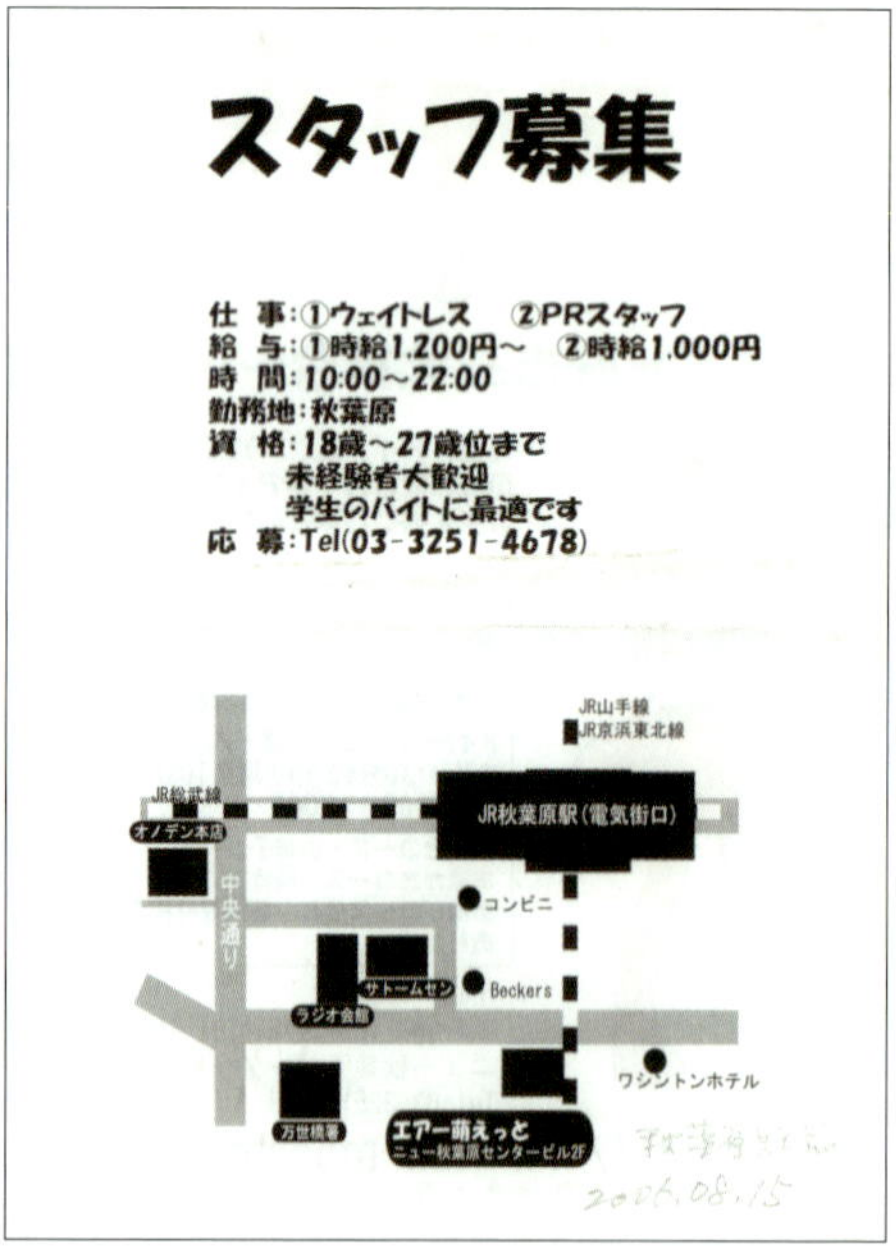

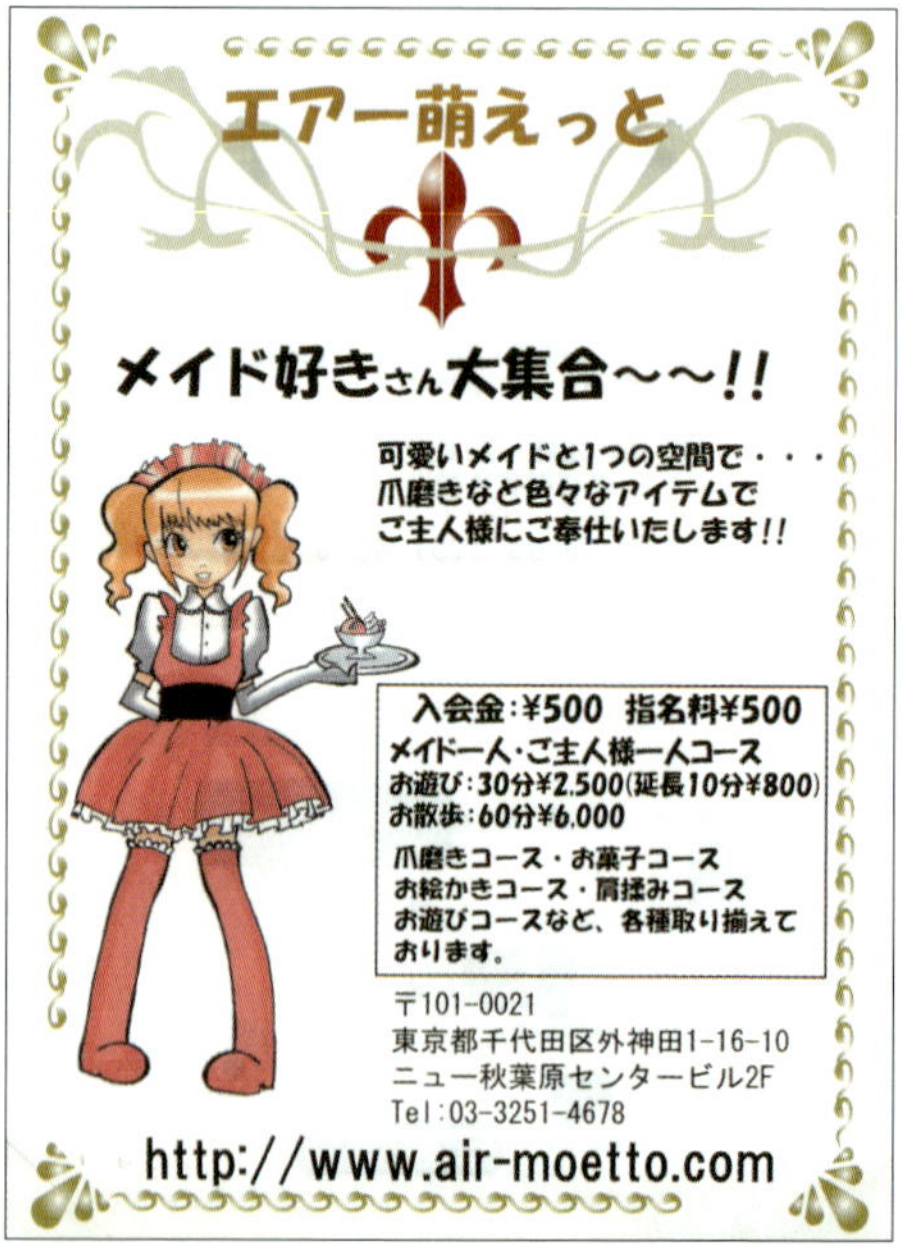

2006年

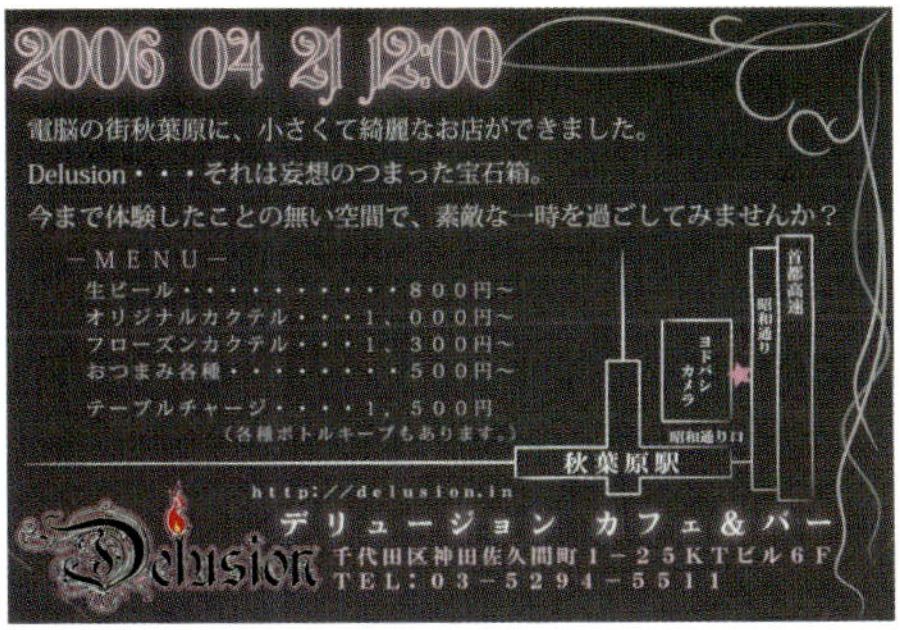

2006年　メイドカフェ

2011年

2009年

2011年

2011年　チラシを見ても何の店か良く判らない。想像にまかせます

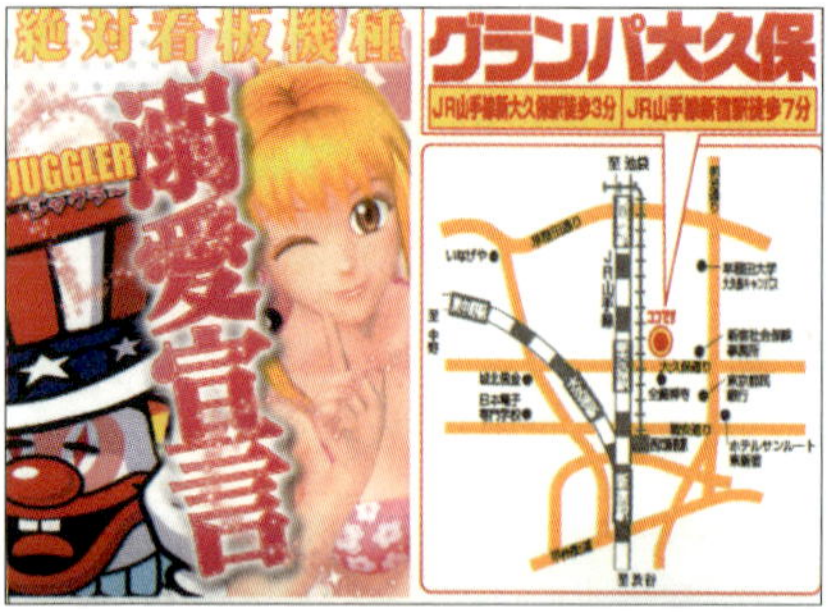

2011年

2011年

2012年

2011年　このチラシさびし過ぎませんか?

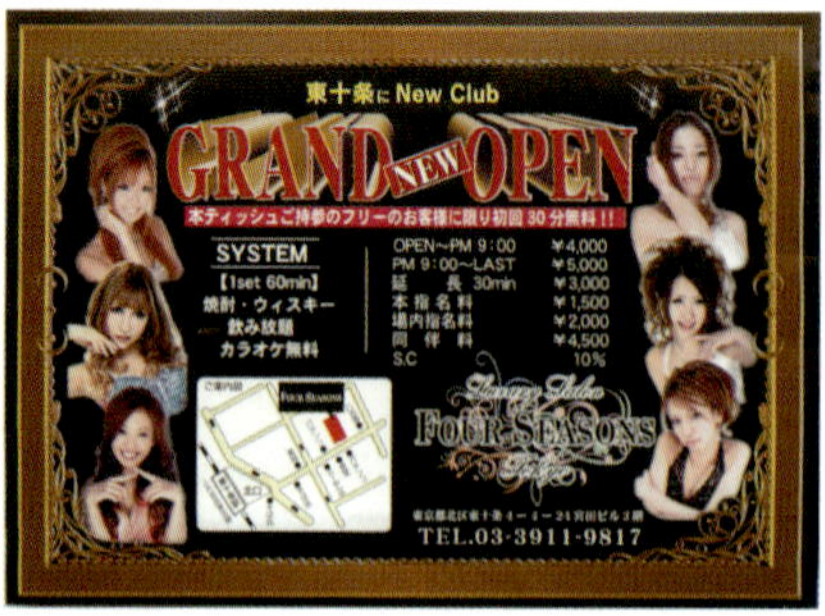

2012年

2012年

2012年

2012年

2012年

2014年　「新規開店」の「開」の字は、女性が股を開いている形になっている。入店の時間による価格帯を、会社形式で「出社」「退社」のように書いている。「残業30分」は「延長」のこと。「塾PUB」は「熟女PUB」のこと。

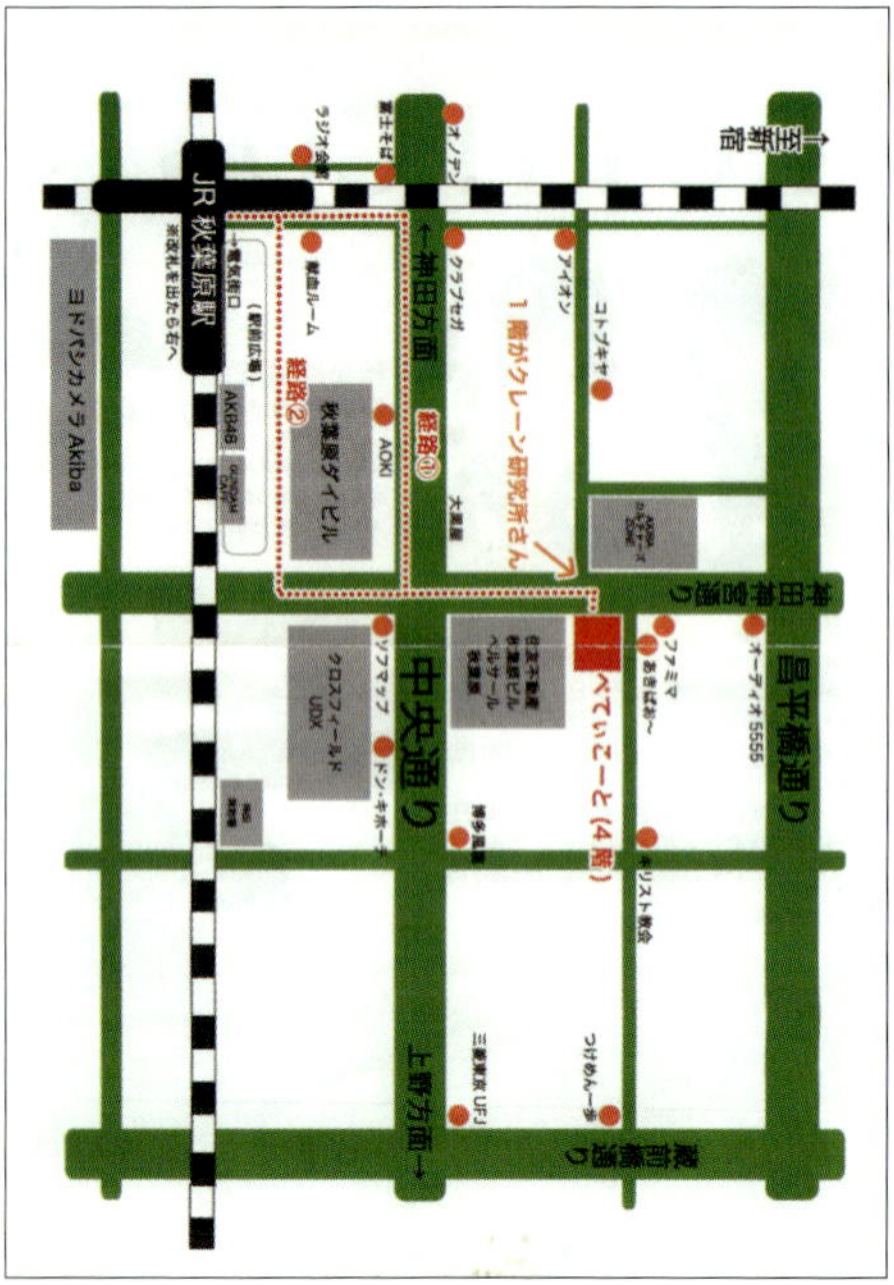

至新宿→
JR秋葉原駅
ヨドバシカメラAkiba
←神田方面
経路①
経路②
1階がクレーン研究所さん
秋葉原ダイビル
AOKI
クラブセガ
アイオン
コトブキヤ
オノデン
富士そば
ラジオ会館
神田明神通り
昌平橋通り
中央通り
ぺてぃこーと（4階）
ソフマップ
ドン・キホーテ
クロスフィールドUDX
ファミマ
オーディオ5555
キリスト教会
三菱東京UFJ
つけめん一番
蔵前橋通り
上野方面→

メイドリフレクソロジー　ぺてぃこーと
PETTI COAT
観光・出張・日常にお疲れの皆様♥
秋葉原に来たら絶対寄りたいリフレ店
日常生活やお仕事、観光での歩き疲れで溜まりにたまった心身のお疲れストレスを吹き飛ばします。
menu
＊フットリフレ‥‥20分/2,500円
＊眼精疲労回復‥‥20分/2,500円
＊背面楽々リフレ‥20分/3,000円
＊ハンドリフレ‥‥20分/2,500円
＊全身アロマテラピー
‥‥‥‥（平日限定）30分/4000円
＊ぺてぃこーと的足浴デトックス
‥‥‥‥（平日限定）40分/6,000円
その他お得な組み合わせもございます。
tel.03-6206-0620
千代田区外神田3-12-15 チチブ電気ビル4F
営業　12:00～22:00　年中無休
土日祝　11:00～22:00　一人あたり平均予算/2,500円
詳細はホームページでチェック！
◀お店のHPはコチラから
癒しと笑顔の日常がここにある！
ぺてぃこーと秋葉原店までの道のりは裏面から▼
2015.7.2. 秋葉原通りにて

2015年

メイドカフェで歓送迎会・2次会！
もののぷ
飲み放題
あたたか～い熱燗もあるのじゃ！
侍コース
1980両
60分 1名様～
各種ドリンクメニューあり
おつまみの充実したコースやメイドさんのライブが聞けるコースもございます！
その他温かい飲み物あります！

戦国メイド
戦国
メイドカフェ＆バー
もののぷ
千代田区外神田4-6-2いすゞビル5階
JR秋葉原「電気街口」より徒歩5分
※入り口は1F日高屋のうら
募集　メイドさんになりたい女の子募集中!!未経験の方も大歓迎！
詳しくはWEBで検索してね！→　もののぷ　検索
平日 14:00～22:00（水木金～23:00）　休日 12:00～23:00（日～22:00）　TEL 03-5296-9199

2015年

II

ピンクチラシはエロへの扉

しりあがり寿

昔まだ皆が
そんなにケータイを使ってなかったころ
プップー
街の中いたるところに電話ボックスがあって
プアーン
その多くは
ガチャ
ピンクチラシで埋めつくされていた。
ポピポパ
えー! あのコですね
セクシーギャル
OPEN
特別サ

小さな
ビラの中に
素人学園
エロを
凝縮したような
現役未亡人
ピンク
チラシが
女子大生
出張!!
街中の
キャリアウーマン専
人々がいきかう
雑踏の中の
透明な箱に
これまた凝縮《ぎようしゆく》されていた
風景は 実はたいそう
貴重なものだった
かもしれない
昔のマンガで
電話ボックスの中で
秘密の番号
を回すと
電話ボックスの
床が下って
秘密基地に
行けるというのがあった

もしピンクチラシの電話ボックスでも同じようなことがあったら…？
ピポパポへ
わっ？
ガタッ
秘密の番号を押すと
うわっなんだ
どこへいくんだ!?
ガー
そこは究極のエロの世界
エロの殿堂
お客さんどスケベだね
いやこれは！
ぐうぜん来てしまったのであって エロが好きで来たわけでは決してなく
お客さん気をつけて…

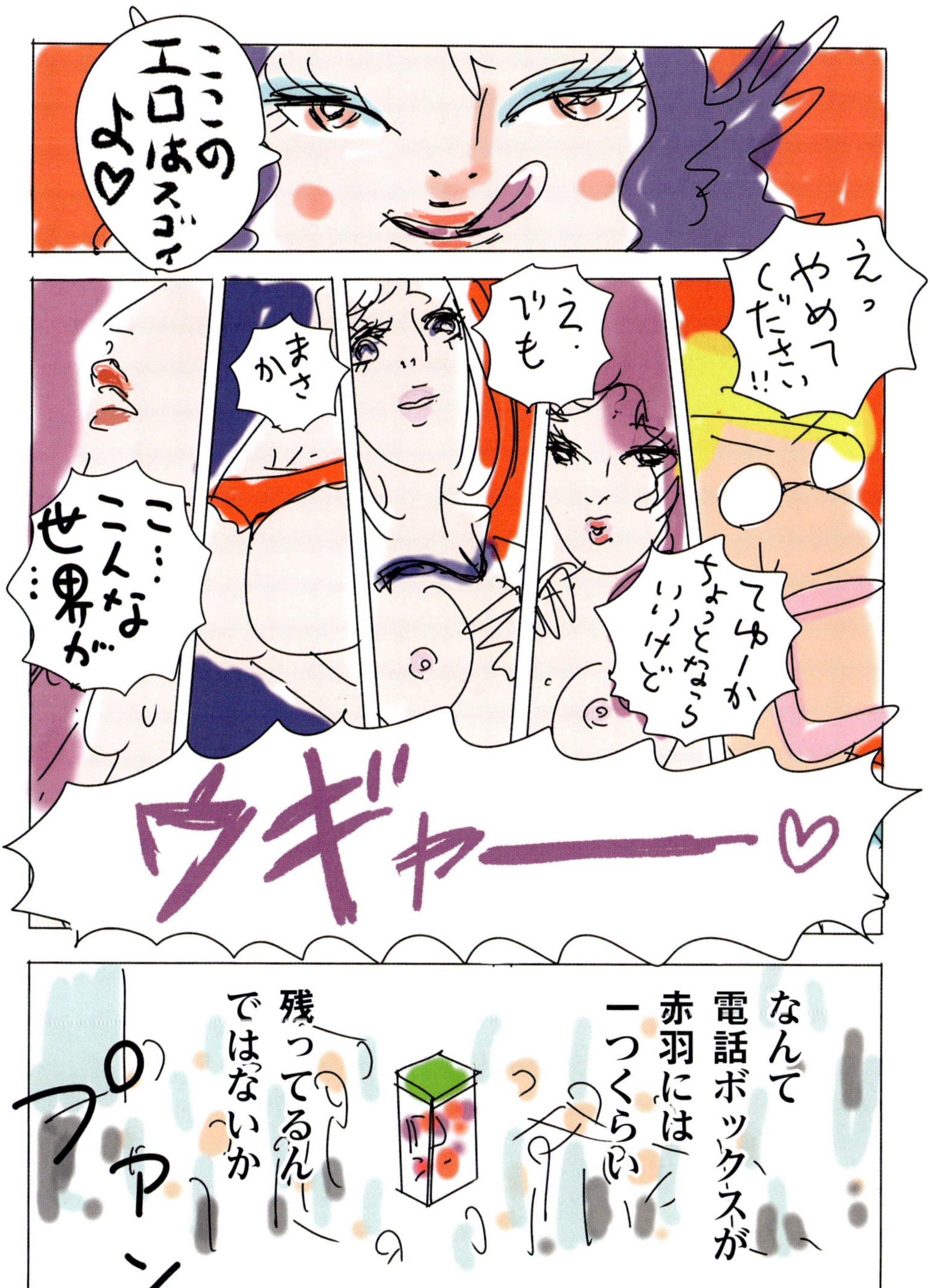

ここの エロはスゴイよ♡
えっ やめてください!!
え、でも
まさか
てゆーか ちょっとならいいけど
こ…こんな世界が…
ウギャー♡
なんて電話ボックスが赤羽には一つくらい残ってるんではないか
プヤン

まだナポレオンを
に教えて上げて下
完全前金制
これ以上一切頂きません。
8時迄 4,500円
8時過 6,500円
飲み and
食い放題
ナポレオン
南口新天地内
☎901-5578
Access

III

解読・ピンクチラシ

ここまで、赤羽を中心としたピンクチラシのコレクションを紹介してきた。

ここからは、幅広い経歴の方にこれらのコレクションをどう読み解いたかを書いていただいた。

まずはピンクチラシコレクターの荻原通弘氏による緻密な手書き地図と分析の論考から。

ピンクチラシ37年の興亡 ——赤羽を中心として

荻原通弘

戦中・戦後の赤羽

私がこの本を書かされることになったのは、偶然の重なりからである。

ワセダクロニクルの木村英昭さん（本書編者）が、別件での取材のために近所のTさん宅を訪れた際、その件について私も関係していたので呼ばれていた。２０１６年のことだったと記憶している。別件についての取材が終わり雑談の中で紙物コレクションの一つにピンクチラシがあることを話した。木村さんは瞬間的に大変な興味を示された。

すぐに見たいとのことで、家から持ってくると、「これだけのチラシが系統的に分類されているのは滅多にないから本にしましょう」とどんどん話を進めていった。

取材の本道から逸れて脇道の方の話が進展していった。程なく出版社も決まり、私が主筆だと木村さんから云われて、たじろぎと戸惑いとを感じた。

だいたい私は、風俗関係の知識や体験についてはからっきし素人で、単なる紙コレクターである。

ピンクチラシのこととはいえ、地元赤羽の住民として、自分の長年住んできた土地について悪し様な文など書けるわけがないし、さりとてことさら善様の文も書けないと当惑した。

木村さんいわく「百年の批判に耐える本にしましょう」との言葉に乗せられ、チラシから私が読み取り感じたことを書くことにした。

１９３６（昭和11）年に、祖父が赤羽駅から程近い志茂1丁目の地に家を建て、私もそこで生まれた。１９３６年といえば、２・26事件があった年で、翌年には日中戦争が始まり、暗い世相に入っていく。

敗戦の前年、１９４４（昭和19）年に強制疎開で家を壊され、同じ町内の今の場所に移った。以来73年間この場所に住み、この地で呼吸をしてきた。

敗戦になると、小学生の頃は赤羽駅前のヤミ市をうろつき廻り、赤羽駅頭に群がる担ぎ屋のおばさんたちを眺めていた。近所にあった帝国製麻[1]の池で魚をとり、西口にあった米駐留軍の基地（コウヘイタイと呼んでいた）へ鉄条網越しに戦車を見にいった。1950年に朝鮮戦争が始まると、日本は朝鮮特需になった。金属類は何でも売れ、磁石を持って風呂屋から出た石炭殻の山から、焼け釘などを集めてくず屋に売って小遣い稼ぎをした時代である。

赤羽南口付近にあったヘビ屋も、子供心に焼き付いている、忘れられない赤羽にまつわる思い出のアルバムに入っている。

現在も、赤羽一の賑わいを見せる「一番街」の商店も当初の物品販売主体の商店街から、昨今は飲み食い中心の落ち着きのない商店街へと急速に変貌を遂げた中で、約50年間お世話になっている古書を扱う紅谷書店は3代目が跡を継ぎ健在で、喧噪のなかで訪れるとホッとする空間である。

ピンクチラシそのものについては体験がなく書けないが、赤羽の街の歴史の中で、どのような場所であったのかを、住宅地図と聞き取り調査から少しでも正確に記録することを心掛けた。

東京の北の玄関口・赤羽の街は、明治期から国や東京に大きな変化があるたびに影響を受けてきた街である。富国強兵を国家目標とした明治時代は、区内に多くの軍事施設や軍需工場を持つ「軍都」の街として発展し、第二次世界大戦では、その街であるが故、空襲に遭い焦土と化した。

戦後の復興では、いち早く民の手で赤羽駅前の商店街が復興に立ち上がった。復興期で東京に人口の流入が集中した時代には、「赤羽台団地」や『桐ヶ丘団地」などが、都内のマンモス団地の先駆けとして建設された。[2]高度成長期には、大型スーパー同士の販売店の売り上げ競争の象徴として、赤羽においてダイエーと西友との激突が流通業界で話題となった。[3]

その後も、新幹線騒音訴訟、埼京線の開業（1985年）、2000年に全線開業した地下鉄南北線の埼玉県への乗り入れなど、赤羽の街はそのたびごとに一喜一憂しながら、東京の北の玄関口として、地方から出てきた人たち方を受け入れながら成長してきた街だと思っている。

そんなこの街の歴史を、ピンクチラシを通して読み取れるものが何かあるのだろうか。

まずは赤羽駅周辺の風俗街の変遷図をお見せしよう。

赤羽駅東口の南側の風俗外変遷図

作成＝荻原通弘（各図にある資料をもとに著者作成）

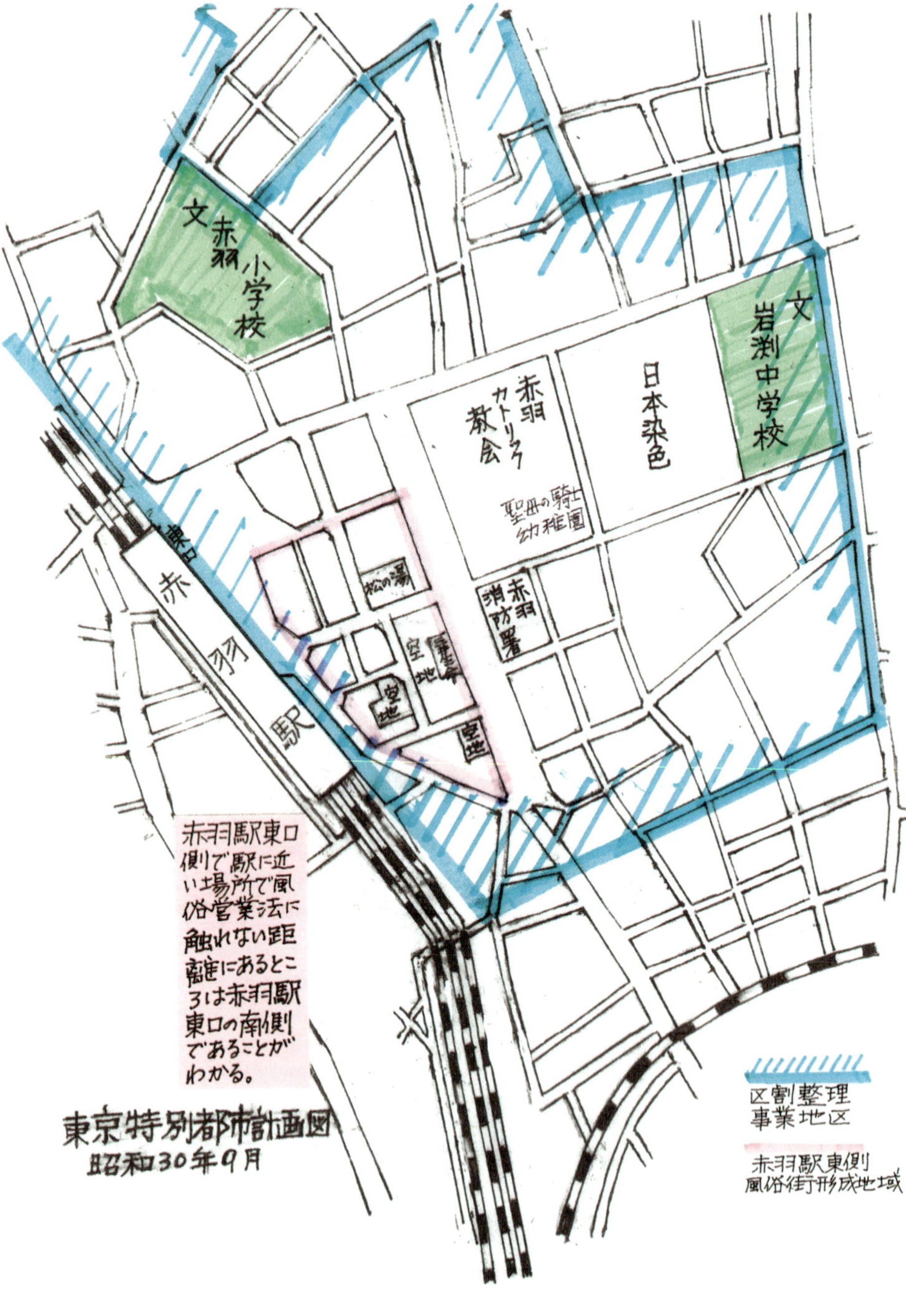

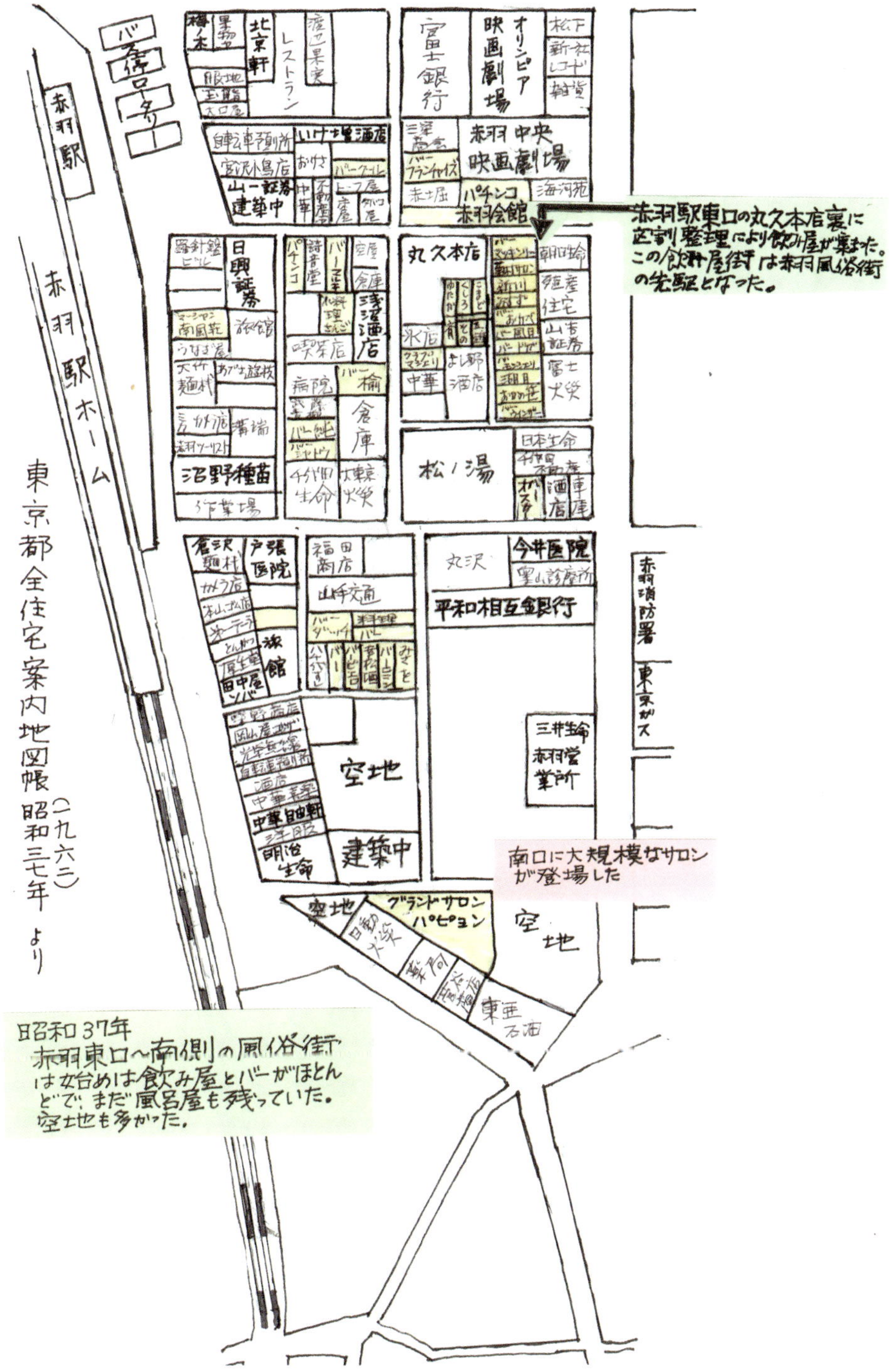

東京都全住宅案内地図帳昭和三七年（一九六二）より
赤羽駅
赤羽駅ホーム
バス停ロータリー
北京軒
レストラン
渡辺果実
富士銀行
オリンピア映画劇場
赤羽中央映画劇場
パチンコ赤羽会館
赤羽駅東口の丸久本店裏に
区割整理により飲み屋が集まった。
この飲み屋街は赤羽風俗街
の先駆となった。
丸久本店
日興証券
浅野酒店
倉庫
松ノ湯
沼野種苗
今井医院
丸沢
平和相互銀行
赤羽消防署
東京ガス
三井生命赤羽営業所
山手交通
旅館
空地
建築中
中華自由軒
明治生命
南口に大規模なサロン
が登場した
グランドサロンパピヨン
東亜石油
昭和37年
赤羽東口～南側の風俗街
は始めは飲み屋とバーがほとん
どで、まだ風呂屋も残っていた。
空地も多かった。

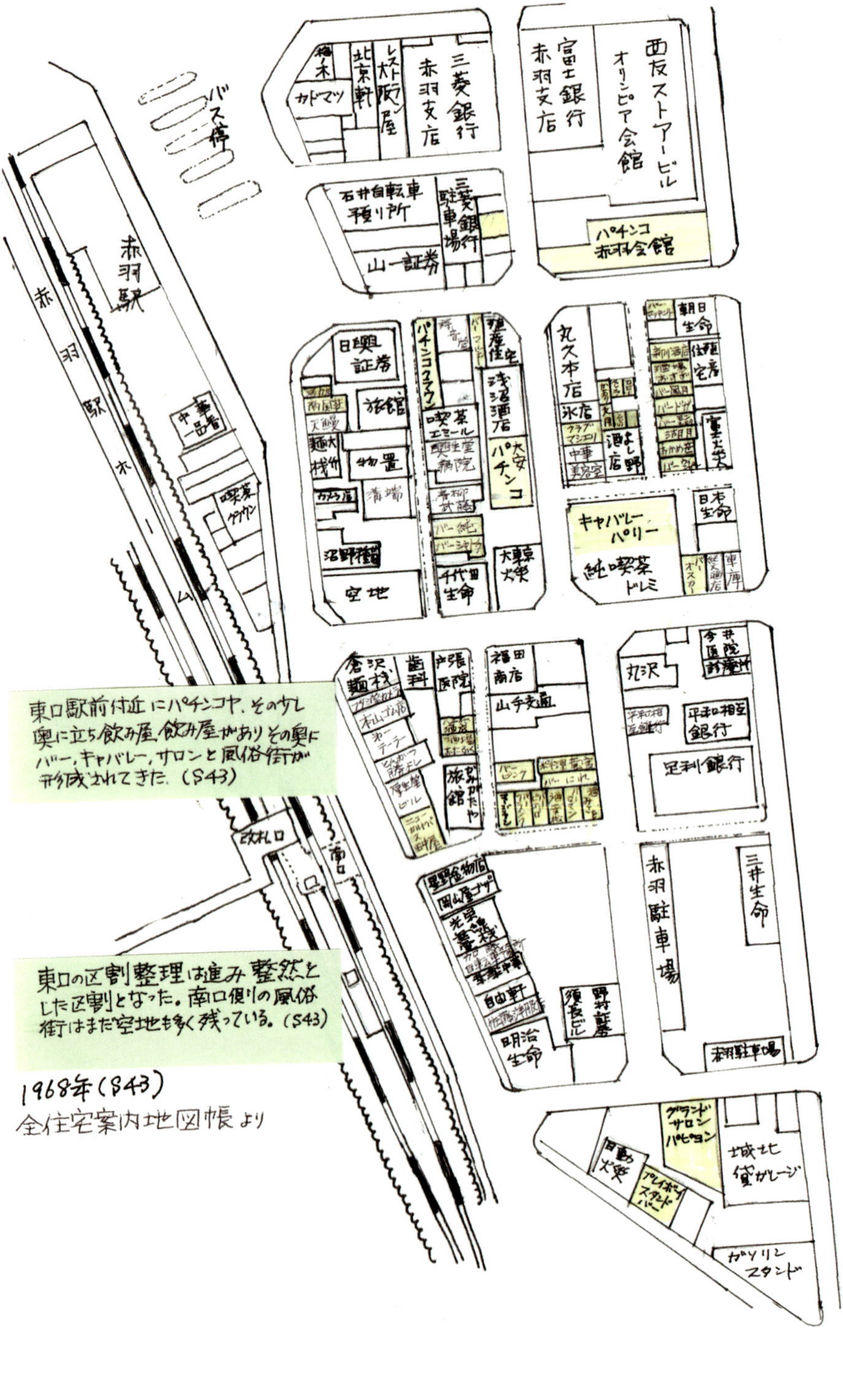

東口駅前付近にパチンコヤ、その少し奥に立ち飲み屋、飲み屋がありその奥にバー、キャバレー、サロンと風俗街が形成されてきた。（S43）

東口の区割整理は進み整然とした区割となった。南口側の風俗街はまだ空地も多く残っている。（S43）

1968年（S43）
全住宅案内地図帳より

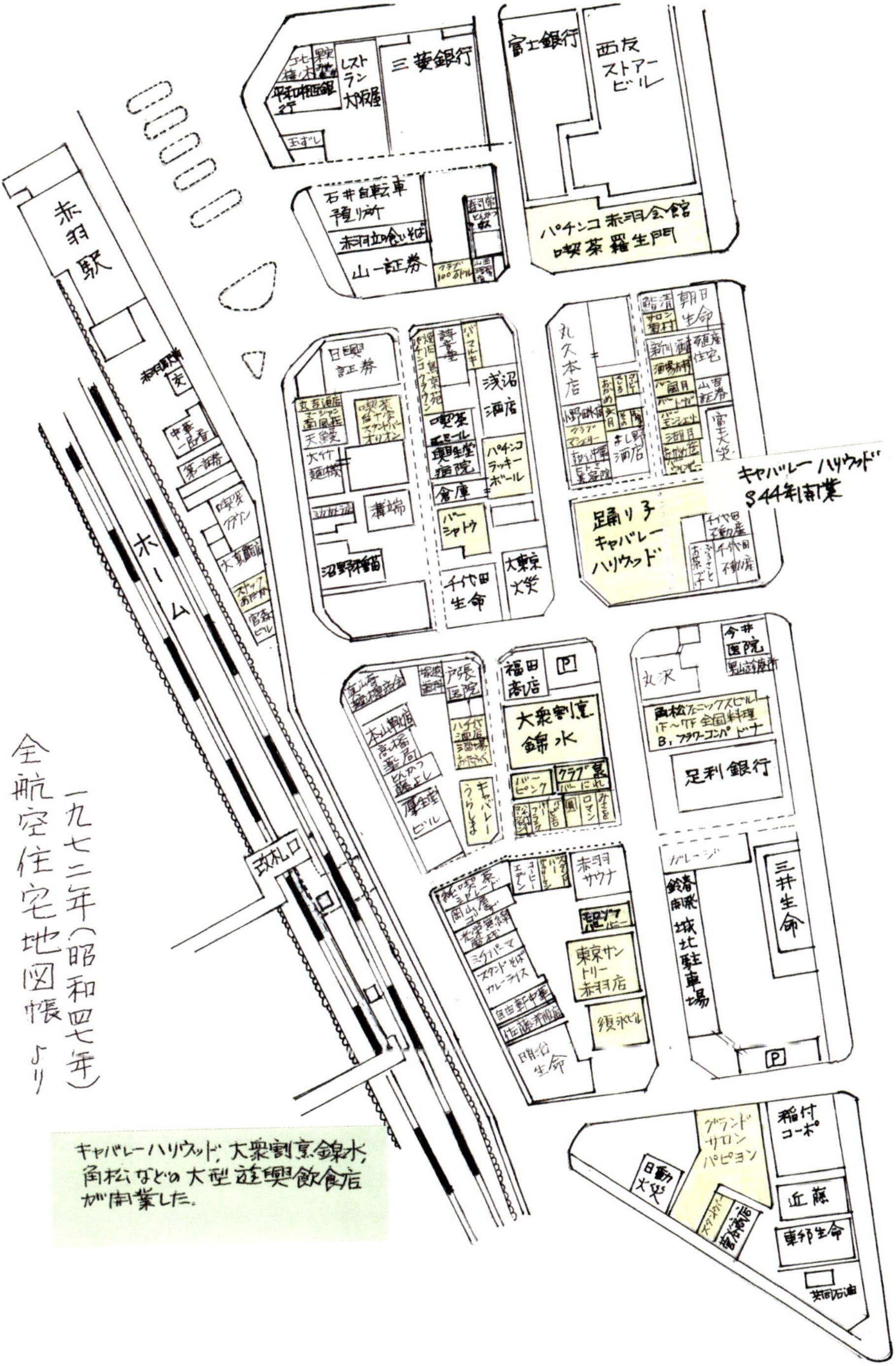

全航空住宅地図帳より
一九七二年（昭和四七年）

キャバレーハリウッド、大衆割烹錦水、角松などの大型遊興飲食店が開業した。

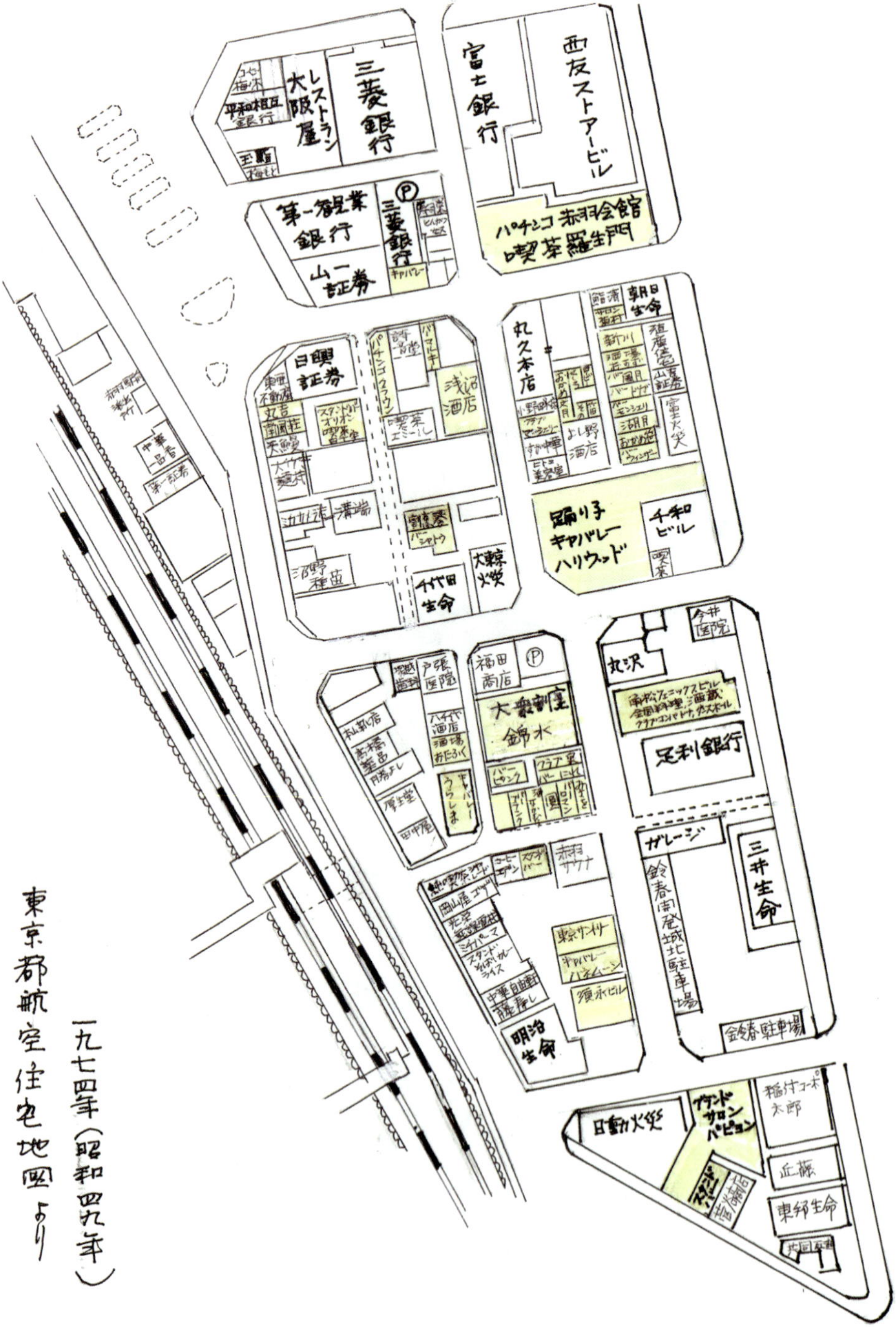

東京都航空住宅地図より

一九七四年（昭和四九年）

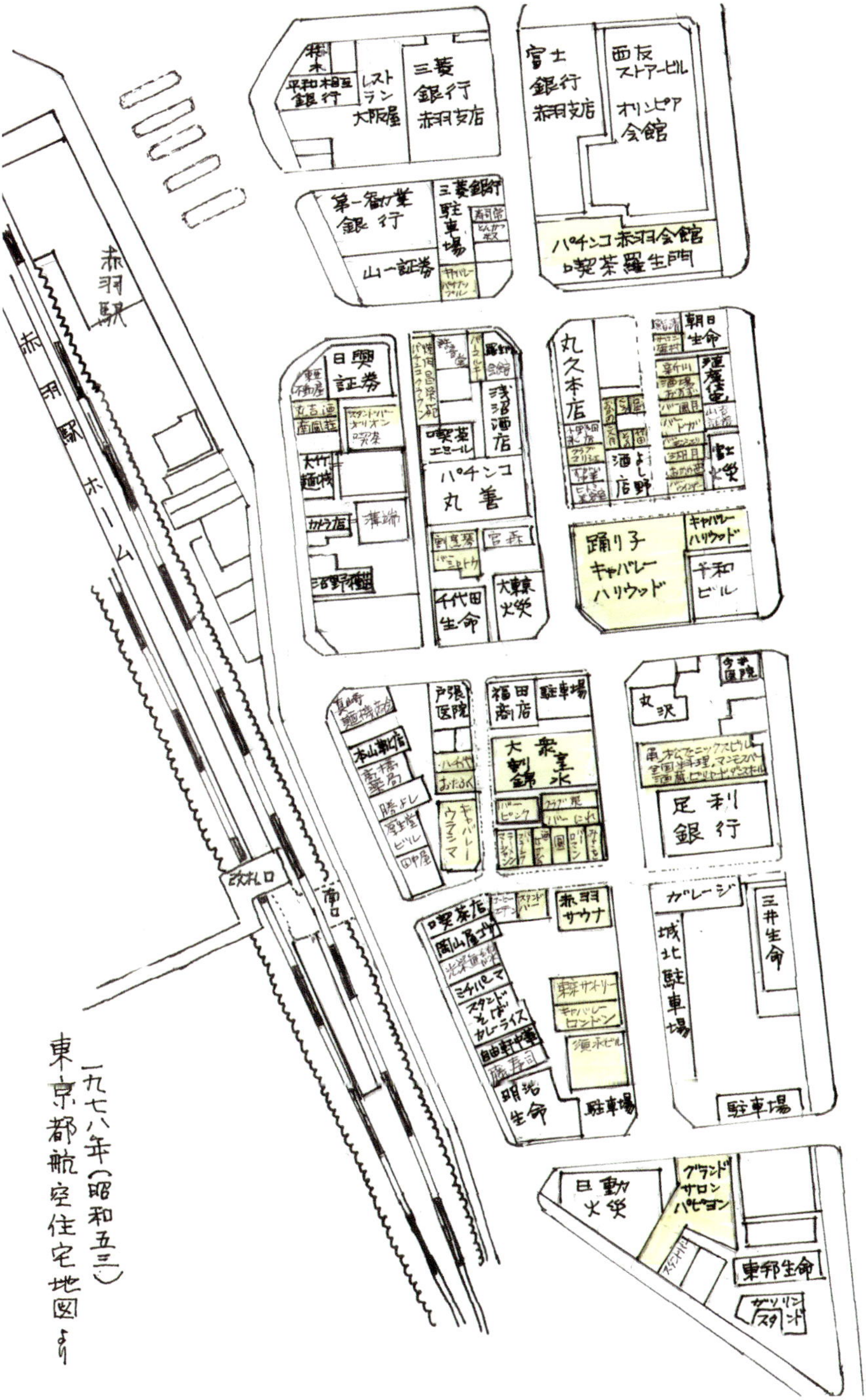

東京都航空住宅地図より
一九七八年（昭和五三）

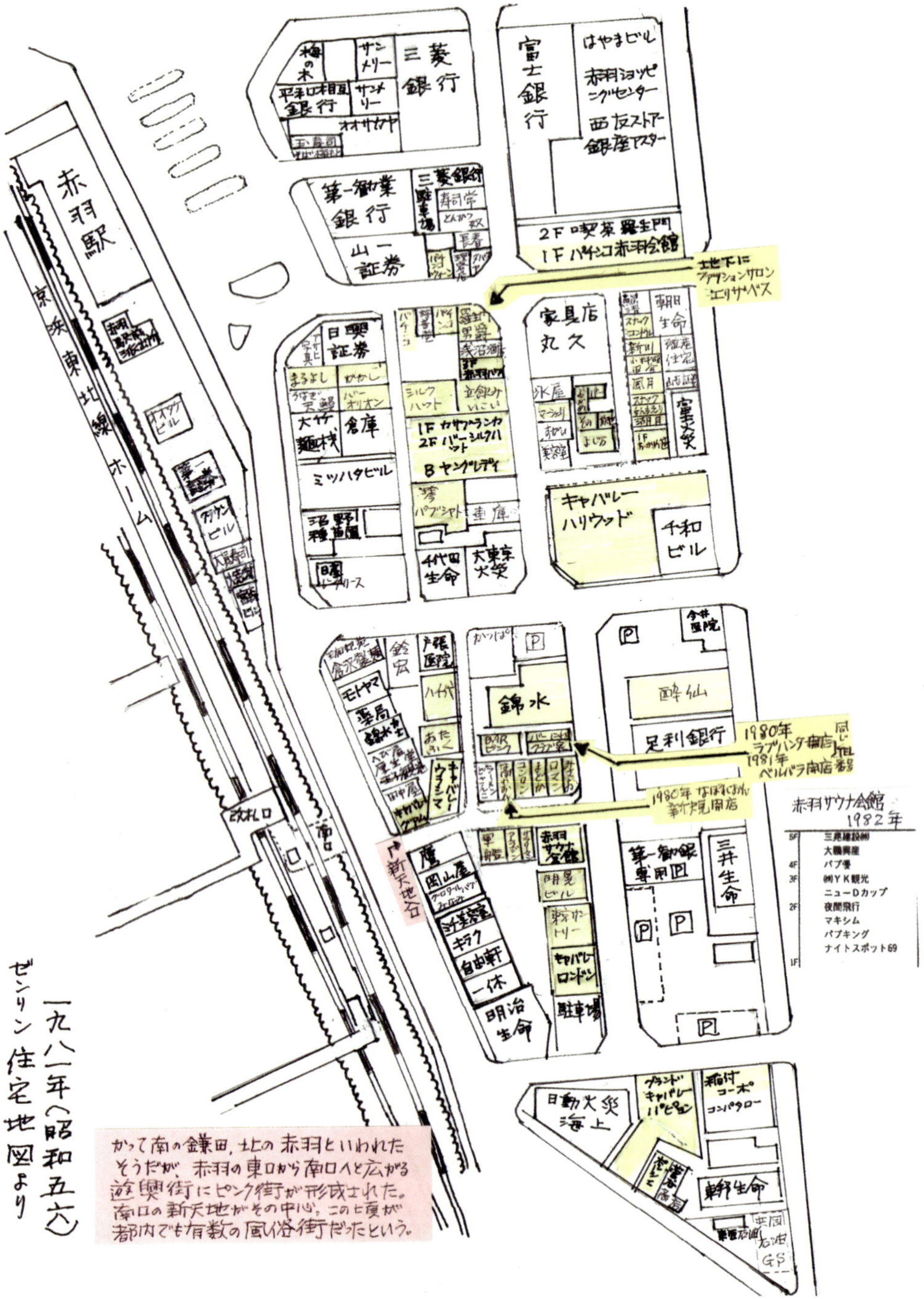

一九八一年（昭和五六）ゼンリン住宅地図より

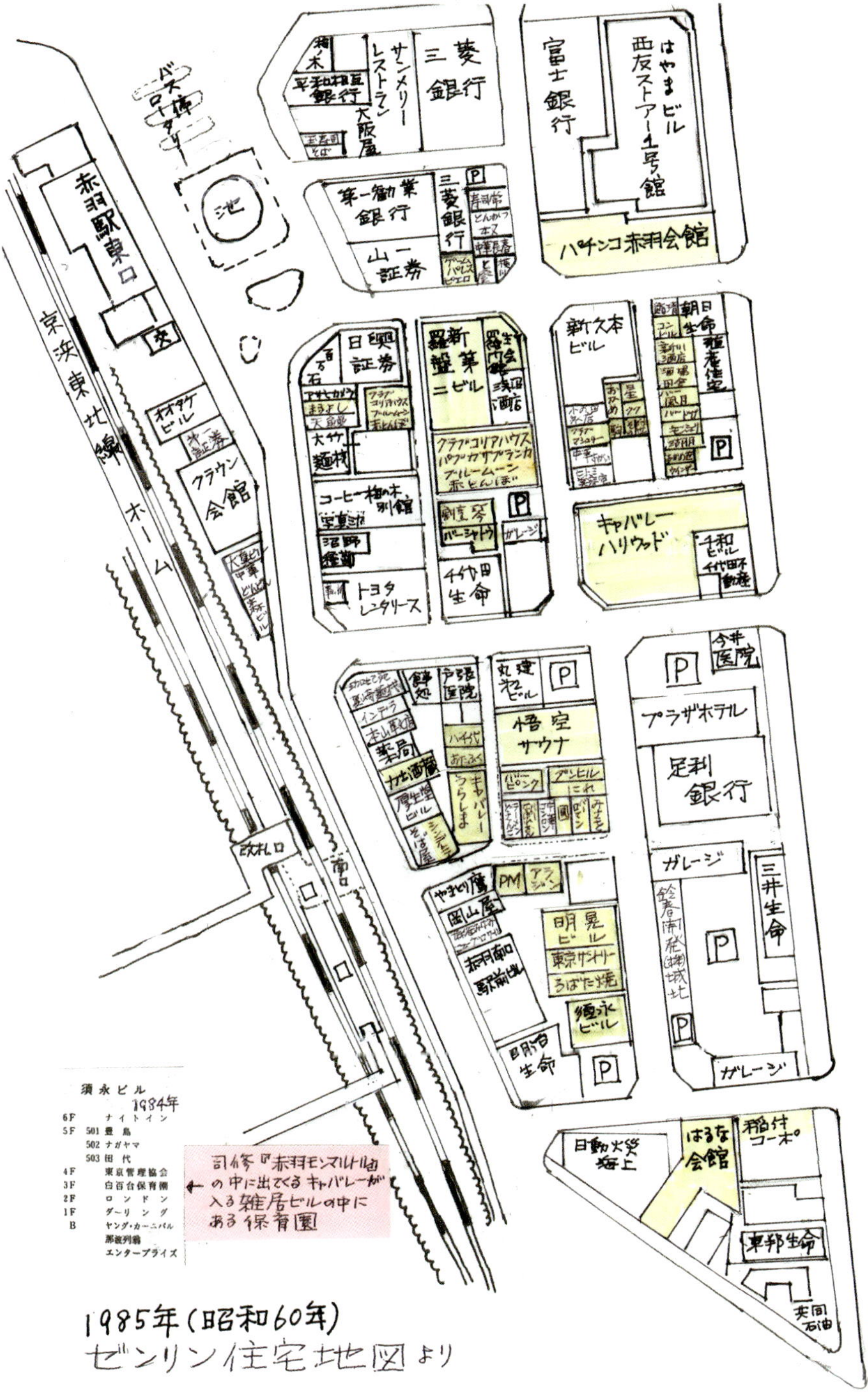

1985年(昭和60年)
ゼンリン住宅地図より

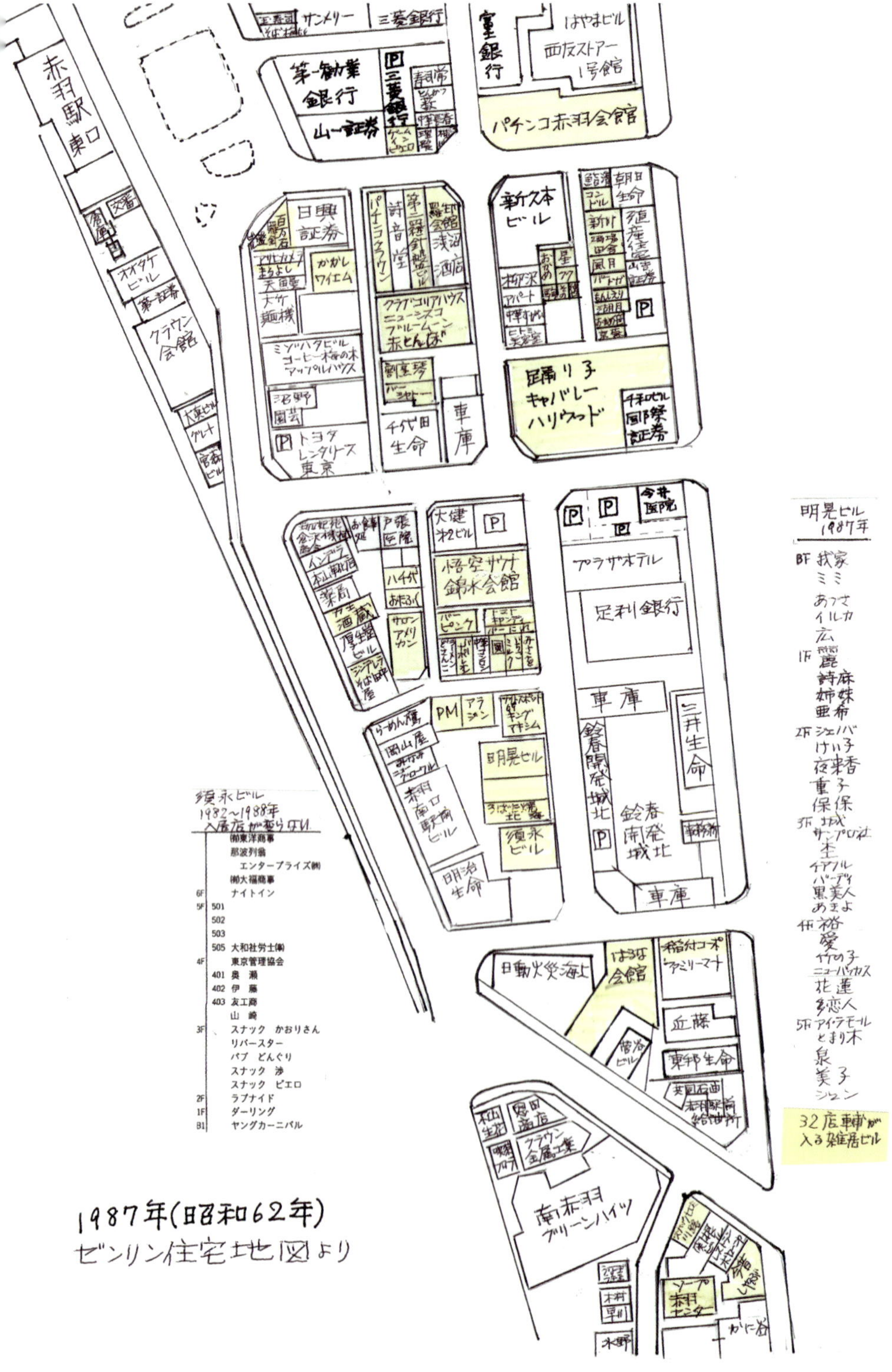

1987年(昭和62年)
ゼンリン住宅地図より

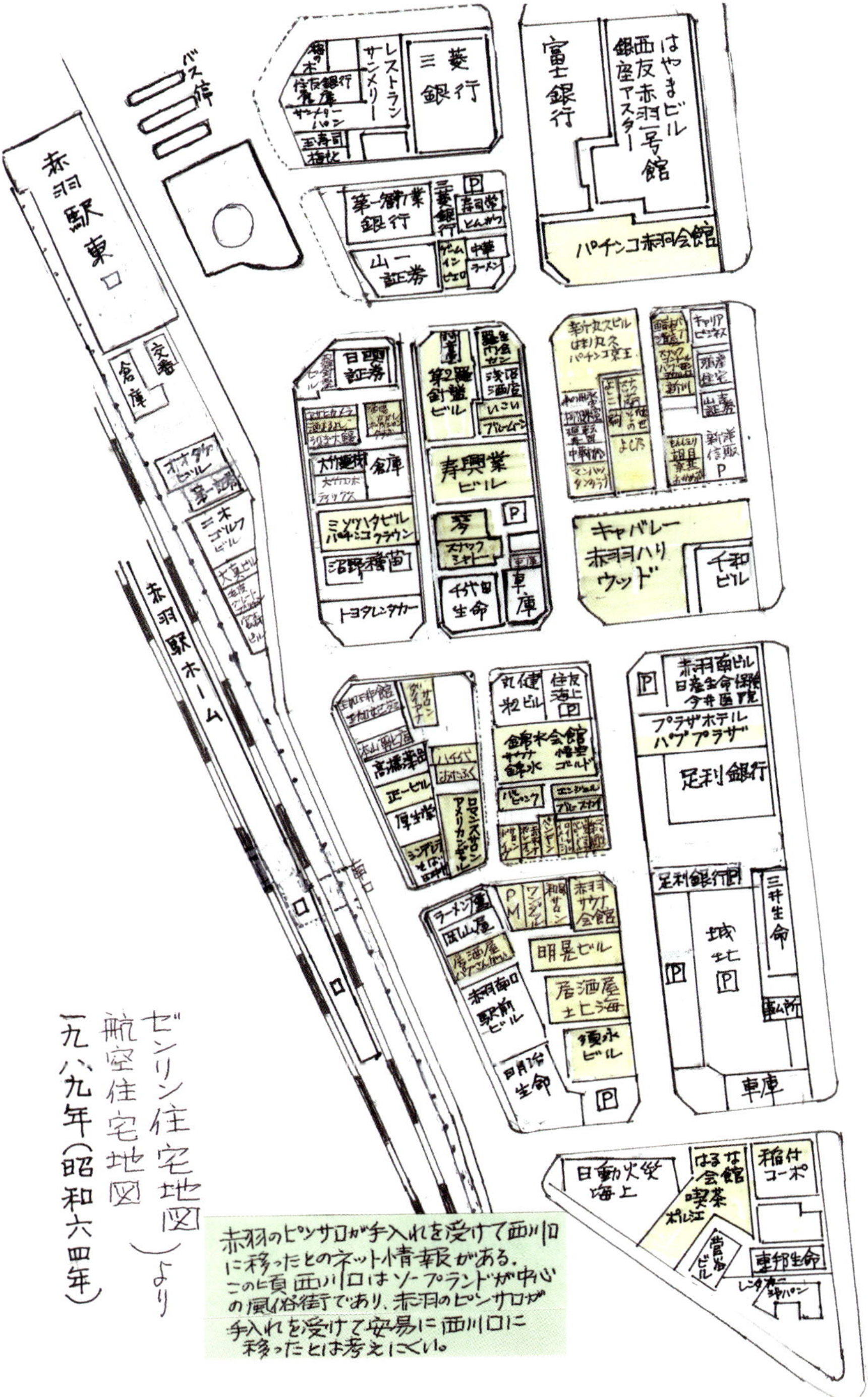

ゼンリン住宅地図
航空住宅地図）より
一九八九年（昭和六四年）

赤羽のピンサロが手入れを受けて西川口に移ったとのネット情報がある。この頃西川口はソープランドが中心の風俗街であり、赤羽のピンサロが手入れを受けて安易に西川口に移ったとは考えにくい。

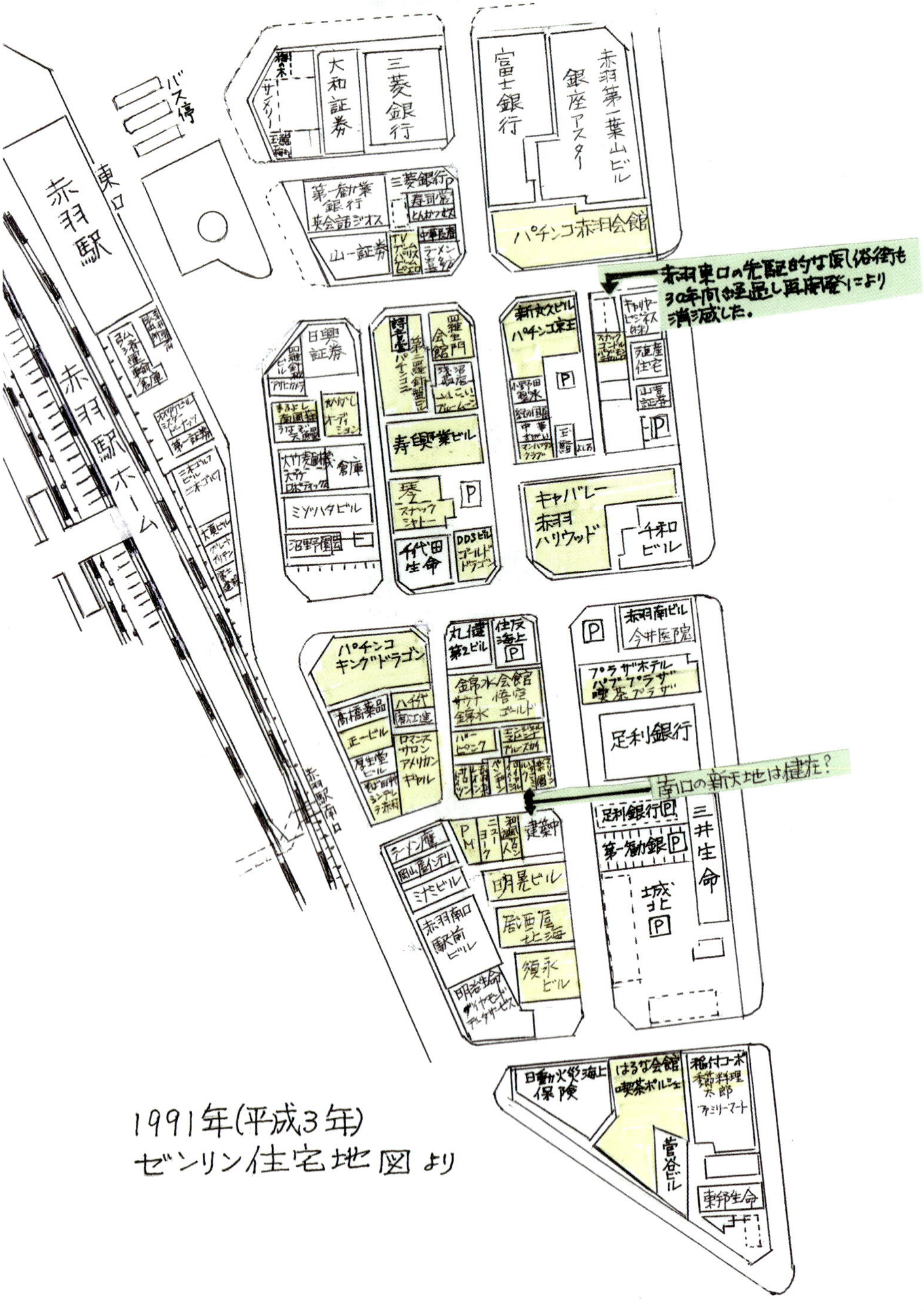

1991年(平成3年)
ゼンリン住宅地図より

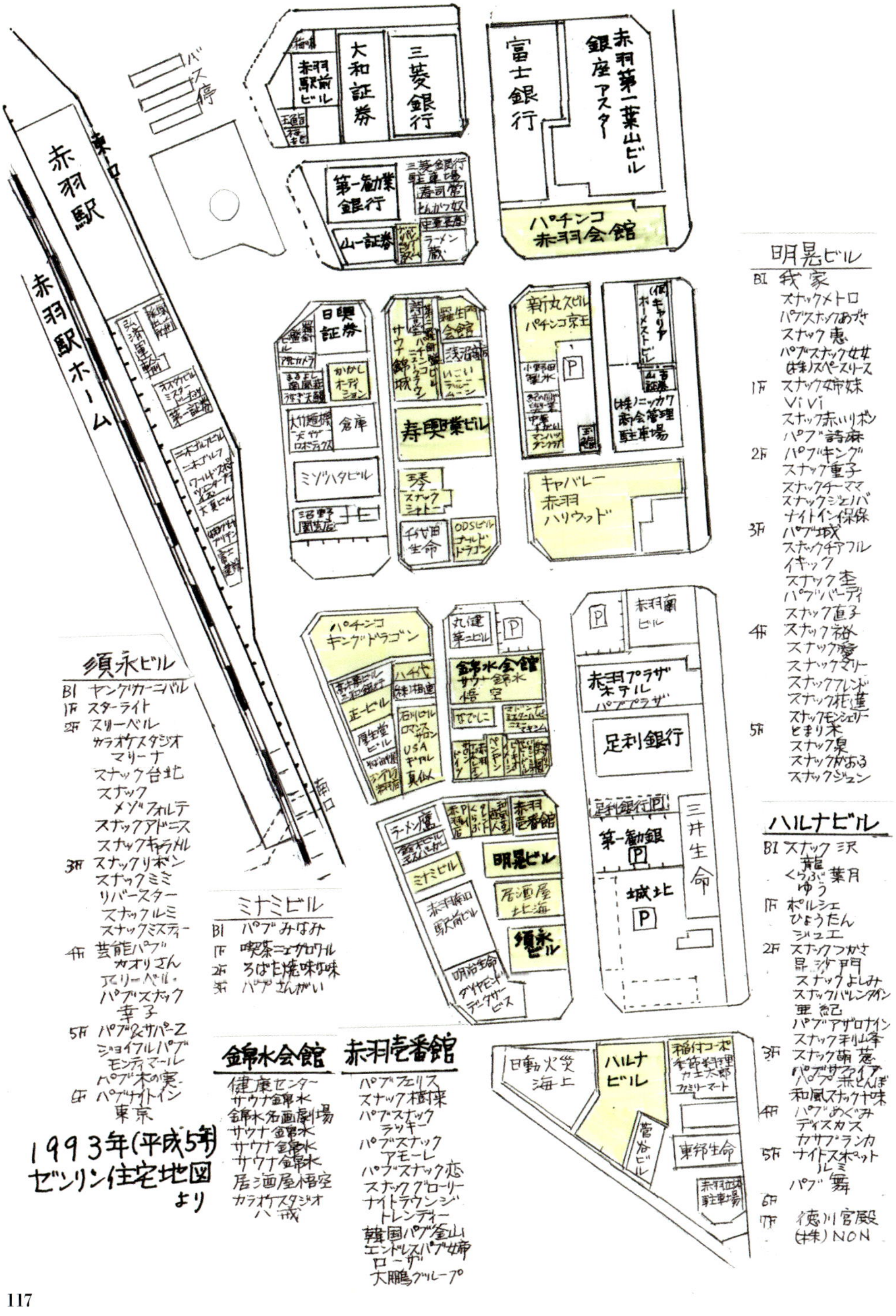

赤羽駅
赤羽駅ホーム
東口
南口
バス停
赤羽駅前ビル
大和証券
三菱銀行
富士銀行
赤羽第一葉山ビル
銀座アスター
第一勧業銀行
三菱銀行駐車場
寿司常
とんかつ奴
山一証券
ラーメン蔵
パチンコ赤羽会館
日興証券
かかしオーディション
倉庫
ミゾハタビル
寿興業ビル
サウナ錦城
羅生門会館
浅沼商店
いこいティールーム
千代田生命
ODSビル ゴールドドラゴン
新丸スビル パチンコ京王
第一証券
(株)ニッカク商会管理駐車場
キャバレー赤羽ハリウッド
パチンコキングドラゴン
丸健第二ビル
錦水会館 サウナ錦水 梧空
赤羽南ビル
赤羽プラザホテル パブプラザ
足利銀行
三井生命
第一勧銀
城北
厚生堂ビル
ラーメン鷹
赤羽壱番館
明晃ビル
ミナミビル
居酒屋北海
須永ビル
赤羽南口駅前ビル
明治生命
ダイヤモンドデータサービス
日動火災海上
ハルナビル
稲村ビル
東邦生命
ファミリーマート
赤羽立体駐車場
明晃ビル
B1 我家
スナックメトロ
パブスナックあづさ
スナック恵
パブスナック女女
(株)スペースリース
1F スナック姉妹
ViVi
スナック赤いリボン
パブ詩麻
2F パブキング
スナック重子
スナックチーママ
スナックジェパ
ナイトイン保保
3F パブ城
スナックチアフル
イキック
スナック圭
パブバーディ
スナック直子
4F スナック裕
スナック愛
スナックマリー
スナックフレンド
スナック花蓮
スナックモンシェリー
5F とまり木
スナック泉
スナックかおる
スナックジュン
ハルナビル
B1 スナック沢
龍
くらぶ 葉月
ゆう
1F ポルシェ
ひょうたん
ジュエ
2F スナックつかさ
昇沙門
スナックよしみ
スナックバレンタイン
亜紀
パブアザロナイン
スナック利山峯
スナック萌
3F 花
パブサファイア
パブ赤とんぼ
和風スナック十味
4F パブめぐみ
ディスカス
カサブランカ
5F ナイトスポット
ルミ
パブ舞
6F
7F 徳川宮殿
(株)NON
須永ビル
B1 ヤングカーニバル
1F スターライト
2F スリーベル
カラオケスタジオ
マリーナ
スナック台北
スナック
メゾフォルテ
スナックアドニス
スナックキャラメル
3F スナックリボン
スナックミミ
リバースター
スナックルミ
スナックミスティー
4F 芸能パブ
カオリさん
エリーベル
パブスナック
幸子
5F パブ&サパーZ
ジョイフルパブ
モンティマール
パブ木の実
6F パブナイトイン
東京
ミナミビル
B1 パブみなみ
1F 喫茶ニューグロワール
2F ろばた焼味ッ味
3F パブさんがい
錦水会館
健康センター
サウナ錦水
錦水名画劇場
サウナ錦水
サウナ錦水
サウナ錦水
居酒屋梧空
カラオケスタジオ
八戒
赤羽壱番館
パブフェリス
スナック樹来
パブスナック
ラッキー
パブスナック
アモーレ
パブスナック恋
スナックグローリー
ナイトラウンジ
トレンディー
韓国パブ釜山
エンドレスパブ姉
ローザ
大鵬グループ
1993年(平成5年)
ゼンリン住宅地図
より

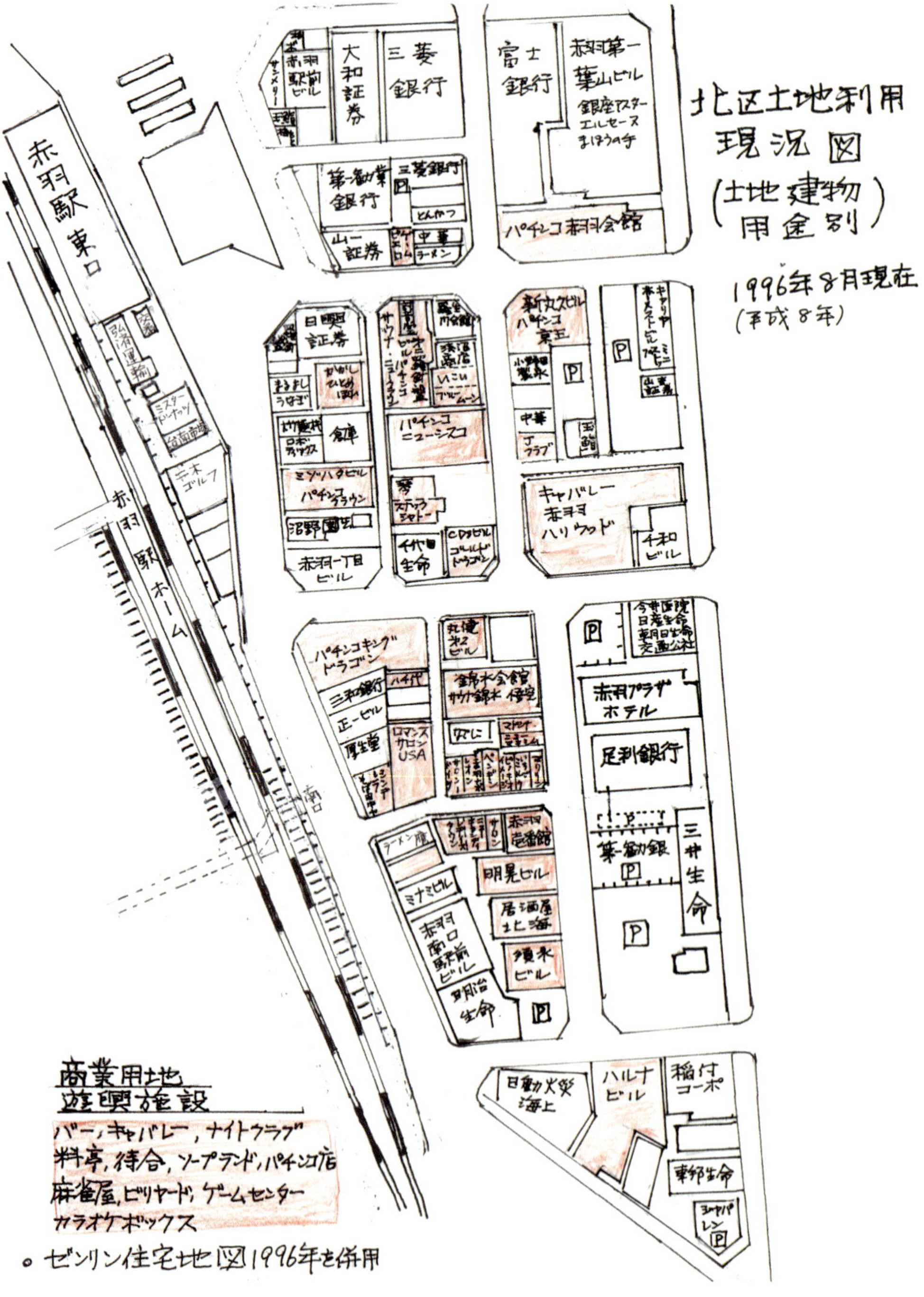

北区土地利用
現況図
(土地建物
用途別)
1996年8月現在
(平成8年)
赤羽駅東口
赤羽駅ホーム
南口
赤羽駅前ビル
大和証券
三菱銀行
富士銀行
赤羽第一葉山ビル
銀座アスター
エルセーヌ
まほうの手
第一勧業銀行
三菱銀行
とんかつ
中華
ラーメン
山一証券
パチンコ赤羽会館
日興証券
新丸スビル
パチンコ東王
パチンコニューシスコ
倉庫
ミツハタビル
パチンコクラウン
赤羽一丁目ビル
千代田生命
キャバレー赤羽ハリウッド
千和ビル
宇木ゴルフ
ミスタードーナッツ
パチンコキングドラゴン
三和銀行
正一ビル
厚生堂
ロマンスサロンUSA
全労本会館
赤羽プラザホテル
足利銀行
第一勧銀
三井生命
ラーメン
ミナミビル
明晃ビル
居酒屋上海
赤羽南口駅前ビル
明治生命
須永ビル
日動火災海上
ハルナビル
稲付コーポ
東邦生命
ヨーロッパレン
P
商業用地
遊興施設
バー，キャバレー，ナイトクラブ
料亭，待合，ソープランド，パチンコ店
麻雀屋，ビリヤード，ゲームセンター
カラオケボックス
○ ゼンリン住宅地図1996年を併用

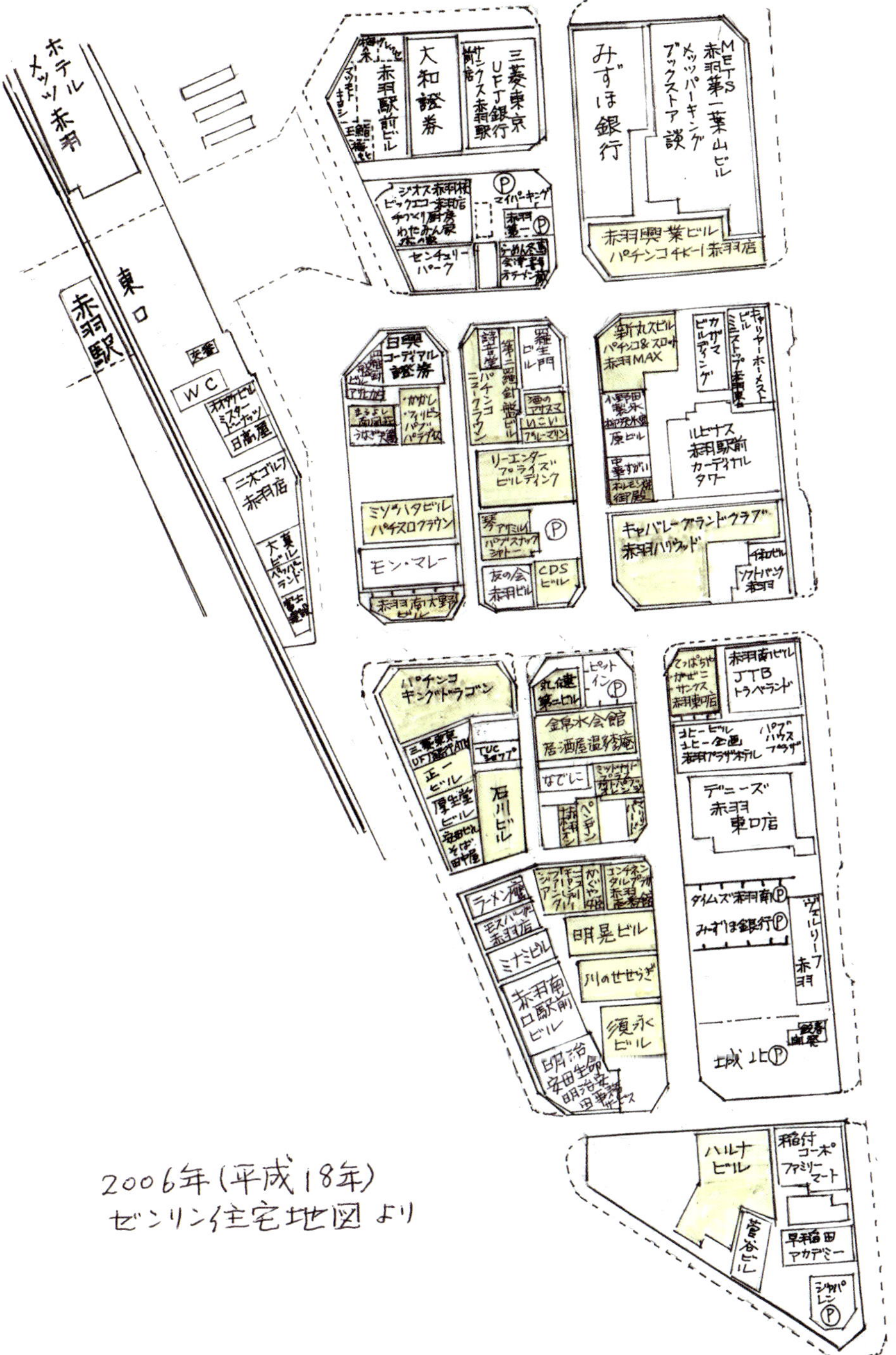

2006年（平成18年）
ゼンリン住宅地図より

ピンクチラシ採取顛末

ネット上の辞書での定義も辞書により、広義に解釈したものと狭い解釈でとらえたものとあり、まちまちである。

ここでは『新語時事用語辞典』(4)に沿う定義とする。

「主に性風俗に関連したチラシでピンクビラともいう。ピンクチラシは繁華街での手渡しや郵便ポストへの投函、公衆電話ボックス内への貼付などにより配布される。大きさは名刺より小さなものから折り込み広告大まで、地域・業態・年代によりさまざまである。」

ピンクチラシを1枚持っているからといって、どんなことが想像出来るだろうか。10枚持っていても、よほど珍しいものでない限りさしたる想像力は働かない。

百枚集めてみると、そのなかから、なにがしかの意味を見いだせると私は思っている。

記憶は定かではないが、チラシでも数多く集めたら何かがわかるのではないか、と漠然と考えたのがピンクチラシコレクションの始まりだった。

その頃、赤羽駅東口改札を出るとピンクチラシが頻繁に配られていたが、酒が飲めない私にとって、受け取っても単なるゴミにすぎなかった。

それがあるとき、ふと取っておいたら赤羽の歴史の一部になるかもしれない、あるいは、風俗の歴史の一時代を表すものになるかもしれないなどと漠然と考え、ともかく集めておくことにした。そう思ってからは、駅前で配布していると積極的に手を出してチラシをもらうように心がけた。

そう思ってから、初めて手にしたチラシはキャバレーロンドンかキャバレーウラシマのチラシだったと思われる。1978年のことである。ウラシマに比べてロンドンのチラシはしっかりしたデザイナーがいたのだろうか、洗練されたチラシであった。

集めたチラシを家に持ち帰っても、その辺に置いておくわけにはいかない。家族に変な勘繰りをされたくないからである。採取したチラシは、裏面に日付と採取場所を記入するように心がけ、紙袋に入れておいた。

集め始めた数年間はどこのチラシも大きく、ことにキャバレーロンドンのものは、工夫されたデザインやユーモアがあふれた表現でひときわ目を引いた。

いつからだったからは記憶していないが、あるときから突然に駅前でのチラシの配布がなくなってしまった。

チラシが名刺大くらいになり、駅の券売機の付近・公衆便所・公衆電話ボックスなどに置かれるようになった。券売機付近や公衆便所の荷物を置く棚にまかれていたチラシの採取は、置いてあるだけなのですぐに持って帰れた。しかし公衆電話ボックスにあるチラシは両面テープでいたるところに貼られていて、人が並ぶ駅近くの公衆電話ボックスで電話をかけずにチラシを剥がすのは、至難の業である。

何しろ他人の目が周りにあるなかで、電話も掛けずピンクチラシを剥がすことに専念するなんてことは、いくらなんでも私にできることではなかった。

そこで考えたのは、駅から少し離れた、人があまり並ばない電話ボックスを選ぶことである。離れすぎた場所だとチラシが貼られていないから、3～4分くらい駅から離れた場所で、人通りが少なく、電話ボックスから周りが見通せるような位置にある電話ボックスを選んだ。

採取作業する時間帯は黄昏時以降である。仕事の帰りなどのついでに事に及んだ。

電話ボックスの中には、両面テープで張り付けられたチラシが30～40枚ほどはあったと記憶している。1回に剥がせるチラシはせいぜいその中の3～4枚くらいだ。

ボックスの中に入り、チラシをそろりそろりと時間をかけて剥がしてゆくが、結構しっかりとくっついていて剥がすのが困難なものもあった。こんなにしっかり貼りついていたら、店に行きたい客がチラシに記された場所に、この紙片を頼りにしていくのは大変だなと思ったりした。しかし考えてみれば、貼ってあるチラシを見てそこから電話をすれば良いわけだから、私のようなコレクターでなければ、別にチラシを剥がして後生大事に持ち歩く必要なんざあないわけだ。

電話をかけるふりをしながら、人がボックスの外に並んでいないことを確認しつつ、キョロキョロしながら剥がしやすいチラシを選び、ゆっくりと剥がしてゆく。急いでやると印刷面が剥がれたり、チラシが切れたりするからだ。どんなチラシを選んで剥がしたかなんて野暮なことは聞かないでくれ。チラシの作品を鑑賞しているゆとりなんて精神的にありゃしない。人が並び始めたら諦めて中止する。ガラケイや歩きスマホで育ってきた人種には、公衆電話ボックスの前に並ぶって何？　でしょうね。

剥がしたチラシはティッシュに貼り付けるか、ティッシュのポリ袋に貼り付けて持ち帰える。この際、貼り付け方は軽くして後で剥がしやすくしておく。家に帰ってからチラシが他のチラシとくっつかないように接着テープを剥がすか、紙を貼り付けるなどして、袋に入れておいた。日付と採取場所はチラシの裏側に記入するようにしたが、その場ではすぐに整理はしなかった。

なぜなら、どのようなチラシがどこの場所で採取できるか分からないので、分類はすぐにはできないからだ。公衆電話ボックスでチラシを採取するようになると、赤羽だけでなく、出かけた場所で目に触れればどこでも採取するようにした。新宿や池袋などの都心はもとより、近県に出かけた際も、機会があれば電話ボックスから採取してきた。

靴ひもを直すふりをして、道端に落ちているチラシを拾ったり、自分が落とした物を拾う振りをしたりして、人通りの多い場所でも背後に人の目を感じながら集めたこともあった。

また、赤羽から県境を超えてすぐの埼玉県の川口で電柱に貼ってある半紙大のピンク広告を、夜陰にまぎれ剥がしてきたものも1点ある（58ページ）。とてもきれいな状態で保存されているから、糊の付きにくくした電柱に貼ってあったものかもしれない。

１９８７年頃より、電話ボックスに貼られるチラシは姿を消し、色々な店のチラシをまとめて本の形にしたものが置かれるようになってきた。もちろんこれは、電話ボックスにもおかれていた。このタイプのものは一冊とると少なくとも10件くらいのチラシがまとまっていた。この頃になるとチラシには店の場所は書かれず、電話番号と値段が大きく書かれるようになってきた。出張サービス型の店舗が現れてきた頃である。

また、チラシに印刷されている女性は、虚実はともあれ、「未亡人」「若妻」「熟女」「ひよこ（若い）」など店の特色を強調し、差別化を狙ったものが出回るようになった。

「外国人（白人）」を使った写真のチラシが出回ってきたのもこの頃である。

そのうちに、まとまったチラシも電話ボックスや駅付近のちょっとしたスペースにも置かれなくなり、繁華街の片隅に作られた「案内所」と称する場所に、冊子の形で置かれるようになってしまった。

１９９０年頃になると、ダイヤルＱ２で出会いの場を提供するサービスのチラシや、女性は通話料が無料のテレホンクラブ（テレクラ）のチラシが撒かれるようになってきた。

また携帯電話[5]が普及しはじめ、宣伝媒体がチラシから携帯電話にかわり、集められた紙媒体も限られたエリアからより広範囲なエリアへの情報発信と変わっていった。かつて駅前で配られていたローカル性があるチラシは姿を消していった。どこでチラシを集めても同じような様式で面白みがなく、次第に無理をしてでも集めたいとは思わなくなってきた。

　赤羽でも、特定の場所に行かなければこのような冊子は手に入らない。それでも少しだけ意欲をもって採取したのは、秋葉原界隈で流行っているメイド喫茶のチラシだった。このチラシは秋葉原駅周辺で、かわいい女の子が配っていたものを、年甲斐もなく手を出し、すこし怪訝な顔をされながらも渡してもらった。秋葉原のチラシは昔のキャバレーなどのチラシと同様A5判くらいのものもあり、いずれも比較的大きな判に明るいデザインで印刷されていた。もっと沢山集めたかったが、さすがに配っている娘《こ》と自分との年齢の落差さを意識することが障害となり、あまり集められなかった。もうどこでも気楽にチラシが採取できる環境ではなくなってきた。２０１１年頃にチラシのコレクションを意識した行動を98％くらい停止した。２％はまだ面白いチラシが入手できないかという未練たらしさだ。

　もうこの辺で集める方は諦めて、だいぶたまったチラシを整理しておかないと、単なる紙屑となってしまうと考えて、まず年代順に整理を始めた。

時代を映したピンクチラシのデザイン

　集め始めたチラシで一番古いものの日付を見ると、１９７８（昭和53）年で、もう34年間も集めていたことになる。これだけ長い間集め続けるとは、本人も意識しなかったが、こうして見てみるとある時代の一部を切り取っているのかもしれないと思えた。

　１９７８年頃といえば、カラオケが大ブームになりはじめ、インベーダーゲームが大流行した時代である。１９７３年の第一次石油危機を経験し、１９７９年には第二次石油危機が到来する。経済成長にも陰りは見えてきたが、まだ希望の見える時代だった。

　集め始めたころのチラシは、当然、赤羽駅付近で配られていたものが主なので、赤羽駅周辺の店のチラシだった。その大部分が駅南側の店に集中していた。

　１９８０年代前半と後半とではチラシが全く変わってしまった。

　１９８０年代前半のチラシは１９７０年代に引き続き大きなサイズで、「キャバレー」「ピンキーキャバレー」「本格キャバレー」といったキャバレーの名称の店舗とファッションサロン、グランドサロン、和風サロン、ヤングサロンといった「サロン」を名乗る店が相次いで出来た。その他にもファッションマッサージやノーパン喫茶などの風俗店も現れたが、風俗営業取締法が1984年8月に大幅改正され、届け出の対象となったため、これらの店は間もなく姿を消した。

1980年代初頭から増加したピンサロ

私のピンクチラシのコレクションは1978（昭和53）年から始まる。

この年のチラシには「ロンドン」（チェーン店、キャバレー、赤羽南口明治生命裏）、「ウラシマ」（チェーン店、ピンキーキャバレー）、「ヤングカーニバル」（キャバレー）の3点だ。

1、2年前から駅前でチラシの配布が始まり、それも配布の頻度がだんだん高くなってきた。

初めのうちは迷惑に思い、もらうたびにゴミとして捨てていた。それが一転して集めてみようと思ったのは、基本的には収集癖が子供のころからあり、切符、切手、牛乳のふた、マッチラベルなどを集めていた。特に切手については国内ばかりでなく、まだ完全に中国国内を支配していない中華人民共和国の切手なども多数所持していたが、大人になる前にいつの間にかなくしてしまった。今持っていれば最近の中国切手のブームに乗れたかもしれない。永谷園の東海道五十三次のマッチのラベルは今も手元にある。

須永ビルから「ハリウッド」までの新天地の通りには、いわゆる風俗系の商売をやる店がはやり始めたのが、この頃からだと聞いた。

南口駅前の新天地の入り口、「田中そば屋」（現在はフグ料理屋に変わる）の地階は、その頃から今に至るまで、入れ替わり立ち代り風俗系の店舗が入店し、今でも呼び込み紛いの男が昼間から立っている。ちなみに1981年には「キャバレー・グアム」が入店していた。

1980（昭和55）年から5年間で、いかに多くのピンサロ系の店が、新天地を中心に開店したかはチラシの数が物語っている。開店した年ごとに列挙してみる。

1980年

ヤングレディ：赤羽南口、キャバレー
ラブハンター：錦水のそば
ナポレオン：ディスコ調サロン、南口新天地内、完全前金制

浮世絵：東口一番街、熱烈さろん
エリザベス：東口商店街通り、喫茶羅生門地下、ファッションサロン
フロリダ：西口グランド東京会館４Ｆ
浮舟：東口一番街、ヤングサロン
ブルームーン：東口すずらん通り、フジヤ横入る、グランドサロン

１９８１年

ダーリン：赤羽南口、大衆サロン（１９７９年からチラシがある。新規開店を装った新装開店）
ベルバラ：錦水そば、ラブハンターの後続
プレイガール：赤羽南口、ノーパン喫茶
金閣寺：赤羽一番街、厄除けサルーン
ミスターまんまん：赤羽２‐21‐４、アダルトショップ

１９８２年

ギャル：南口駅前、グランドサロン、旧ウラシマビル
ダイヤモンド：南口ホテルプラザ向かい、サロン
ＰＭ赤羽店：南口、フレッシュサロン
マキシム：南口
オリオン：東口前日興証券裏、サロン

１９８３年

シンデレラ：東口一番街ＯＫ横丁
奥乃院：南口赤羽サウナ横

１９８４年

ニューＤカップ：南口前コンチネンタルプラザ赤羽３Ｆ、ファッションマッサージ

これらのチラシから推測されるのは、「ラブハンター」「ベルバラ」「ダイヤモンド」は同一の場所にあり、何らかの理由（恐らく風俗営業法違反で手入れを受けた）で店名や経営者名を変えて営業を続けていたと思われる。

赤羽の風俗の歴史を整理した先行研究はほとんど見受けられないが、インターネットにアップされた市井の人々の記録は見逃すことはできない。インターネットのサイトに日本ピンサロ研究会による「調査報告『赤羽風俗の現況』(6)」という報告文があった。その中から以下の文を引用させてもらう。

「昭和30年代あのみ○もんた氏も足繁く通ったキャバレー『ハリウッド』がオープンし再び活気づくこととなります（引用者注＝赤羽ハリウッドの開店は昭和44年）。この頃から風俗店が増加しサロン街としては都内随一と

呼ばれる街となったそうです。

その後昭和50年代後半から新幹線建設及び赤羽線の延伸（埼京線）の計画と駅西口の大規模再開発のあおりで一斉摘発を受けその店舗数は激減し、ほとんどの店が川向こうの西川口に移ってしまい一気に寂れた街に成り下がってしまいました。

逆に西川口は平成に入ってから○Ｋ流という造語まででき一大旋風を巻き起こす結果となりましたが、実際のところはこの赤羽がサービスの本流であったといわれています。」


１９８０（昭和55）年頃といえば、私が赤羽駅前で配られるチラシを集め始めて2年後である。

Ｂ6判くらいのキャバレーやサロンのチラシが一番多く入手できた時代である。

チラシを見ると価格競争が激しく、午後6時から午後7時３５００円、午後7時から午後8時４５００円、午後8時から午後9時５５００円、午後9時以降６５００円などと細かく時間帯で値段が仕切られたみせもある（ダーリング、１９８０年）。中には「この券持参の方40分間２０００円で飲み食べ放題」（サロン・ベルバラ、１９８１年）などとある。

これでやっていけるの？　きっと何か裏がありそうだが、体験がなく不明である。

１９８０（昭和55）年から１９８９（昭和64）年にかけてのチラシ、宣伝マッチ類、住宅地図を年代順に追っていくと、赤羽駅南口の新天地の同じ場所でピンサロ系の店舗の店名が、１９８０（昭和55）年頃を起点として次々に替っていくが、電話番号は変わっていない店舗があった。

たとえば「ラブハンター」（１９８０年）→「ベルバラ」（１９８１年）→「キャンディー」（１９８５年）がそうである。また、「サロン・ダイヤモンド」（１９８２年）→「フレッシュサロン・トマト」（１９８５年）も同様である。

この両店舗は錦水会館の隣にある1棟2軒の店舗で、１９７０年前後の開店時は「バーにれ」と「クラブ泉」という普通の飲み屋だった。

「クラブ泉」は１９８０年にラブハンターに変わり１９８１年に「ベルバラ」、１９８４年には2軒に分かれ（おそらく1階と2階だろう）ビーナスとダンヒルとなった。１９８６年に「キャンディー」と「トマト」に店名が変わり、１９８９年には「エンジェル」と「マドンナ」に変わった。

以上のごとく次々に店名は変わったが、「ラブハンター」

「ベルバラ」「キャンディー」は、同じ電話番号であった。また、1982年のマッチに記載されたダイヤモンドの店名とトマトの電話番号も同じであった。

さらに、赤羽一番街の奥の店舗でも短期間ではあるが同様の例が見られた。1980年から1982年に営業していた「浮世絵」が、1982年に「浮舟」と店名は変わったが、電話番号は変わっていなかった。

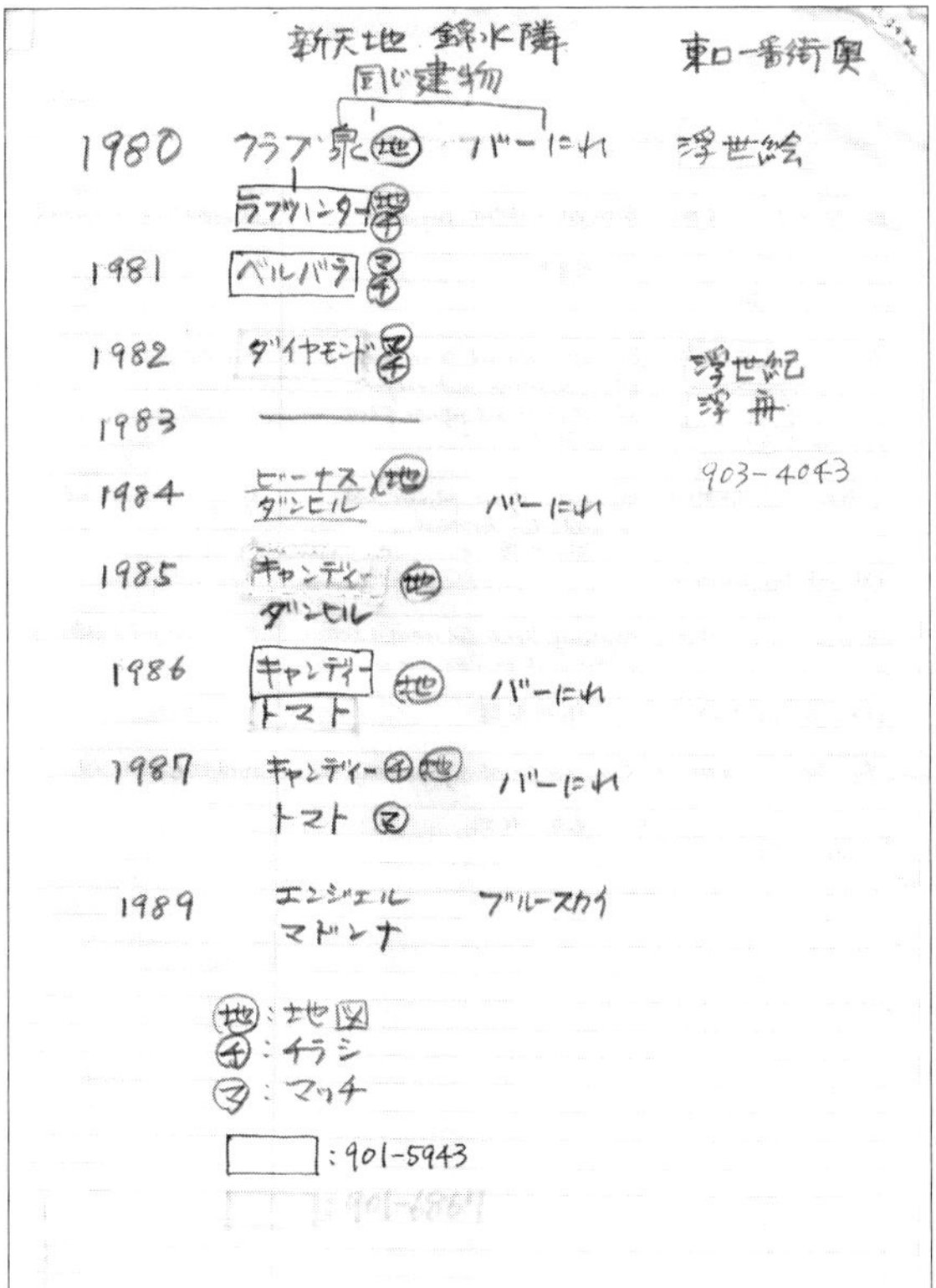

同一電話番号で店名が次々に変わる店をチラシ、マッチ、地図から筆者が追跡した手書きの記録

想像するに、ピンサロ営業店舗としてかなり違法な性風俗営業をしたため、警察の手入れを受け営業停止処分となった。そこで、この店のオーナーは客が来てくれている店だから、別人の店長をたて、店名を変えて営業を続けた。常連の客からすれば、電話番号は変わらない方が良かったと考えられる。このようにいつどこへ飛ばされるかわからない立場の店長の事を「ロケット店長」といい、別の業界でもこのような例はありますと、話してくれた商店街の方がいた。

赤羽南口付近の雑居ビルの様子は、住宅地図が充実し始めた1982年（昭和57）年から次第に分かるようになった。ゼンリン住宅地図の「ビル・マンション・アパート別記」のおかげである。

赤羽サウナ会館には6店舗のパブやバーの店が入っていた。

明晃ビルには地下1階から地上5階までのビルに33店舗のスナックやバーが入店していた。

須永ビルにはピンクチラシを盛んに撒いていた「ダーリング」「ヤングカーニバ

ル」など9店舗が入り、１９８４年には、「ロンドン」もここに転居してきた。このビルの3階には白百合保育園の名前があるが、後で紹介する司修の『赤羽モンマルトル』に出てくる保育園である。

同じ通りの突き当りにあるハルナビルは、まだ内部を小さな部屋に仕切られておらず、１９８０年ごろ10店舗が入っていた。現在では約30店舗が入っている。

１９８８年の住宅地図と図別記を見ると、須永ビルから「ロンドン」が消えたが、「ヤングカーニバル」「ダーリング」は残っていた。

時代は少し下るが、２０１０年3月、横浜市にある「上大岡ロンドンA館」が売春防止法違反（場所提供）の疑いで、店長と従業員が現行犯逮捕されたとの記事があった。[7] 老舗の「キャバレーロンドン」でさえこの有様。場所も年代も違うが、１９８０年代の赤羽駅南口の新天地にあったロンドンをはじめほかのピンサロ系の店でも同じような営業をしていたのだろうと想像できる記事である。

新天地付近の雑居ビル内の風俗店の店舗名を年代ごとにリストアップしたものを以下に表示する（表1～5）。

１９８８年、明晃ビル内の店舗は１９８２年とほぼ同じ店舗で33店あった。錦水会館や赤羽サウナ会館も内部の店舗が１９８２年とほぼ同じであった。新天地入口の「キャバレーうらしま」は無くなって、別の店が入っていた。

このように住宅地図で調べた限りでは１９８２～１９８８年の間で赤羽南口新天地付近では変化はしているが、空き店舗が激増したなどの大きな変化は読み取れなかった。

ただし、赤羽の風俗が一部ではかなり過激な営業をしていたとの聞き取りがあったことも事実である。[8] バーやキャバレーなどの風俗店の営業は夜12時までであるが、その時間が来ると明りを消して、呼び込みがマッチを配り店に案内したとの話を聞いた。それから先のことは店に入らなかったので判らないとの話であった。

ピンサロがどのようなサービスをしていたかについては、インターネットで「ピンクサロン」で検索すればｗｉｋｉｐｅｄｉａには12項目にわたる記述があり、一般的な知識としては理解できるだろう。しかし、この記述ではマッチとの関係はわからない。マッチを配った目的が単に店内の明りを消したため、単純に一時の明りとして使われたとするなら、営業上での面白味はない。野坂昭如の『マッチ売りの少女』（大和書房、１９７７年）や山本晋也の『風俗という病い』（幻冬舎新書、２０１６年）に書かれてい

表1　赤羽東口新天地付近の雑居ビルの風俗関係店-1 須永ビル

	1978年	1982年	1986年	1989年
BF	キャバレー赤羽 ヤングウラシマ	ヤングカーニバル	ヤングカーニバル	ヤングカーニバル
1F		ダーリング	ダーリング	ラブナイト
2F		ラブナイト	ロンドン	ダーリング
3F		スナックかおりさん リバースター パブどんぐり スナック渉 スナックピエロ	白百合保育園	白百合保育園 スナック歩 スナックピエロ
6F		ナイトイン	ナイトイン	ナイトイン
				東京パブ

	1991年	1994年	1996年	2001年
BF	ヤングカーニバル	ヤングカーニバル	ヤングカーニバル	ヤングカーニバル
1F	スターライト	ダウンタウン スターライト	マックスアンドマリー	マックスアンドマリー
2F	スナックキャメル スナック台北 プチシャネル スナックあどにす	和 カオリさん ジョイ マリリン 真里 スナックあどにす	アガシ マリリン ジョイ 真里 しのぶ	マリリン ジョイ 真里 蜂の巣
3F	スナックピエロ スナックかおりさん リバースター パブどんぐり スナックリボン スナックピエロ	スナックリボン スナックミミ リバースター スナックルミ スナックミスティー	エンドレス アポロ スナックルミ セシカ	エンドレス スナックルミ
4F		芸能パブカオリさん スリーベル パブスナック幸子	芸能パブカオリさん BEE	芸能パブカオリさん タッチ
5F	パブ&サパーZ パブ木の実 ジョイフルパブ モンテマール	パブ&サパーZ ジョイフルパブモンテマール パブ木の実	パブ&サパーZ リバースター ジョイフルパブモンテマール ペンギン	
6F	パブナイトイン東京	パブナイトイン東京	パブナイトイン東京	パブナイトイン東京

表2　赤羽東口新天地付近の雑居ビルの風俗関係店-2 明晃ビル

	1982年	1986年	1989年	1991年	1994年	1996年	2001年
BF	まいぽー 広 あづさ ミミ 我家	広 イルカ あづさ ミミ 我家	我家 スナックミミ あづさ まいぽー 広	我家 ミミ パブスナックあづさ パブスナック広 スナック恵	我家 スナックメトロ パブスナックあづさ パブスナック女女	我家 スナックメトロ パブスナックあづさ スナック恵 パブスナック女女	京子の部屋 スナック恵 パブスナックあづさ
1F	亜希 姉妹 詩麻 麗	亜希 姉妹 詩麻 麗	亜希 姉妹 詩麻 麗	Vi Vi パブ詩麻 スナック姉妹 スナック亜希	スナック赤いリボン Vi Vi パブ詩麻 スナック姉妹	Vi Vi パブ詩麻 スナック赤いリボン スナック姉妹	パブ詩麻 スナック赤いリボン Vi Vi スナック姉妹
2F	保保 夜来香 スナック重子 茶恋寺 けい子 ジェノバ キャッツ	保保 夜来香 スナック重子 けい子 ジェノバ	ジェノバ花門 茶恋寺 重子 保保	ナイトイン保保 スナック茶恋寺 重子 スナックジェノバ パブキング	ナイトインポポ スナックジェノバ スナックチーママ スナック重子 パブキング	ナイトインポポ スナックチーママ スナック重子 スナック曙	まいん さつま スナックチーママ スナックめぐり逢い 吉田
3F	バーディ 杢 スナック黒美人 スナックチアフル 城 スナック直子 多恋人 花蓮 竹の子 愛 裕 バッカス	あきよ パーティ 杢 スナック黒美人 スナックチアフル 城	城 杢 チアフル パーティ 黒美人 あきよ	パブバーディ スナック杢 パブ城 スナックチアフル スナックコンドル スナックおきよ	ピンポンパン パブバーディ スナック直子 パブ城 スナックチアフル スナック杢	直子 パブバーディ スナック杢 パブ城 ピンポンパン スナックチアフル	直子 パブバーディ かわせみ ピンポンパン パブ城
4F		多恋人 花蓮 ニューバッカス 竹の子 愛 裕	裕 愛 竹の子 ニューバッカス 花蓮 多恋人 アイ・ラモール とまり木	スナックマリー スナック花蓮 スナックモンッシェリー スナック愛 スナック裕 バッカス	スナックモンッシェリー スナックフレンド スナックマリー スナック愛 スナック裕	スナックモンッシェリー ミュージッククラブ ベーシック フレンド スナックマリー スナック愛 スナック裕	スナック樹里 フレンド スナックアカデミー スナック愛 スナック裕
5F	スナック美子 スナックアイラモール ジュン 泉 とまり木	スナック美子 スナックアイラモール ジュン 泉 とまり木		スナック彩 スナックアイラモール スナックジュン スナック泉 とまり木	スナックジュン スナックかおる スナック泉 とまり木 美　和	美和 とまり木 スナック泉 スナックかおる スナックジュン	スナックジュン スナック泉 とまり木

表3　赤羽東口新天地付近の雑居ビルの風俗関係店-3 はるな会館→ハルナビル

	1987年	1989年	1992年	1994年	1996年	2001年
BF	唄うからおけパブ	ペンギン ティールーム	スナック沢 龍	スナック沢 龍 くらぶ葉月 ゆう	スナック愛 ネスパ キング くらぶ葉月 ベーシック	スナック沢 ABSURD クラブクィーン パブスナック ラブンディー スマイル
1F	ポルシェ南口店 (コーヒー) スナックよりみち とり蝶	ポルシェ南口店 スナックよりみち 居酒屋とり蝶	ポルシェ ひょうたん パブめぐみ	ポルシェ ひょうたん 真似 ジュエ	ポルシェ 響 真似 ひょうたん	居酒屋五乃上 パブルミ パブスナック ドルフィン 心の居酒屋 ともちゃん
2F	スナックBB スナックみら 女子 亜紀 みさわ つくし ルミ	スナックBB スナックみち 女子 亜紀 みさわ つくし ルミ	スナックつかさ 毘沙門 スナックよしみ スナックバレンタイン 亜紀	スナックふぁみりー 亜紀 スナック利峰 スナックバレンタイン スナックよしみ 毘沙門 おでん七福 スナックつかさ	亜紀 スナックふぁみりー バレンタイン スナックあずさ 光 スナックつかさ	ソウル スナック好 スナックあずさ キティーズバー 家庭料理めぐみ スナックバー飛鳥 のみ屋さん
3F			スナック萌葱 パブサファイア	スナック萌葱 パブサファイア パブ赤とんぼ 和風すなっく十味	ソウル スナック萌葱 アリラン パブ赤とんぼ ズー 和 和風すなっく十味	スナックまぁChan スナック和 パブスナック三姉妹 さんがい
4F			アンジュール	パブめぐみ スナックタケル ディスカス パブ麗麗 カサブランカ	タンタン カサブランカ	原価年中無休
5F			パブ舞 ナイトスポットルミ	ナイトスポットルミ	パブ舞 ナイトスポットルミ すなっく秀	
6F						スナック亜那 パブラウンジ ハピネス カラオケ喫茶 のんちゃん
7F				徳川宮殿	マブハイ	

表4　赤羽東口新天地付近の雑居ビルの風俗関係店-4
赤羽サウナ会館→赤羽壱番館→コンチネンタルプラザ赤羽壱番館

	1982年	1988年	1992年	1994年	1996年	2001年
BF				ローザ ラッキー7	ローザ	ナイトパブJJ
1F			エンドレスパブ女帝		モンテカルロ	パブナラ
2F	夜間飛行 マキシム パブキング ナイトスポット69	夜間飛行 マキシム パブキング ナイトスポット69	スナック花林 スナック乙女座 韓国パブ釜山	スナックグローリー ナイトラウンジ トレンディー 月下美人	スナックグローリー ナイトラウンジ トレンディー 月下美人	ナイトラウンジ トレンディー スナック グローリー
3F	ニューDカップ	ニューDカップ	スナックさくらんぼ パブスナック冗談	パブスナックラッ キー パブスナックア モーレ ウイン	パブスナック トレンディー パブスナックア モーレ ウイン	
4F	パブ優	パブ優	パブフェリス スナック樹来	パブあん スナック幸子	パブあん スナック幸子	

表5　赤羽東口新天付近の雑居ビルの風俗関係店-5 錦水会館

	1982年	1988年	1991年	1994年	1996年	2001年
BF	パブゴールド	パブゴールド	パブゴールド	カラオケスタジオ 八戒	カラオケスタジオ 八戒	炭焼ホルモン 達つちゃん
1F	居酒屋悟空	居酒屋悟空	居酒屋悟空	居酒屋悟空	居酒屋悟空	居酒屋悟空
2F	居酒屋悟空 サウナ錦水	居酒屋悟空 サウナ錦水	サウナ錦水	サウナ錦水	サウナ錦水	サウナ錦水
3F	サウナ錦水	サウナ錦水	サウナ錦水	サウナ錦水	サウナ錦水	サウナ錦水
4F	サウナ錦水	サウナ錦水	サウナ錦水	サウナ錦水	サウナ錦水	サウナ錦水
5F	サウナ錦水 健康センター 錦糸名画劇場	サウナ錦水 健康センター 錦糸名画劇場	サウナ錦水 健康センター 錦糸名画劇場	サウナ錦水	サウナ錦水	サウナ錦水
6F	ランドリー	ランドリー		サウナ錦水	サウナ錦水	

るように、マッチの灯でほんのひと時、陰部を見せるサービスをしたのか。今となっては想像の域を出ない。

ピンクチラシの大きさと内容の変貌

１９８６年以降、普通のサイズのチラシは急速に姿を消し、小型化し名刺大の大きさに変わっていった。それと共に人による配布から電話ボックス、駅の券売機の付近・公衆トイレなどに置かれるようになった。

チラシの内容にも変化があり、その多くは女性の写真を載せた。女性の写真も職業や年齢により細分化されたものが印刷された。女子大生は制服らしき服装に、ＯＬは勤めている雰囲気の服装で、「未亡人」「人妻」「白人」など。さらに「若妻専科」「最高級スリム」「素顔のきれいな女の子」「19、20、21才」などと、年齢や体形などにも及んでいった。

金額の表示も必要事項で、「高級2万円」「１００分2万円」「70分2、3万円」などとあった。

金額表示のあるチラシには電話番号はあるが、当然住所表示はない。

店名も「女子大生グループ」「新妻グループ」「Ｃカップコレクション」などと、店の売りをそのまま表した店もでてきた。

この小さなチラシの中に、手に取った者に訴える要素を、コンパクトにまとめる技術が盛り込まれていた。

１９８９年頃からは自宅・ホテル出張可のチラシが現れたが、風営法が改正されて無店舗型風俗特殊営業が解禁となり、派遣型ファッションヘルスが届け出をして営業できるようになったのは１９９８年5月の風営法の大幅改正（１９９９年4月施行）からである。

この改正で同時にテレホンクラブ（店舗型電話異性紹介営業）や携帯電話を利用したテレフォンクラブ（無店舗型電話異性紹介営業）も登場した。

ＮＴＴが電話による情報料金代理徴収サービスをダイヤル［０９９０］に始まる番号で開始したのは１９８９年（平成元年）であった。

これがダイヤルＱ２（ダイヤルキュー）で通称がＱ２（キューツー）である。この番号で始まる情報提供は、災害募金を自動的に集める手段として活躍したこともあったが、ニュース、経済、教育などの有料情報を提供する一般サービスを想定していた。

ところが１９９１年頃からこの番号で始まるテレホン・クラブ（テレクラ）やテレホン・セックスのチラシが急速

に出回り始めた。また、ダイヤルQ2と共に女性専用ダイヤルとして、通話料無料（フリーダイヤル）の「0120」の番号が併記されるチラシも多かった。さらに赤羽で採取したものの中に、バレンタインコールと称したテレクラのチラシがあった。これには赤羽・北赤羽・西川口・南浦和の店と女性専用のフリーダイヤル（0120）のみが記載されていた。これは男性客ばかりでなく、女性も経済的な負担がなく気楽に電話をしてもらい、男性客と話をしてもらうためである。

1997年は比較的たくさんのチラシを採取した。これらのチラシに書かれている内容からみると、かってピンサロ系で配っていたチラシに書かれていた飲み食いの記載はもう一切なくなった。チラシを配る目的や業種が変わり、チラシの置かれた近くに必ずしも店舗があるとは限らなくなった。それは、もっぱらどのような女性を紹介するかに重点がおかれ、シティホテル・自宅出張OKと記載されているチラシも多くなった。

風俗街を形成する新大久保で1997年に採取した「TOKYO MAGAZINE MAP」と題する70頁ほどの小冊子風（縦12㎝×横8㎝）にまとめられたチラシ集を少しかい摘んで記述してみる。

女性を紹介する表現には、年齢、職業、人種、スタイル、体形などにわたりさまざまな言い回しで注目を引き、客の好みを探っている。「お嬢さま」「若妻」「学生」「OL」「女医先生」「女教師」「モデル」「看護婦」「スチュアデス」「コンパニオン」「ヤングミセス」「キャバクラ嬢」「ロシア・欧州人」「銀座・六本木クラブホステス専門」「制服美少女」「スリムな若い娘」「足フェチ」「キャンペーンガール」「イベントコンパニオン」「アムラー」「レースクイーン」「ヤンママ」「フリーター」「シャネラー」「コギャル」「巨乳の鉄人」「美乳ギャル」「19・20・21才」等々。

「シャネラー」は、1995年雑誌『anan』の命名から流行語となったといわれている。

「アムラー」も1995年に現れた言葉で、翌年の1996年にギャルの間で流行したミニスカート・茶髪・顔黒・ロングヘア・厚底ブーツの安室奈美恵のファッションを真似た娘《こ》のことであり、その年の「新語・流行語大賞」に選ばれた。

「巨乳の鉄人」は、テレビの人気番組「料理の鉄人」をもじっており、このような小さなチラシの中からも、その時代を彩ってきた言葉の数々を拾いあげることができる。「看護婦」や「スチュアデス」等は今ではもうあまり使われない言葉になった。

直接金銭にからむ「領収書・カードOK」「団体割引」「VIPコース」といった表示から、出張イメクラで、「連絡によりセーラー服、看護婦、セクシー下着、バーチャルレイプの小道具を用意します」と、手の込んだチラシもあった。

そういえば、当時外での通信手段としては公衆電話かポケベルであり「ベル友」などという言葉もはやった。

また、2005年に赤坂で採取した小冊子型のチラシ集『Adult Magazine』5月号62頁(表紙込)と『月刊ホット&ホット』3月号64頁(表紙込)の2点から表記された言葉を拾いだし、年齢、職業、容姿・体型などにより分類し、一覧表にまとめた。(表6)

表6　2005年赤坂で採取した小冊子2冊分のチラシの用語のまとめ

<table>
<tr><th>年齢</th><th>10代</th><th>20代</th><th>30代</th><th>40代</th></tr>
<tr><td>特に職業や年齢に限定のない素人女性</td><td colspan="4">・素人、誰でも、学生、OL,人妻などのアルバイト
・10代〜人妻(年齢なし)
・偽のレースクイーンやスチュアデスはおりません</td></tr>
<tr><td>職業・職種</td><td colspan="4">チラシに記載されている女性は東京で働いている全ての職種の人に及ぶが
・特に人目につく職種
レースクイーン、スチュアデス、コンパニオンモデル、キャンギャル(キャンペーンガール)
芸能プロの子、秘書、受付嬢
・世間で一目置かれていた職種
女医、女教師
・限定された職種に絞る
OL、秘書専科、フライトアテンダントのみ</td></tr>
<tr><td>容姿</td><td>学生:かわいい、美少女</td><td colspan="3">スレンダーボディ、スレンダー長身、長身・美脚、スタイル抜群</td></tr>
<tr><td>体型</td><td>10代に限定したもの
小柄、胸が大きい、スリム</td><td colspan="3">巨乳、美乳、脚線美、美人、バスト90cm以上の超グラマー</td></tr>
<tr><td>雰囲気</td><td>この関係のチラシ多し
清楚、新人
お嬢さん、お姉さん</td><td colspan="3">H好きな子</td></tr>
<tr><td rowspan="2">人妻</td><td rowspan="2"></td><td>幼な妻、若妻
奥さん、奥様、貴婦人、白金系、清楚</td><td colspan="2">三十路　熟女</td></tr>
<tr><td colspan="3">美人妻(20〜40代)、上流階級の女、痴女
若妻…主人がかまってくれなくて</td></tr>
<tr><td>韓国人</td><td colspan="4">韓国人留学生
韓国人モデル…調べた2冊の小冊子の中で唯一[生で中出しOK]の記載あり</td></tr>
<tr><td>白人系</td><td colspan="4">1980年代後半から1990年代にあった
金髪娘・金髪美人・世界の美女など白人系のチラシがなくなった</td></tr>
</table>

①@niftyココログ　2007.10.3　増殖するデリヘル
近年[デリバリーヘルス(デリヘル)と呼ばれる派遣型風俗産業が拡大している。問題点:在籍女性の低年齢化
②デリヘルと称し実態はホテトルに近い営業を行っている業者も少なくない。
2006年5月施行の改正風営法でデリヘル業界の取り締まりが強化された。ピンクチラシへの制限も強化され違法者には100万円以下の罰金。

チラシの言葉からみた男性の好む「素人女性」とは？

チラシの数からいえば、「女子学生」で「10代限定」と記載したものが一番多かった。さらにそこから好みが細分化されていったことがわかる。

また、「人妻」という項目を設け、その中をさらに細分化できるほどチラシの数も多かったが、性に対する見方や考え方が、男女ともに従来と違ってきたためと考えられる。

インターネットの発展により情報が入手しやすくなり、今まで隠すもの・人目にふれないものであり、男性主体で動いてきた性に対する考え方が、男女を問わず若い年齢層から始まり高齢者層でも変わってきているためととらえている。

さらに、１９８０年代後半から１９９０年代に出回った、「金髪白人女性」のチラシが姿を消したのも変化の一つであろう。

チラシの収集は、その後秋葉原のメイドカフェに関する２００６年の４点と２０１１年に新宿の公衆電話ボックスで採取した３点と新大久保の１点でほぼ終了した。

２００７年以降、新宿で採取した４点はいずれも単品１枚であったが、左ページのように、チラシの記載内容に大きな変化がみられた。

女性募集：ＯＬ、主婦、女子大生、バイト可、パート可、20～35才と記載し女性の写真と電話番号のみが２点。高級会員制、恋人・愛人男女交際（ハイソサイティ）、プライバシー厳守の画期的システムなどの記述と電話番号のみの物１点。

２００５年から２０１１年の間に当局の厳しい取り締まりがあったことが想像されたので調べてみた。

前述した２００５年までのチラシの大部分は、急増するデリバリーヘルス（デリヘル）と呼ばれる派遣型風俗産業に分類されるものであるが、在籍女性の低年齢化に伴う年齢詐称や実態がホテトルに近い営業を行っていた等の問題点が浮上し、想像の通り法改正があった。２００６年５月に施行された改正風営法で、デリヘル業界の取り締まりが強化されたといわれている。ピンクチラシに関しても制限をうけ、違法な広告には１００万円以下の罰金が科せられるようになった。

この間、赤羽で採取したチラシは１９９１年から２０００年までの10年間で18枚あった。

派遣型風俗チラシが主流になってくる中で、店舗型風俗

2007年以降のチラシ。新宿・新大久保（下2点と右下も）

2006年の改正風俗営業法施行以前のチラシ。若い女性の写真にはたくさんの情報が盛り込まれている

2011年、新宿

2011年、新宿・新大久保

2006年の風営法改正によりピンクチラシらしさは姿を消した

店のチラシが頑張っていた。

パブ「ランジェリー倶楽部」、中国人お見合いパブ「麗麗」、フィリピンパブ「カサブランカ」、韓国式エステ4枚、香港式エステなどでアジア系イメージのチラシが8枚あった。

その後、赤羽でのチラシの採取はほとんどなくなった。ピンクチラシへの規制の強化により、チラシに盛り込める表現に規制がかかり、配布が今まで以上に困難になってきた。反面、2008年以降スマートフォン（スマホ）が急速に普及し印刷物に替るピンク媒体として発展してきたため、チラシは主要なピンク媒体としての座を失った。

そして私の37年のチラシの収集も役目をおえた。

焦土からの赤羽商店街の復興と赤羽南地域の変貌

ピンクチラシの変遷に、街の移ろいを重ねてみたい。

1980年代の赤羽駅南口の風俗街（「新天地」と呼ばれた。この新天地）について、司修が『赤羽モンマルトル』（1986年、河出書房新社）の中で次のように書いている。

「昔、僕が住んでいた稲付は、南口の階段を下りて王子の方へ三、四分歩いたところだった。通りに立ってみると記憶にない建物ばかりになっていた。たった一つへび屋入口とあるビルの所に、昔アルコホル漬けの白蛇やまむしがウインドウに飾ってあったのを思い出す。（中略）新天地のネオンの路地に、クラブ調サロン、ソープランドの看板が並んでいる。
そこを通り抜けると足利銀行の裏に突き当たる。驚いたことにその通りもキャバレーやマッサージサロンがずらっと並び、まだ午後の三時だというのに客引きの若い男がパンパーンと手をたたきながら、エッイラッツシャアイとやっている。（中略）
三十三軒のスナックが入ったビルがあったり、派手なキャバレーの入り口の隣に、私設の保育園があったりする。生後一か月から預かるとある看板の上を見ると、キャバレーの三階にその保育園はある。（中略）僕がいた頃は、キャバレー一つなかった。小さなバーと一杯飲み屋、焼き鳥屋などしかなかった。団地ができ、人口が増えてこうなったのだろう。」（133‐134頁）

私が足を向けたことのない、赤羽駅南口の新天地の様子が詳細に描かれている。

私がサラリーマンだった頃、社内研修で「ノーパン喫茶をめぐって」というテーマで真面目に議論をしたことがあった。１９８1年7月のことである。

その時の議論をまとめたノートには「ノーパン喫茶は乱立、サービスの限界、従業員の管理などの点で経営的に問題がある」としたが、「若い人たちの道徳観・勤労観は変わった」との見方をとり、結論として「性に対する抵抗感はうすれたが、解放はされず、すれすれの商売はすたれない」と結論づけた。しかしインターネット社会は、当時の想像をはるかに超えた現実をつくりだしたようである。

赤羽駅南口付近に多くの風俗店が乱立してきた、「新天地」の歓楽街も、急にできたわけではないことは、司修の『赤羽モンマルトル』の引用文章からも分かる。

新天地ができた経緯を知りたいと、赤羽駅南口の京浜通り商店街の関野山会長、赤羽一番街商店街振興組合の小出理事長と㈱みやけ商店三宅代表取締役にお話を伺った。

戦争で焼かれた赤羽の街を、いち早く立ち上げたのは民の力であり、役所の力ではないことを今でも誇りに思っているそうである。

赤羽復興会商店街は小出さんの父たちが、廃材を集めて木造トタンぶきのバラックを建て、マーケット風の店を立ち上げた。男たちは復興会（一番街の前身）の街づくりに奔走し、家を守ったのは女性たちであった。復興会に隣接して片野組マーケットが加わり、さらに朝鮮半島系の資本も加わり、区内で最も繁栄した商業地区となっていった。

対岸の鋳物の街・川口からも、買い物客が多数訪れ、川口の景気が赤羽商店街の売り上げに響くといわれるほどの成長を遂げ、広域商業地となっていったと『新修北区史』（東京都北区役所、１９７1年）に書かれている。

敗戦からまもない昭和20（１９４５）年代前半、赤羽は上京してきた人が、東京で商売を始めるのにやり易い街だった。

地方から来た人にとって、赤羽は東京だが気取っていない住みやすい街だったようである。戦後北区で復興した商店経営者の3分の1以上は、戦後ズブの素人から商業に入った人たちであったそうだ。

やがて昭和20（１９４５）年代後半、街が整理されてくると、一番街の真ん中に北区立赤羽小学校があったために、学校の周辺から性風俗の店は追い出されて行った。(9) そして官主導で行われた赤羽一番街の区画整理事業が始まり、風俗営業の店舗の移転に拍車が掛かった。一番街の区画整理事業は1955（昭和30）年に完了した。

赤羽駅には元々は南口はなく、区画整理事業などで赤羽駅東口の南側に移ってきたスナックや飲み屋などは、都落ちの感覚をもっていたようである。

赤羽駅南口が開設されたのは1959（昭和34）年だが、すでに1953（昭和28）年4月に会員38軒で京浜通り商店街が結成された[10]。

赤羽駅南口を出るとすぐ駅前に新天地と書かれたアーチ型の看板が目に入ってきたが、初めのころはバーと飲み屋が主であった。

昭和40年（1965年）代くらいまでは、ピンク街の通りでキャッチボールが出来る雰囲気があったそうである。赤羽西口側にもかつては「美山閣」「大野屋」といった風俗関連旅館があり、当時は三宅ふとん店の得意先だったと伺った。

赤羽駅南口周辺に風俗店が出来てくると、昼間も普通の人が歩かない場所となり、一般的な物を売る店が営業できなくなってしまったそうである。

北区は「東京都北区都市景観づくり条例」を1994年9月に制定し、赤羽南の京浜通り商店街も景観形成地域となった。

京浜通り商店街は約10年かけて景観形成のための努力をし、その結果、区から表彰されたが、この条例が制定されたとき、すでにピンクゾーンを形成していた新天地の風俗店は、京浜通り商店街から抜けたために、一層ピンクゾーンとしてやり易くなったようである。

かつて川口をはじめ鳩ヶ谷、浦和、戸田など赤羽に隣接する荒川対岸の町から遊びや買い物で訪れていた客も、埼京線や南北線の開通と地元の再開発で新しい商業地域が形成されてきたため、次第に客足が遠のくようになり、一番街一帯も業態変更を余儀なくされてきた。

赤羽駅南口の新天地も今はけばけばしい看板やネオンも少なくなり、威勢のよい呼び込みの声は聞こえないが、夜になるとネオン明りで街が華やぐ様は相変わらずのように見える。

なぜ赤羽駅南口付近に歓楽街が集まったのか

それにしても、なぜ赤羽駅の南口付近に風俗街が形成されたのか。

赤羽一番街商店街と赤羽南口京浜通り商店街の代表の方からの伺った話にもあったが、赤羽一番街は赤羽小学校の周りを取り巻くようにして形成されており、学校の周辺200m以内の風俗店は法的規制があった(11)。

戦後、焦土の中からバラック建ての商店街がいち早く立ち上がり、東口から商店街の間に露店で生活物資などを売る「やみ市」が形成された。

バラック建ての商店街は発展をつづけ発足当時の18店舗であった「復興会商店街」は、1947（昭和22）年には60店舗となり、区内において最も繁華な商業地域となった。

当時の航空写真を見ると、この商店街は赤羽小学校の外側を半周するような形で雑然と小さな商店舗が立ち並び、その隙間を縫って路地が迷路の如く這っていた。

現在のような店舗の配置が完成したのは昭和27（1952）年であり、区画整理によってである。1955（昭和30）年7月の「赤羽復興会見取図」で

赤羽復興会見取図（区割整理の途中）

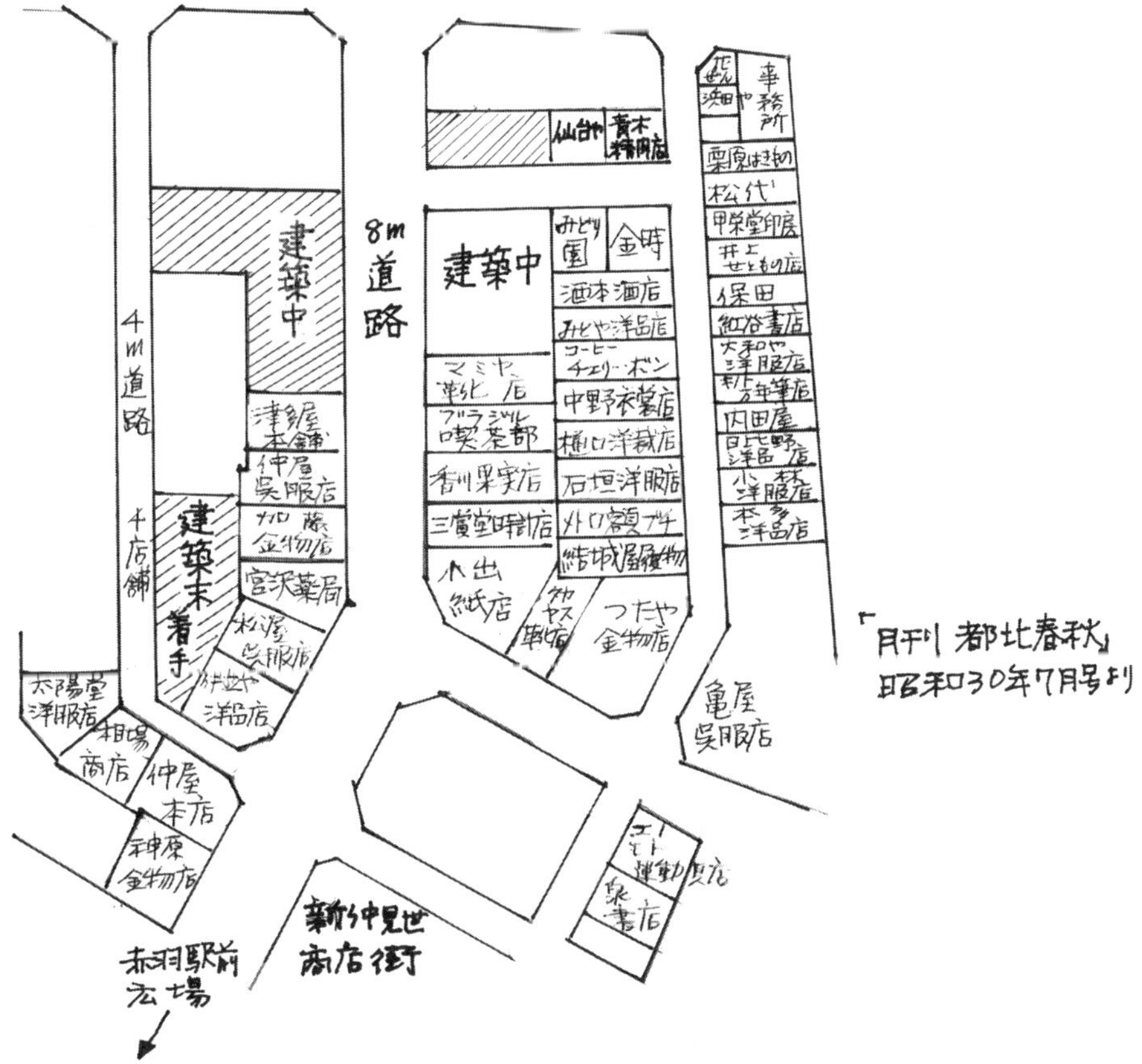

は小出紙店、宮沢薬局、紅谷書店などの現在の一番街の入り口付近とその東側の赤羽小学校側の店舗は完成している。一番街の少し奥や現在のＯＫ横丁には、建築中の建物や未着手の場所も見られ、区画整理事業が完了してはいなかった（前ページの図）。ちなみに１９６９（昭和44）年12月には飲食店のうち15店舗はＯＫ横丁[12]に密集して風俗営業店街を形成しているが、一番街全体としてみると、サービス業、食堂、レストラン、そば屋などは11％程度で、純商度が通常の商店街に比較して高く、一番街は小売店の町であったと言えよう[13]。

　このように、１９５５年には一応、一番街の店舗の配置は決まり、新しい店舗の建設も進んでいたが、赤羽駅東口駅前付近はどうであったかを、当時の地図から見ることにする。

　赤羽小学校が駅のすぐ北側にあるため、一番街での風俗店は制限を受け、さらに区画整理が重なり、立ち退かざるを得なくなったスナック、バー、飲み屋などが、駅東口の南側に移転してきたことは商店街の会長から伺ったが、１０６ページの地図を見るとそのことが理解できる。東口の駅より商店街をさらに東に行けば幼稚園や中学校があり、駅からも遠くなる。駅の南側には風俗営業法で制限を受けるような施設はなく、さらにまだ多くの空き地が残されていた。

　駅前一帯は第33地区として広範囲に区画整理の対象となっており、移転せざるを得なかった上記のバーや飲み屋の一部は、カソリック教会の道路を隔てて西側の、現在のパチンコ赤羽会館の南側に、まとまって形成された飲み屋街の中に新規な店とともに入った。

　また一部の店は、新天地としてのちに歓楽街を形成することになる駅南口前に店をだしたが、この頃の店はいずれもバーや飲み屋であったことは商店街の責任者の証言と一致する。１９６２（昭和37）年の住宅案内図でこれを示した[14]（１０７ページ）。赤羽駅東口の南側にはまだ空き地、風呂屋、旅館、自転車預り所などがあり、土地利用にゆとりがあった。

　赤羽駅東口駅前に羅針盤ビルがある。このビルの所有者は羅さんでその方の子孫の方は地元の志茂に住んでおられる。１９８５（昭和60）年の地図をみると、羅針盤第二ビルも出来ている。

「グランドサロン・パピヨン」が赤羽駅南口近くに、歓楽街初めての大店舗を構えたのはこの頃である。

　この店には、「てんぷくトリオ」「東京ボン太」などの芸人や歌手などがきて、中小企業の社長たちが、よく通ってきたとの話だ。

1968（昭和43）年の地図を見ると、赤羽駅東口から南口の区画整理が進み、道路が広がりほぼ現在と変わらぬ区画となった。「グランドサロン・パピヨン」に次いでキャバレー・パリーが松の湯の跡地に開業したが、同じところに純喫茶ドレミも開店した。「キャバレー・パリー」の店舗は翌年（1969年）には「キャバレー・ハリウッド」に替り、現在でも赤羽の「グランドキャバレー・ハリウッド」は北千住店とともに都内では数少ない大型キャバレーとして存在感を高めている。「ハリウッド」が開店したのち、酒を飲むのにバーに行くよりここに行く方が格が一段上に見られていたと、商店街の会長の一人が話していたが、それだけ値段も高かったのだろう。

ホステスがいて客に飲食をもてなすだけでは、キャバレーとは呼べないそうである。

資料によると、[15]キャバレーとはステージがあり、生バンド付のダンスホールでダンスが出来る。ショータイムがありゲスト歌手を呼ぶ、手品、踊り、曲芸などの演芸を見せる場所であると。

単に酒を提供し、女性との会話を楽しむ豪華でゆったりとした場だけを提供すればクラブと呼ばれる。ちあきなおみさんとその歌詞のようにこのステージで喝采を浴びキャバレーから多くの芸能人が巣立っていったが、昭和の芸能史に残る文化の発信地ともなっていた。広いスペースをもち、ホステスは100名以上常駐している大型店も登場した。

「キャバレー・ハリウッド」のオーナーは幽霊画や戦争絵画の収集で有名な福富太郎であるが、福富は『昭和キャバレー秘史』（河出書房新書、1994年）などの著作もある。

福富は2018年5月29日、86歳の生涯を終えた。そして赤羽東口繁華街の一角で、地元に根付き49年、華やかさを演出してきたハリウッドも、2018年12月30日をもって、平成と共にその歴史に幕を降ろすことになった。

1970年初頭に歓楽街が形成

赤羽駅の東口駅前付近にパチンコ屋が集まり、その少し奥に立ち飲み屋・飲み屋・さらにバーやキャバレー、サロンなどが増え、1971（昭和46）年頃には歓楽街が形成されたと考える。東口駅前では「キャバレー・ハリウッド」の北側の赤羽1丁目3、5、6番地付近に約20軒のバー、酒場等の飲食店が集まっていた。

『北区商業名鑑（昭和46年版）』の赤羽東口京浜通り商店街の加盟店には、物販店や美容室・証券会社などと一緒に以下の風俗店も加盟していた。

「パピヨン」（キャバレー）、「ウラシマ」（キャバレー）、「島」（サパークラブ）、「ユニバース」（キャバレー）などである。面白いことにユニバースは所在地が駅前の表通りに面した「赤羽南1－6－11」で、大手証券会社の野村證券と同じ須永ビルに入店していた。

赤羽南口側では「赤羽南1－6」の須永ビル、赤羽サウナなどの雑居ビル、「南1－7」では新天地入口「キャバレーウラシマ」より東側に歓楽街が形成されてきたが、駅前の田中屋そば店（現在はふぐ料理店）の雑居ビルに風俗店はまだ入っていない。

昭和47（1972）年頃までには東口から南口至る歓楽街から旅館やタクシー会社はなくなり、空き地には雑居ビルが建ちバー、サロン、スナック、キャバレーなどの店が入った。

大規模な飲食店が赤羽に誕生したのもこの頃である。「錦水」が大衆割烹を名乗り、角松フェニックスビルでは1階から7階まで全国料理の店ができた。大衆割烹「錦水」はその後錦水会館に変わり、サウナを中心に健康センター、居酒屋、カラオケスタジオの店舗で営業を続け、風俗店が入居することはなかった。赤羽駅南口の新天地付近は急速に多くの飲食店が立ち並んだ。いざなぎ景気の余波が残りニクソン・ショック（1972年）の影響は表面的には見られていないように思えた。

しかしながら1973年（昭和48年）の第一次石油危機により、翌1974年は戦後初めてのマイナス成長を経験した。一般のバー・キャバレーなどは客足が遠のき、廃業に追い込まれていったが、それと相反するように、ピンクキャバレー、おさわり・お色気サービスを伴う店が台頭してきたという話を世間では話され、私も不景気になると風俗で働く人が多くなると思っていた。だからこの時期、赤羽南口付近での風俗店の増加は景気の影響によるものだろうと思っていた。

ところが景気と風俗業界との関係について書かれた記事を読み、この考えは俗説であることを知った。よくマスコミに利用される話ではあるが、貧困を理由に風俗の世界に至ることになった女性が増加しているといったデータは存在していない。好景気のときにはキャストが減り、不景気の時にはキャストが増えるといったデータはないと角間惇一郎は述べている。[16]

また「風俗業界は世間が考えているほど不景気の影響は受けない業界だということだ。もちろん潰れる店もあるが、それは業績不振ではなく、人間関係のトラブルや違法営業での摘発などが原因で閉店しているケースがほとんどだ。」という記事もあった。[17]

そうすると、赤羽駅南口の新天地にこの時期風俗店が増加してきたのは、風俗営業に適した場所と業界から認められたためだろうか。

1974（昭和49）年にはキャバレー「ハネムーン」が開店し、徐々にピンク街の色合いが出てきたようだ。稲付コーポに「コンパ太郎」が開店したのがこの頃で、カラオケ、生バンドとコンパという新しいスタイルの店舗形式がうけて、1978（昭和53）年頃は大変繁盛したそうである。

ピンクサロンは1960年発祥とされており、1967年頃から流行し始めた。[18]（下川耿史『性風俗史年表昭和戦後編─1945-1989』河出書房新社、2007年、196頁）建前はソフトドリンクやアルコールなどの飲料を提供する飲食店であるが、女性店員が口などで性的サービスによる接客をする風俗店である。1977年に大流行し、1980年代になりサービス内容が過激化していった。

西川口の風俗店と赤羽の風俗店との関係

ところで、赤羽に形成された風俗街の変遷を考察する際、同じ京浜東北線沿いにできた埼玉県・西川口地区のことを触れないわけにはいかない。「1980年に埼京線が開通して取り締まりが厳しくなり、西川口に流れて赤羽は大打撃を受けた」と前述（125ページ）の『赤羽風俗の現況』に書かれている。この論評を検証してみることにした。赤羽の風俗街は一斉手入れを受けて、店舗数が激減し、多くの店が西川口に移っていったとあるが、そうだろうか？

私も何軒かそれらしい店舗があることは、チラシと地図の照合から指摘した。しかし住宅地図とそれに付随する図別記から判断すると、それほど多くのピンサロ系の店舗が他に移転し、赤羽駅南口新天地を中心とする歓楽街がひどく寂れたとは読み取れなかった。

少なくともチラシを盛んに撒いたピンサロ系の店舗の大部分は、1984年頃までは赤羽にあった。これ以降大型のピンクチラシは配られなくなったことは先にも書いた。

西川口における風俗店そもそものの発祥はソープランド（トルコ）からである。この点は赤羽の風俗店の起源とは異なる歴史を持つ。赤羽のソープランドは東口側では駅南口出口から少し離れた路地の1軒だけで、雑居ビル内にはなかったと記憶している。鉄塔横町と呼ばれていた西川口（当時は仁志町2丁目）の歓楽街には１９７０年に早くも3軒のソープランドがあった。

「地下トルコ」「歌麿」と「川口トルコ」である。ここ1丁目10番地では１９７４年には８軒に増え、１９７８年には16軒[19]となった。この年、花影、桃源郷、大文字、車屋などが相次いで新規開店した。新井ビル内にはそれらしき店はなかった。

ソープランドはこの西川口の町の特定の場所に集まっており、この場所が西川口1丁目10番地である。

この場所以外では、京浜東北線の線路際の1丁目８番地に「西川口トルコ」（このあたりが町名変更で仁志町から西川口に変わった時、店名が川口トルコから変更）が開業していたが、１９８５年頃無くなった。

早稲田大学の木村裕美によると「西川口駅西口一帯が『風俗』の代名詞となったのは、１９８５年に新風営法が大幅改正したころからのようである。駅前の一部が県条例で性風俗禁止除外区域に指定された後のことだ[20]」と記されているが、それ以前の１９８２年頃にはすでに東口に10軒、西口に10軒のピンサロがあり、そのうちの7割が過激な営業

西川口西側風俗関係店舗

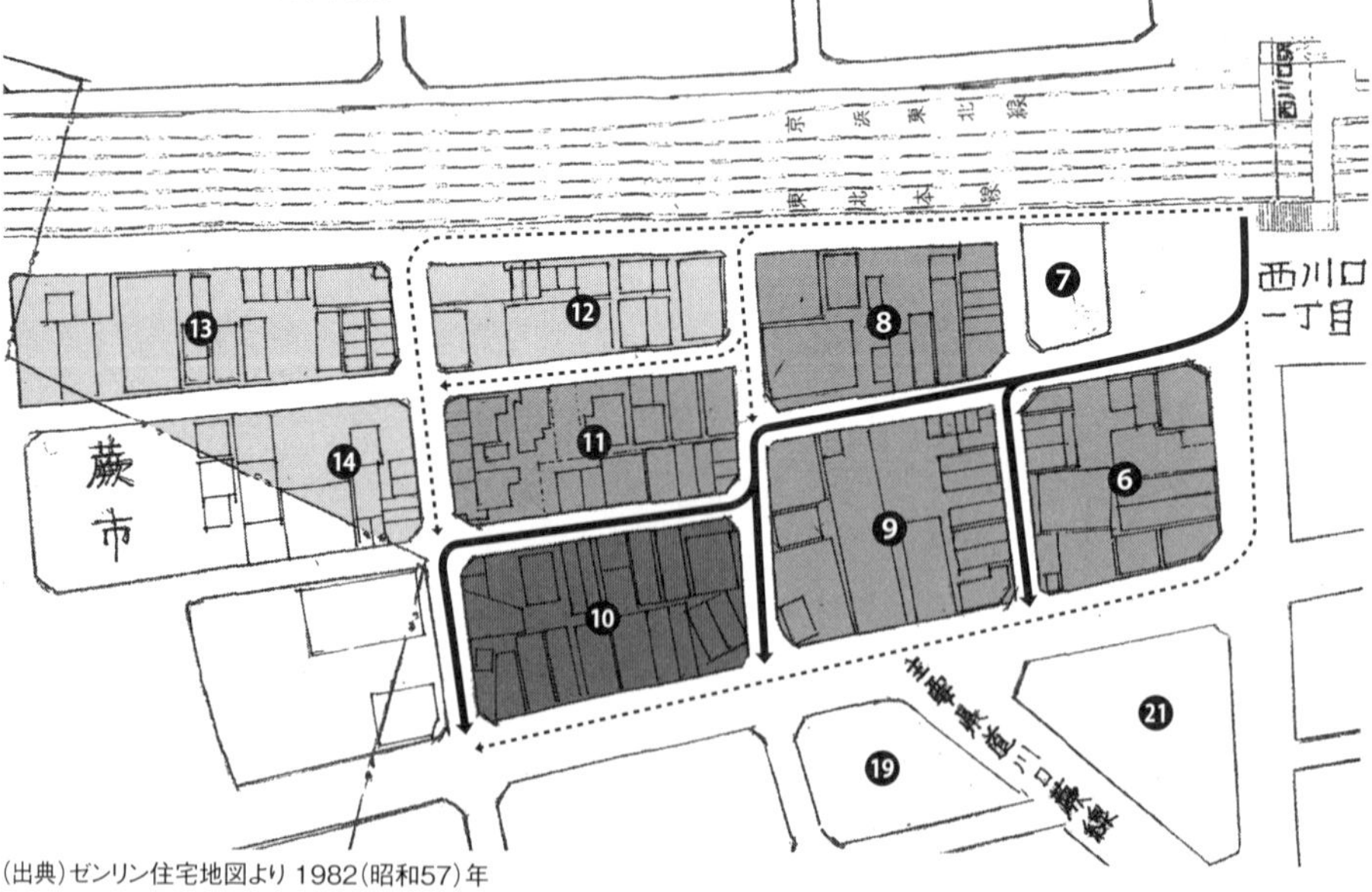

（出典）ゼンリン住宅地図より 1982（昭和57）年

（注）━━▶は多くの人が通ることが予想される動線。┅┅▶は━━▶より少ないと予想される動線

をしてソープランドと客を奪い合っていたとの記事がある[21]からもっと前から西川口の風俗は広く知られていたことが分かる。

ソープランドが増えてくると、その近辺に風俗店としての飲食店街が形成されていったと仮説を立て、西川口駅西口から1丁目10番地に行くまでの動線を考えてみた。ソープランドがあったのは西川口1丁目10番地がメインであり、例外的に8番地に1軒だけあった。西川口駅西口のソープランドは、1985（昭和60）年の新風営法が改正され、駅前の一部（10番地）が県条例で性風俗禁止除外区域に指定された。

右ページに示したようにこの動線上にあるのは、1丁目6番地～11番地である。

ソープランドの発展が風俗店としての飲食店街の発展に関係があるとすれば、この動線上の飲食店も増加してゆくとの仮説が証明できるかを調べてみた。

「西川口1丁目6番地～14番地」の飲食店の推移を1974年から1988年まで調べた（表7）。調査方法はゼンリンの住宅地図とビル・マンション・アパート別記から調査年度毎に店舗数を数えたものである。店名だけでは営業内容が読み取れない場合もあり実態と多少のズレはあ

表7　西川口1丁目6番地～14番地　飲食店とソープ店の推移

番地＼年	1974	1978	1979	1982	1984	1986	1988
6	5	9	9	8	6	5	4
8	5（ソープ 1）	4（ソープ 1）	4（ソープ 1）	5（ソープ 1）	6（ソープ 1）	6（ソープ 0）	6（ソープ 0）
9	5	6	4	4	3	4	5
10	ソープ 8 その他 14 計 22	ソープ 16(1) その他 8 計 24	ソープ 17(2) その他 0 計 24	ソープ 17(3) その他 5 計 22	ソープ 13 その他 11 計 24	ソープ 13 その他 9 計 22	ソープ 12 その他 10 計 22
11	7	10	8	13	13	12	10
12	—	5	(9)	16	15	11	12
13	—	12	12	11	11	9	9
14	5	4	5	5	4	2（駐車場）	—
計	57	74	84	84	82	71	67

出典(1) 小説宝石11(7) 光文社 1978-07
出典(2) 週刊現代21(28) 講談社 1979-07　ソープ17軒 週刊現代21(11) 1979-13
出典(3) 週刊現代24(28) 講談社 1982-07
(注)1974～1988年の15年間で10番地の総店舗数はゼンリンの地図上22又は24店でほぼ一定

ろうが傾向は伺えるものと判断した。また一部分は週刊誌などの記事により補完をした。

この結果、６番地から９番地の店舗数はこの間著しい増減は見られなかった。ただ駅前の６番地では１９７８年から１９８２年の間は多少の増加がみられた。

「10番地」はソープランドが中心の店舗である。

１９７４年には８軒であったが１９７８年には16軒、１９８２年には17軒、１９８６年は13軒、１９８８年には12軒とわずかではあるが減っている。この地区のその他の風俗店も１９７４年が14軒と最も多く、１９８６年には９軒と減少し始めている。[22]

「11番地」では１９８２〜１９８４年が最盛期で13軒の飲食店があり、その後やや減少傾向にあった。

意外なことに「12番地」は１９８２年の最盛期には16軒の店舗が集まり、１９８６年以降はやはり減少傾向となった。さらに少し離れた「13番地」には１９７８年に12軒の店舗があり１９８４年まではほとんど増減がなく、１９８６年以降他の番地と同様に店舗は減っていった。

この表から見る限り、「西川口１丁目」の風俗店街の最盛期は１９７８年から１９８４年頃であったといえる。しかしながら、西川口駅周辺の風俗店全体を調べたわけではないので、街全体が　この表に反映されているかどうかは検討できない。

「西川口１‐10」のソープ街の繁栄と西川口駅からそこへ行く動線上の街の風俗店の数は仮説の通りにはならなかった。むしろ動線から少し外れた「11番地」「12番地」「13番地」の風俗店がその影響を大きく受けていたことが伺える結果となった。

「１９８０年代にはトルコがソープランドになり、西川口一番街にピンクサロンが乱立するようになります。最盛期には２００店以上の違法風俗店があり『ＮＫ流』が知られるようになったのもこの頃です」とのネット情報もあるが[23]、私の調査では、そこまで踏み込んで確証の取れる資料にはなりえず、週刊誌の記事では西川口のピンサロは東口に10軒西口に10軒ありそのうちの７割くらいが過激な営業をしていたとあるが[24]、この数字の方がネット情報より妥当であると考えられる。

「西川口一丁目」の「６〜14番地」の風俗店の推移をみると、１９７８年頃から急激に増加し、１９８２年頃で増加は止まり、１９８４年以降減少している。もし１９８０頃から赤羽で手入れを受けたピンサロが西川口に移ったとすれば、時期的には一致する部分もある。調査した範囲内の場所でもそのような店があったかもしれない。

赤羽と西川口と共通する名前の飲食店は2店舗あった。「マキシム」と「ダーリン」である。「マキシム」は西川口で１９７８年には営業しており、赤羽でのチラシが１９８２年であるから、この店舗は手入れを受けて移った店ではない。

西川口で１９８２年、「1丁目5番地」にキャバレーダーリンがある。この店舗は赤羽から移った可能性がある。西川口の性風俗街の発展はソープランドを核としたものであり、ピンサロのような風俗店はそれほど増加はしていない。また西川口のピンサロは同業者ばかりでなく、ソープランドとも客の取り合いをする競合関係となる営業をしていたとも書かれている。[25]

ぴんてーぷ氏が書かれたように、昭和55（１９８０）年代後半から赤羽の風俗店が一斉手入れを受けその店舗数は激減し、ほとんどの店が西川口に移ったとする記述を証明できるものは私の調査の範囲からは読み取れなかった。西川口にこの手の風俗店が、１９８０年から１９８５年頃一気に増えたとする説は、上述したようにもう少し前の１９７８年頃から始まっていた傾向が分析資料から読み取れたが、これは西川口の発展に伴うものであり、赤羽の手入れの影響を過大視しているように思える。

雑居ビルなどにスナックやバーなどと一緒にピンサロが入っている場合もある。この場合、店舗の出入りが激しいとなかなか正確な数は読み取りにくい。新天地の須永ビルや赤羽一番館がその例である。また赤羽駅南口近くのビルには、地下1階地上6階の建物の中に、56室があり、うち空き店舗は5室である（２０１７年2月現在）。入居店舗は全てバーやクラブなどである。地図による平面的な調査主体では、西川口に移ったと思われる店舗らしき手がかりは得られたが、確証が得られた店はなかった。

ごく一部は西川口に移り、一部は店長を替えながらしぶとく残り、一部は廃業し、手入れを受けない範囲の営業に替えたのではないかとの当たり障りのない推測しかできなかった。

赤羽と西川口の風俗街の比較

赤羽駅東口側は、北側の一番街と南側の駅前の商店街とで店舗構成が歴史的に異なる発展を遂げている。一番街は物品販売が中心の小売店として発展してきたことは既に述べた。

一方、赤羽駅東口の南側から駅南口一帯は物品販売の小売店が少なく、銀行、証券会社、生命保険会社、パチンコ店、小料理屋、バーなどのサービス業が集まった地域であった。107ページの1962年の地図を見ると、区画整理により移転してきた飲み屋やバーは当時まだあった松の湯の北側に集中していた。この場所は当初から狭いスペースに隙間なく建てられ、後から参入したり、店舗を拡張したりする余地がほとんどない場所であった。

後に遊興街として発展していった新天地付近は、1958（昭和33）年4月に開設された駅南口に近く、空き地が残されている場所であった。南口の表通りの京浜通り商店街には小売店もあったが、一歩新天地内に入ると人通りが少なく物品販売の小売店としては適さない場所だった。そのため飲み屋やバー等の飲食店が増え、空き地にも雑居ビルが建てられた。当初は証券会社や生命保険会社もキャバレーやバーと一緒の雑居ビル内に入店していたが、次第に東口駅前方面のビルに移り、そのあとに風俗店が入店し、次第に新天地一帯が風俗街として形成されていったことが住宅地図帳を時系列的に追ってゆくと読み取れる。

一方、西川口はソープランドを核に飲み屋やバーが増えていったと考えられる。ソープランド街は駅から少し離れているものの、それを取り巻くバーや飲み屋などの風俗店が駅から遠い側に多くあったのは、ソープランドに近く、地価が安い場所という条件に合ったためではないかと推測した。

よみがえったピンクチラシ

捨てられるチラシを集めて37年、ピンクチラシも時代の流れのなかで消えようとしている。集めて保存はしておいたものの、利用価値がわからず死蔵品としての運命を辿るところであった。木村さんとのひょんな出会いが死蔵品からピンクチラシをよみがえらせた。経験のない分野の文章を書けと言われ、躊躇していると「百年の批判に耐えうる本にしましょう」との殺し文句に踊らされてその気になった。

しかし、どのような切り口で書いてよいのか暗中模索であった。チラシのことはチラシに聞こうと思い立ち、ピンクチラシを眺めているうちに少しずつ考えがまとまってきた。私にとって踏み込んだことのない分野であったので、多くの方からの聞き取りやアンケートに書いていただき、図書館に通って地図などの資料を集めた。

出来るだけ一次資料に頼りたかったが、そうもいかずインターネット情報に頼らざるを得ないことも多かった。この情報に関しては確証が持てない部分もあったが、木村さんが巧みにここをフォローしてくださった。しかし書かれた情報に誤りがあるとすれば、これは私の調査能力の不足に起因するものである。百年の批判に耐えうる本とするため、記述の誤りについては、読者からの忌憚のないご指摘をいただきたい。

注

（1）日本製麻と北海道製麻が合併し、1907年に設立。出典：帝国繊維ウェブページ（2018年6月21日取得、http://www.teisen.co.jp/company/history.html）。

（2）『新修北区史』（昭和46年）620頁。『桐ヶ丘三十五年史』（1981年（昭和56年））、175頁。

（3）日本経済新聞「砂糖安くならぬ怪――卸値下がっているのに、メーカー乱売・甘さ離れ」1982年5月28日付朝刊。

（4）Weblioウェブページ（2018年6月21取得、https://www.weblio.jp/cat/business/sngjy）。

（5）NTTは1987年4月に初めての携帯電話サービスが開始した。1987年は「名実ともに携帯電話の始まりの年」とされた。出典：NTTドコモ歴史展示スクエアウェブページ（2018年6月21日取得、http://history-s.nttdocomo.co.jp/list_mobile.html）。

（6）ぴんてーぷ「調査報告『赤羽風俗の現況』」2015年、日本ピンサロ研究会ウェブページ（2018年6月21日取得、http://pinsalo.info/papers/ptp_papd.htm）。

（7）産経新聞「老舗キャバレー「ロンドン」摘発　店内で売春容疑」2010年3月4日付朝刊。

（8）赤羽の商店街関係者の話。

（9）赤羽一番街商店街振興組合役員への聞き取り（2016年12月19日）、赤羽京浜通り商店街会長寄りの聞き取り（2116年12月19日）、「月刊都北春秋」都北春秋社、（1955年7月号）6～8頁。

（10）『新修北区史』、東京都北区役所、（1971）、1020頁。

（11）赤羽の区画整理が行われた昭和20年代には学校の周辺で上記のような規制があったようだが、現在東京都の商業地域での周辺規制は緩和され、学校（大学を除く）図書館、児童福祉施設までの距離は100m以上となった。

（12）『新修北区史』（昭和46年）1042頁。

（13）『新修北区史』（昭和46年）1042頁。

（14）『東京都全住宅案内地図帳（北区）』1962（昭和37）年より。

（15）『赤羽キャバレー物語』ワニブックス（2002年）37～39頁、『ブリタニカ国際大百科事典』（小項目電子辞書版）（2015年）。

（16）角間惇一郎：「『風俗』や『水商売』から大きな経済を見てみるということ」YAHOO!　JAPANニュース（2018年7月16日取得、https://news.yahoo.co.jp/byline/kakumajunichiro/20171130-00078747/）

（17）「風俗業界の展望や市場規模について」（2018年7月16日取得、http://blog.livedoor.jp/srs4589665/archives/50496213.html）

（18）下川耿史『性風俗史年表昭和戦後編――1945-1989』河出書房新社、2007年、196頁。

（19）『小説宝石』11（7）光文社、1970年7月号。

(20) 木村裕美「まちづくり拠点、コ・ラボ西川口」『産学官連携ジャーナル』2010年8月号。https://sangakukan.jst.go.jp/jounal/journal_contents/2010/08/articles/008-11/1008-11_articlehtm/
(21)『週刊宝石』2(28)(38)1982年、184頁。
(22) ソープランドの店舗数の資料は、次の各誌のソープランドの記事から。1978年…『小説宝石』11(7)光文社、1978年7月号。1979年…『週刊現代』21(10)1979年3月号。1982年…『週刊現代』24(28)講談社、1982年7月号。1979年のソープランドの軒数が24軒と記述の『週刊現代』21(28)講談社、1979年7月号は疑わしい。
(23)「西川口の風俗の歴史」https://pan-pan.co/detail/93634
(24)『週刊宝石』2(28)(38)光文社、1982年、184頁。

取材協力

本誌作成に当たり下記の方々にご協力を賜りました。記して感謝の意を表します。（敬称略）

赤羽一番街商店街振興組合＝理事長・小出俊雄、三宅康雄、紅谷邦之／京浜通り商店街＝会長・関野山洋治、ミチ美容室、松本酒店・松本照子／北区飛鳥山博物館＝石倉孝祐／北区中央図書館＝黒川徳男／川上明、中田守喜

参考文献一覧

赤羽ハリウッド千尋『赤羽キャバレー物語』ワニブックス、2002年。

北区商店街連合会編『北区商業名鑑』北区商店街連合会、1955年。

北区商店街連合会編『北区商業名鑑』北区商店街連合会、1961年。

北区商店街連合会編『創立十五周年記念　北区商業名鑑』東京都北区商店街連合会、1965年。

北区商店街連合会編『北区商業名鑑』北区商店街連合会、1971年。

北区都市整備部『北区都市景観づくりシンポジウム　講演録』（東京都北区）、1994年。

北区都市整備部『北区土地利用現況図：建物構造別』北区都市整備部、1996年。

公共施設地図航空編『全住宅案内地図帳：北区全域』公共施設地図航空、1968年。

公共施設地図航空編『全航空住宅地図帳：北区版』公共施設地図航空、1972年。

公共施設地図航空編『東京都航空住宅地図帳：北区版』公共施設地図航空、1974年。

公共施設地図航空編『東京都航空住宅地図帳：北区全域』公共施設地図航空、1978年。

住宅協会東京支所地図局編『東京都全住宅案内地図帳：北区東部』住宅協会、1962年。

ゼンリン『ゼンリンの住宅地図：川口市』1982年。

ゼンリン『ゼンリンの住宅地図：北区』1981年、1985年、1987年、1989年、1991年、1993年。

司修『赤羽モンマルトル』河出書房新社、1986年。

東京都北区役所編『新修　北区史』（東京都北区）、1971年。

東京都建設局『東京特別都市計畫圖：用途地域・住居専用地區・第二種特別工業地區・街路・公園11　北區』東京都建設局計畫部監修、復興土地住宅協会、1955年。

都北春秋社編『月刊都北春秋』都北春秋社、1955年。

野坂昭如『マッチ売りの少女：新潮現代文学73』新潮社、1981年。

山本晋也『風俗という病い』幻冬舎、2016年。

A子もB美もC恵も
だ〜れもTELしてないって!?
みんな内緒でぬけがけしている!
ウソウソ♥

赤羽は、エロと活気にあふれた街

家田荘子

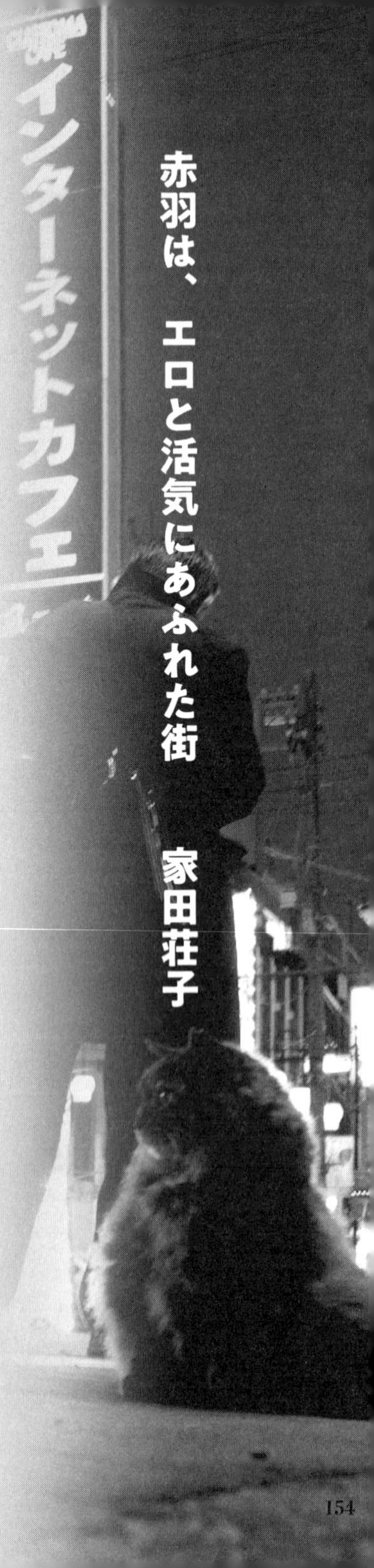

今から13年ほど前、私はスポーツ紙で風俗で働く女性のレポートを週６日連載していた。

かわいくて肉感的でレベルの高い若い女の子たちが働いている新宿歌舞伎町や渋谷を取材し尽くし、横浜や川崎、錦糸町や吉原にも通って取材をした。風俗嬢を求めて名古屋や大阪にも行った。新鮮な風俗繁華街は他にないものかと思い始めていた時、カメラマンに、

「赤羽がおもしろいですよ。西川口とか、あっちの方、一度行ってみませんか？」

と誘われた。これまで出会った何百という風俗嬢の中で、誰一人赤羽や隣の西川口で働いた経験のある子はいなかった。それだけに、どうおもしろいのか、ちょっと不安だったが、行ってみることにした。

赤羽の風俗街は別世界だった。まるで昔の歌舞伎町や川崎を思い出させるようなエロさと活気に溢れていた。呼び込みの「お兄さん」とはいえない年齢と風貌のおじさんたちが、

「取材？　ウチもやってよ」

人なつっこく次から次へと声をかけて来てくれた。私は、こういうバタくさい、情交のへんな臭いがしてくる「通り」が大好きだ。でも、こういうひと昔前のような風俗店で働く女の子って、どんな子だろう……興味よりも、はたして原稿にできるようないい子がいるかどうか不安の方が勝って来た。

取材予定の店に着くと、

「あ、中入って」

と、呼び込みなのか店長なのかお客なのか判らない親父風アロハシャツを着たおじさんに軽く言われて店内に入っ

た途端、驚きのあまり足がすくんだ。各個室は、ベニヤのような薄い板でとりあえず仕切ってあるだけで、まる聞こえの粗末な小屋のような店だった。入口近くのベンチの上には、洗ってあるけれども年季の入った色あせたタオルが山積みになっていて、どうやらベンチで待機するお客さんを個室に案内する時、女の子が、このタオルを持って行くらしい。

現われた女の子は、20歳ということになっていたが、今どきどこで売っているのかとびっくりするような服を着ていた。昔のおばあちゃんが夕涼みで着るいわゆる「アッパッパー」（すぐ脱げる寸胴《ずんどう》な夏用部屋着）を着ていたのだ。男性用のサンダルを裸足に履き、容姿は、どうにも褒める所がなく、体は痩せてて肌に若さがなかった。その女の子が、前ボタンをはずし始めながら、

「写真、撮るでしょ？」

と、まず言った。お客さんやら従業員らのいる入口近くでである。（ここで⁉）カメラマンも私も焦って引いてしまって、

「ま、まずは部屋でお話を聞きながら……」

二人とも両手の平を彼女に向けて「待った！」のポーズをしていた。

近所の家から、スーパーに行くついでに稼ぎに来たような彼女が、実はナンバーワンだという。お客さんに話を聞いてみると、

「歌舞伎町や渋谷だと、料金が高いなりに若くてきれいな子が揃っていて、緊張しちゃうんだよね。ここなら安いし、いいカッコしなくていいしさ」

近くで一杯やってから来たらしく、赤ら顔を私に向け、豪快に笑っていた。

赤羽の大衆的料金と、庶民的女の子が心地いいというわけだ。近所の飲み屋で一杯ひっかけて風俗で遊べるのが赤羽の良さらしい。

それから数か月後、私は赤羽在住赤羽で働く30代の衝撃的人妻風俗嬢に出会った。なんと取材場所の喫茶店に小学生の一男一女と、会社員の夫連れでやって来たのだ。

その人妻は、赤羽駅から商店街を通って帰宅する途中にスカウトされ、その商店街の近くの店で週3日以上働いていた。店から遠くない所に、子供たちの通う小学校があり、彼女はPTAの役員もやっている。容姿は明るい派手おばちゃんタイプで、ブランドバッグを持っていても全然似合っていない。

「仕事のおかげで、家族皆と旅行に行けるようになったし、

この子たちの学費も貯めないとね。将来は、風俗で家も建ててあげたい」

夫と一緒にキャッキャッと笑っている。度を過ぎた明るさに、私は引いたまま唖然としていた。

「そ、そんな、ＰＴＡ会長さんとか、近所のダンナ様たちが会社帰りに店に寄って、ばれたらどうするんですか」

こっちが心配になって尋ねると、彼女はまた夫と顔を見合わせ「キャハハ……」と大きな声で笑った。

「結婚してる男の人は、ウチの近所の風俗店へは行かないものよ。皆、赤羽に着く前にすましてくるから、ばれる心配はないの」

と、人妻に言われた私は納得してしまい、言葉が出なかった。笑顔が絶えない明るい家族を眺めているうち、ばれたとしても赤羽だから許される気がして来て（赤羽っておもしろい街）と、いつの間にか私も笑っていた。

歌舞伎町など、エロおもしろい街がどんどん消えていく中、せめて赤羽だけは、これからも人情・欲情溢れるおもしろい町として、生き残ってもらいたい　そう願わずにはいられない。

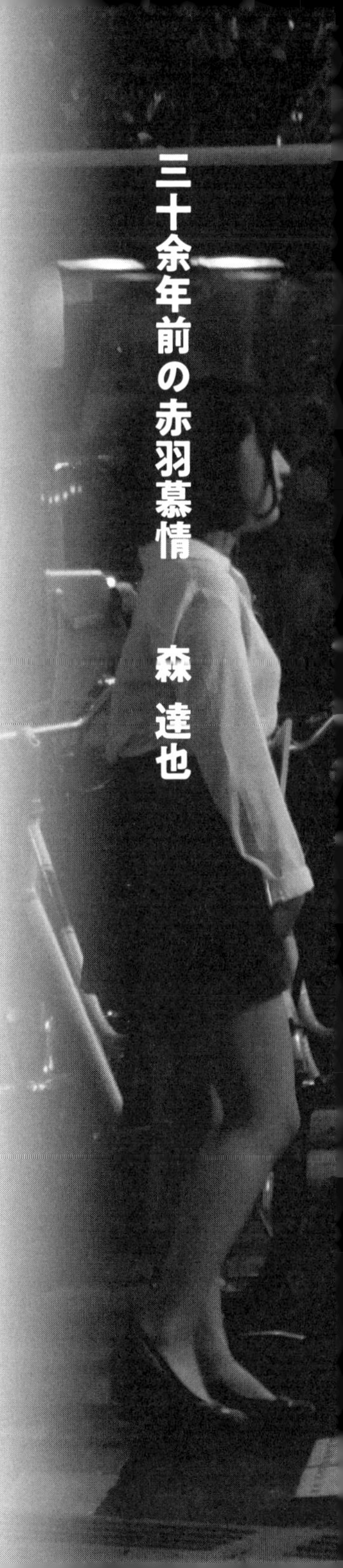

三十余年前の赤羽慕情

森 達也

京浜東北線の赤羽駅を降りてから五分ほど歩いた路地の奥に小さなビルがある。一階と二階は日本料理屋で地下一階は小さなクラブ。薄暗い階段を降りると開店前の店内には数人のスタッフとまだメイクをしていない数人のホステスたちがいる。おはようございますと挨拶を交わしてから、小さくて微かな異臭が漂う更衣室でワイシャツと蝶ネクタイに着替える。帳簿に目を落としていた白髪のマネージャーが、さあそろそろ開店だよ、と声をあげ、ホステスたちは手にしたコンパクトをのぞきながらメイクを始める。元陸軍中野学校にいたというマネージャーは、老齢だけど背が高くて姿勢が良い。彼が外に出て看板の電源を入れる。クラブの名前は「ナイト・ワン」。

　1980年代前半の一時期、僕は赤羽のこのクラブで働いていた。期間にすれば一年余りだ。なぜならこの時期、僕は（赤面しながら書くけれど）演劇青年だった。大学はこの前年に卒業したけれど就職を選択せず、在学中に所属した新劇の俳優養成所に通い続けていた。

　卒業したら普通に就職するものと思っていた親は悲嘆し、仕送りは止められた。当然だろう。だから生活の糧はアルバイトだ。喫茶店、スナック、居酒屋などいわゆる水商売が演劇青年たちのアルバイトの王道だが、建設作業員や吹き付け塗装の手伝いなど肉体労働も多かった。築地市場の練り物専門店で荷運びのバイトをやったこともあるし、ウルトラマンショーで怪獣のぬいぐるみを着たこともある。

　ひとつのバイトに定着できない理由は、年に何回かの公演が近づけばバイトを止めて生活時間のほとんどを稽古に充てねばならないからだ。だから養成所の仲間たちの重要な関心事は、時給が高くて時間に融通の利くバイトを探すことだ。でも当然ながら、そんな都合のよい話はなかなかない。

そんなとき、養成所の仲間の一人から、「俺が働いている赤羽のクラブで働かないか」と声をかけられた。職種はいわゆるフロア担当のボーイだ。時給は悪くないし、二人いれば互いに勤務時間を補完できる。後で知ったけれど、彼はそのクラブでホステスとして働いている年上の女性と、同じマンションの部屋に暮らしていた。生活の面倒も見てもらっていたようだ。そういえばやけに羽振りが良かった。

ナイト・ワンと日本料理屋を経営するオーナーについて話すとき彼は、右手の人差し指で右頬を上から下に切るような動作をする。要するに「ヤクザ」ということだろう。週に二度ほどオーナーは何人かの連れと共に店に来た。巨体で三白眼でしわがれ声でしゃべり、確かにその筋の人の雰囲気はあった。でも組に所属しているということではなく、交友があったということだろう（要するに舎弟や身内）と今では思っている。

一年余りの勤務だったけれど、いろいろなことがあった。男をめぐって二人のホステスが店の中で掴みあいの大喧嘩をしたときには、仲裁に入って顔をひっかかれた。僕を誘った仲間が店を辞めて付き合っていたホステスと別れたときには、そのホステスから「今夜は仕事が終わったら家に泊まりに来ない？」と誘われたけれどさすがに断った。オーナーの友人で常連客だった男が、店を出てから誰かに刺されて死んだこともあった（このときは店に来た警官から事情聴取を受けた）。店の数軒隣には古いうなぎ屋があって、出勤前のホステスから「たまには栄養をつけなさい」とうな重をご馳走になった。書きながら今思い出したけれど、彼女の名前は忍ちゃんだ。もちろん源氏名。本名は知らない。あの時期の赤羽には、多くの源氏名を持つ女性たちが働いていた。そしてその女たちを目当てに多くの男たちが行き来していた。二十代前半の僕にとって、夜の赤羽はネオンサインが眩しすぎると同時に、剥きだしの営みや欲望や打算や優しさや脆さがモザイクのように瞬いていた街でもあった。

徹底して場末のクラブだが、キャバレーとは違うから、さすがにチラシは作っていなかったと思う。荻原通弘が集めたチラシには、「クラブ・ナイト・ワン」の文字はない。あれからもう30年以上が過ぎる。陸軍中野学校出身のマネージャーやオーナーが、今もまだ存命とは考えづらい。ホステスたちの多くも、もうおばあさんと呼ばれる歳だろう。

膨大なチラシを眺めながら思う。生きるということはなんと猥雑なのだろう。いや人が猥雑だからこそ世代は受け継がれ、多くの市井の人たちの日常が堆積しながら、街は少しずつ変化する。整備され便利になり綺麗になるが、そこに生きる人たちの営みの本質は変わらない。夜になればネオンがともり、女たちは着飾り、男は女を求めて財布の中をのぞく。

もうずいぶん足を向けていないけれど、今度時間ができたら赤羽に行ってみよう。路地の奥にあったナイト・ワンに行きつける自信はないが（だいたい店はもうないだろう）、周辺を目的もなくうろついてみたい。うろうろと散策したい。きっと痕跡はある。何かを見つける。そしてその痕跡は、その後の人生でいつのまにか失っていた何かを、僕に気づかせてくれるかもしれない。

わたしの不在証明　——ちょっとあきらめ、ちょっと泣く

切通理作

風俗チラシの収集と言えば、映画監督の故・実相寺昭雄さんがされていたのを想い出す。たしかノートに貼って丁寧に保管されていたと思う。いまでも残っているのだろうか。奥様に問い合わせればわかるのだろうが、ちょっと持ちだしにくい話題でもある。

自分のエロスは小心者のエロスであり、屋根裏から覗くような世界が好きだという実相寺さんは生前、私のインタビューに答え、次のように語っている。

「映像の時代だと、物的証拠でも『犯人は切通だ』って本人を見るより、切通さんの写真を見せた方が納得するとこってあるじゃないですか。ファイリングされてると証拠なんだって」（ソニー・マガジンズ刊『地球はウルトラマンの星』所収）

間接的に捉えるというプロセスで、人は世界を味わい直すことが出来る。

いま読者諸氏が開いている本書も、かつての赤羽の街を、風俗チラシを通して間接的に捉えることが出来る機会である。たとえ、赤羽の街に行ったことがない人であっても。

私自身の赤羽に対する間接的な情報は、やや怖い場所というものであった。山の手や中央線界隈と違って、上京した大学生にとっても、下宿などで「住んではいけない場所」として喧伝されていたような気がする。そういう印象が、なんとなく友人知人の間に空気としてたちこめていた。それがどうしてだったのかはよくわからない。風俗街が発展していて、いかがわしい雰囲気があったからだろうか。

私のサラリーマン時代の上司は、一時的に赤羽に住んでおり、息子が通う幼稚園の運動会で筋者らしき人とアンパン食い競争をしたよと笑い話にしていたが、ほどなく息子

を地元から離れた私立の幼稚園に移していた。

直接行ったのは、大学時代、出していた同人誌の印刷所が赤羽にあって、そこに行きついでに、飲食街の中にある安いうなぎ屋に何回か入ったことを想い出す。昼間でも、なんとなく庇の下にある、陰りがほどよく似合う町……という印象だった。

数年前、赤羽を舞台にした漫画がドラマ化されテレビで放映されたのを見た時、そこにはもう、どこか近寄るのに勇気の要る場所という意味はまとわれていなかった。

昭和の香りのする、かつてはいかがわしいと思われていた場所を、懐古する動きが出てきて久しい。風俗店のチラシは、同時代的には、欲望産業のギラギラした熱気に当てられてしまいそうになるものであるが、距離を持って見つめられるとともに、危険な匂いが脱臭され、むしろそこをよすがに過去あった場所を追体験したくなるのだろうか。

昭和の時代と言えば不思議に思い出すのは、新宿駅前で「♪安さ爆発!カメラのさく〜らやア〜」という、女性の野太い、拳の利いた歌が鳴り響き始めた頃、十代の私が、なんとも下品な、売らんかなの熱気に当てられ、たちくらみしそうになったことである。ところがその歌が、時代とともに洗練され、拳もきかせなくなった聴きやすいコーラスに変わった時、なんとなく淋しい気持ちになったことを想い出す。そのさくらやも、いまや新宿にはない。

風俗店のチラシも、大人になるとともに、私は世に当たり前にあるものとして認識し始めていたが、子どものときはどちらかというと街の汚物と言うか、世の中の表に出してはいけないものであり、中央線沿線に住んでいた私にとって、犯罪の匂いのする悪の象徴のように見えていた気がする。それは高校生になって電車通学をするようになり、スポーツ新聞のエロ記事部分を表にして開いて読んでいる会社員たちに心底嫌悪感を抱いたこととも通じている気がする。

教師である私の母親は、電車で有害エロ記事を表に出してスポーツ新聞を読むような中年男は「人生をあきらめた人たち」なのではないかと言っていた。「ラッシュアワーはポルノアワー」というフェミニズム団体の批判も聞こえるようになり、スポーツ新聞は途中からエロ記事を、表に見えないような場所に配置するようになった。

高校時代から30年以上経ち、いまでは電車で新聞を広げるという文化すら、なくなった。それはピンクチラシが街の電話ボックスの減少とともに目立たなくなる時期よりは後であったが。

かつていた大人たちは人生を少しずつあきらめながら、それでも毎日仕事に欠かさず出かけていた。そんな昭和が、いまや懐かしい。

文芸評論家の小谷野敦氏は、失恋した時、駅の喫煙所で見知らぬ人と一緒に煙草をくゆらせながら「ちょっとだけ泣く」のだと言っていた。

煙草の習慣を覚えなかった私には直に体験することは決してないが、自分には味わえない、かつてあった大人たちの「ちょっとあきらめ、ちょっと泣く」光景が、色褪せた欲望の向こうに透かし見えるような気がする。それは子ども時代の私の、実社会への不在証明なのだ。

変わるものが生み出した、変わらないもの

黒木 歩

私は現在吉原で働いている、世にいう「泡姫」という肩書も私の仕事の一つだ。宮崎の田舎に住んでいた私にとって、この吉原という街はとても時間がずれているようにも感じる不思議な空間だ。

私がこの本のお話をいただいたとき何かはっとするものがあった。そうだこれだ……。

こうやってピンクチラシを見ると、吉原の街を思い出す。いつも行っているあの街はこの時代の名残があるのだと感じると共に、どこか懐かしく切なさもあった。

私が産まれたのは1981年、寺尾聡さんの「ルビーの指輪」がレコード大賞を取り、黒柳徹子さんの『窓ぎわのトットちゃん』がベストセラーになり、数年たった頃いわさきちひろさんの絵を見てうっとりする子どもだった。

幼い頃母は飲み屋のママをしていて当時の私の遊び道具は母が経営するお店のマッチ箱で、そこに書いてある母の名前の入った店名と電話番号のフォントが今でも目に焼き付いている。宮崎県の中ではそこまで小さくはなかった街だが、世間が狭かった。毎日毛皮を着た母が保育園に迎えに来る、それまで子どもだけだった空間から私は母の店に行くまでに大人の空間にタイムマシンに乗ったかのようにスライドしていく。途中に見かける女性がたくさんの男性にチラシを配っているのが見えた。幼い私はあのチラシがきっとみてはいけないものなのだと信じて、気にしないふりをしていた。ただ一度だけ、母のお店の入り口にはまっていたチラシに裸の女性が写っていたのを見てしまって心臓が「バクンッ」とした。

閉店後に母はアフターに行くので他のお客さんに私は家まで送ってもらう。車の中はタバコの匂いがして嫌じゃなかったけど、とても運転席と助手席の間のボックスが汚くて、中に小さなチラシやステッカーが入っていたのを覚えている。今思えば、きっとあれは電話ボックスに貼る用のチラシだったのだろう。見て見ぬふりをした。0時は過ぎていただろうか、外には夕方にはいなかったたくさんの派手な格好をした女性たちが行き交う男性に声をかけていた。それを見ていた私に運転していたお客さんが「大きくなってもああなるなよ」と一言言ってタバコに火をつけた。

時は流れ、母は店をたたみ保険屋をしながら別々に暮らしていたので、私は割と自由な生活を送っていた。私は毎晩恋人に電話するためにちょっと離れた電話ボックスまで自転車で行き、彼が家の窓を開けて、電話ボックスから小さく見える私の顔を見ながら手を振っていた。彼の家はとても厳しく夜出られるはずもない。ひとしきり電話を終えて我に返ったように電話ボックスを見渡すと中が、見えなくなるのではないかと思うほどチラシが貼られていた。また「バクンッ」とした。宮崎県は情報発信方法が他県より遅れている、1990年代でもまだチラシは貼られていたのだ。ほどなくして彼氏と別れ自暴自棄というか抜け殻になった私は、当時女子たちの間ではやっていた「テレクライタヅラ」の様子を眺めていた。ダイヤルQ2に電話をして待ち合わせをし、期待をもった男性をかくれて見に行くといういたって簡単なイタヅラだが、とても嫌だった。申し訳ない気持ちと、そんな人たちと話してみたい気持ちで私は一人で電話ボックスに入って、気が付いたらそこに貼られていた電話番号に電話していた。

ネットの普及により、今はマッチングアプリや掲示板、出会い系サイトなどが増え、町にピンクチラシが平然と貼られ見てはいけないものがついつい目に入ってくるようなことがなくなり、性に対して徐々に理解していくや徐々に情報が入ってくることがなくなった。私が体験した1980年代から1990年代の時代背景は決して古いものではないけれど、今とは全く異なる。2000年にはいってからは性というものがいきなり目の前に情報として現れ、需要と供給があれば成立し求められれば増えていく。赤羽にあったように田舎でもこのように性や風俗の情報がゆっくりと入っていき理解し選択する年齢になるはずが、今はこのような仕組みはどこにもない。漫画や娯楽でも蓋をされる時代に、私はこのピンクチラシそのものの価値がどれほどのものかはわからないが時代に大切な存在であると思う。

ただ一つ変わらないものがある。人だ。小さい頃見たチラシを配っている女性、声をかけている女性、ネオン街で働くキャリアある蝶、泡姫も同じ。女性は何も変わらないのだと思う。彩られた広告の店舗で働く女性はみんな「自分の為に働き」それを「誰かに」お返しする。その「人」達はきっと変わらなく、これからの情報発信の方法が変わっても変わっていかないのかもしれない。その「人」に対価を払う男性や客も同じだ。吉原を懐かしく切なく思うはこういう事なのかと思う。

　赤羽もまた訪れると、なんとなく懐かしく思う理由は同じなのかもしれない。

夢見る演劇少年と赤羽駅

檜原　拓

私は幼少の頃から四十年以上、赤羽からほんの数駅の埼京線沿いに暮らしている。そのため、赤羽は子どもの頃から大変なじみのある街・駅である。

一九八五年に埼京線が開通するまで私の住む市には電車が走っていなかった。そのため、池袋や新宿に出るには、隣の市から京浜東北線で赤羽まで出て、さらにそこから赤羽線に乗り継がなければならなかった。赤羽線といっても平成世代はまったく聞いたことがないかもしれないが、埼京線ができるまでは、赤羽・十条・板橋・池袋の四駅を行ったり来たりする赤羽線というのが走っていた。文字通り赤くてちょっとオンボロな電車だった。

中学生の時に慕っていた恩師が住んでいたのも赤羽で、思春期の悩みを聞いてもらいに何度か尋ねたことがあった。

高校生になって最初に始めたアルバイトも赤羽駅にあった。駅構内の埼京線ホームの真下あたりにあったスタンド店で、たこ焼き・焼きそば・お好み焼きなどを提供していた。時給は六〇〇円くらいだったと記憶している。消費税（当時は三%）が導入されたばかりで、レジ〆で店の売り上げから消費税額を計算する方法を教わったりもした。

当時の赤羽駅は、改装されてキレイになった今とは大違いで、薄暗くてホントきったない、言い方悪いがドブみたいな駅だった。そこに仕事や人生に疲れきったような（あくまで私の印象）大人たちが行き交っていたものだから、なんだか掃きだめのような感じがしていた。そんな大人の背中を横目に、アルバイトで貯めたお金で養成所のレッスンに通っていた当時十五歳の夢見る演劇少年は、「オレは絶対こんな大人にはならないぞ！」と心に強く誓っていたものだ。

前置きが長くなったが、そんな古くからの赤羽を知る人間にとって、ここで紹介されているピンクチラシの数々は、当時の赤羽の雰囲気を存分に思い起こさせてくれるものだ。

子どもだった私はキャバレーとかサロンとかそういった場に足を踏み入れたことはもちろんないが、まだ放送コードの緩かった（ヌードや濡れ場シーンなどはごくごく普通にブラウン管から流れていた）牧歌的な時代、テレビや映画などを通じて、そういう大人の社交場を目にする機会はわりと多かったように思う。そういえば小学生の時に、七つほど年の離れた姉が父と大喧嘩して「そんな勝手言うなら、家出てキャバレーでホステスでもやってろ!」と怒鳴られたことがあった。キャバレー、ホステス……今やどれも死語なのだろうが、大人の口から蔑みのように発せられるそれらについて、私も子供心になんとなく「いけない」ところという認識を持っていたことは確かである。

かつての赤羽は、そんな「いけない」ところの女性たちと疲れた大人の男たちが入り交じる隠微で猥雑な感じのする場所であった。高架化工事によって入り組んでしまったらしい駅の構造と、京浜東北線と赤羽線（埼京線）の乗客が入り混じる雑然とした雰囲気もそれを際立たせていたように思う。ちょうど埼玉と東京の境目でもあったので、子どもの世界（日常）から大人の世界（非日常）への通過点という感じもあった。

ピンクチラシそのものも、私が子供の頃に確かに存在した昭和のアダルトな世界観で満ち溢れている。

「ポッキリ」「ヤング」「お色気」「ルンルン気分」「ロマンポルノ」「ビニ本」といった時代を感じさせるワード。

やけに新聞の４コマ漫画っぽい感じのイラスト。

時代ごとに変化する髪型やメイク、まゆ毛の太さなど、女性のビジュアル。

東京23区の電話番号が９ケタ（03-○○○-○○○○）だったというのは、チラシを見て思い出した。

印刷技術の進歩も見てとれる。私のように劇団をやっているとチラシ印刷に携わる機会が多いのだが、とりわけ私の世代（団塊ジュニア）以上は写植からＤＴＰへの過渡期を経験しているので、このピンクチラシからうかがえるその変遷もなかなか興味深い。おそらく一九九九年あたりから完全データ入稿になっていると思うのだが、それ以前は写植の文字原稿を貼り付けたレイアウト用紙と、紙焼きの写真にトリミング指定を書き込んだトレーシングペーパーを貼り付けて、それらを印刷所に持ち込んで……というように結構な手間と時間とお金のかかる作業だった。印刷費なんて、今の格安ネット印刷と比べて倍以上かかっていたのではないかと思う。70年代のチラシが写真ではなくイラストメインだったのも、そういうところの事情があったのだろう。まさか当時は美女の画像より4コマ漫画調のイラストの方が客にウケていたということでもあるまい。(もしかしてそういうこと?)

なんだかいろいろなことが頭をよぎり、とりとめもなくなってきたが、それくらいこのピンクチラシ群には当時の濃密な痕跡が残されているのだと思う。紙くずのようなピンクチラシも時間が経てば時代の風俗を切り取る貴重な資料だ。

各ホームの高さがバラバラで雑然としていた赤羽駅は、数年前の全ホーム高架化と駅舎リニューアルによって均質で整然とした駅に変わってしまった。少し寂しい気もするが、せめて当時の雰囲気だけは心に留めておきたい。

ピンクチラシと考現学

糸崎公朗

荻原通弘さんのピンクチラシコレクションを拝見して、私にはまずこれは素晴らしい考現学の成果であると直感した。考現学とは何か？　それは文字通り現代を研究する学問で、大正時代に今和次郎という人によって始められた。

私がこの考現学を知ったのは１９９０年頃であったが、当時は少し前から路上観察学ブームがあって、その起源として考現学が再認識されたのであった。路上観察学とは何か？といえば、まずその前身に赤瀬川原平さんが提唱する「超芸術トマソン」がある。超芸術トマソンとは、たとえば「昇った先に出入り口がない純粋階段」や、「2階の壁面に取り残された、無用ドア」など、偶然の作用により生じた無用物で、バブル期の１９８０年代以降、東京をはじめとする都市のあちこちで発見できた。そして赤瀬川原平さんは、この超芸術トマソンをきっかけに路上でヘンなものを見つけては収集する趣味を持つ仲間と出会い、１９８６年に「路上観察学会」を結成している。この路上観察学会には、マンホールの蓋などの収集家である林丈二さんや、貼り紙を収集していた南伸坊さんなどが含まれていた。そして東京の洋風建築を採集していた建築家の藤森照信さんによって、路上観察学会の原点に、「考現学」という学問があったことが示されたのである。

ここであらためて年代的なことを確認しておきたいのだが、路上観察学会のメンバーの路上への興味というのは、それぞれ独自に始められたものではあるが、だいたい１９８0年代に入ってから同時多発的に起きていることが、赤瀬川さんによって述べられている（『路上観察入門』ちくま文庫）。ちなみに私はその少し後の90年代はじめから超芸術トマソンのコンセプトに触発され、路上の建物や人物を写真に撮り、そのプリントを切り抜いて立体構成する「フォトモ」という技法を独自開発し、作品製作を行うようになった。

そのように振り返ると、本書の著者である荻原通弘さんのピンクチラシ収集は1970年代から始まっており、かなり早い例だと言える。とは言え赤瀬川原平さんが超芸術トマソン第一号となる「四谷の純粋階段」を発見したのが1972年だから、やはり同時期だとも言えるかも知れない。そう考えると荻原通弘さんは、世間の路上観察ブームとは一切かかわらずに、人知れずピンクチラシの収集を蓄積されていたわけで、何とも不思議な気がする。ついでに言えば、赤羽の街は近年、清野とおる氏のエッセイ漫画『東京都北区赤羽』（2009年に単行本第一巻発売、2015年にテレビドラマ化）で注目を浴びるようになったが、赤羽のヘンなスポットやヘンな人々を取材したこの漫画も、路上観察的視点の延長にあると言えるだろう。そして荻原通弘さんは、この『東京都北区赤羽』シリーズにも登場しない、まったくの逸材なのである。ともかく荻原通弘さんのピンクチラシ収集、赤瀬川原平さんらの路上観察学会、これに影響を受けた私の「フォトモ」や、清野とおる氏の『東京都北区赤羽』の根本に、大正時代に始まる「考現学」があったと言えるのだ。

考現学について、私は今和次郎著『考現学入門』（藤森照信編・ちくま文庫）を1990年頃に買って読んでいる。しかし実のところその内容の大半は忘れてしまって、考現学とは何か？を私は知っているようで実は知らない事に気が付いた。そこでこの機会に『考現学入門』を再読してみたのだが、当時は理解し得なかったことがいろいろと分かって実に面白いのである。まずあらためて驚いたのが、考現学にはArcheology（考古学）に対してModernology（考現学）の英語が当てられてはいるが、実に日本発祥の学問だったのである。試しにGoogleで「Modernology」の語を検索すると、英語版ウィキペディアの「Wajiro Kon」の項目がヒットし「彼は〝考現学〟の父として有名である。昭和初期に東京が近代の都市になった結果として現われた都市景観と人々の変化を研究した社会学の一部門である。」ということが英語で書かれている。今和次郎は東京美術学校（現在の東京芸大）を卒業し、のちに民俗学者の柳田国男に同行し民家などをスケッチしていた。しかし大正12年（1923年）の関東大震災をきっかけに民俗学とは袂を分かち、視点を自分が生きる「現代の都会」に向けた「考現学」を独自自に始めることになる（１９２７年に提唱）。そして仲間を募って東京の街に調査に出掛け、行き交う人々の服装を分類して統計化したり、下宿住まいの学生の持ち物を子細にリストアップしたり、大衆食堂の茶碗の欠け具合を一覧図で示したり、さまざまなアイデアの「学術調査」を行う。

今和次郎が面白いところは、自分が始めた考現学を、学問的に位置づけようとした点だ。そこで今和次郎は考現学と隣接した学問として、考古学、民俗学、文化人類学との比較考察を行う。まず考古学は、既に滅びてしまった文化の遺物を、科学的視点によって調査する学問である。これに対して柳田国男らの民俗学は、現代に残る前時代的な暮らしについての調査である。そして文化人類学は、現代に残る文明以前の原始時代そのままの生活を送る民族に対しての学術的調査である。

これらの学問に共通していることは、視点が「過去」を向いていることと、「他人」を対象にしている点だと言える。人間は一般的に、今現在よりも過去の事のほうが、自分のことより他人事のほうが客観的に認識しやすい。そこで考古学も民俗学も文化人類学も、自分が属する時代や地域とは隔絶された「過去」や「他人」を研究対象にしている。これに対して考現学は、そのような視点を１８０度回転させて「現在の自分」に向けた点において、実に画期的だと言えるのだ。

いや実は、文化人類学の分野は１９５０年代に、フランスの人類学者クロード・レヴィ＝ストロースによって、それまで「未開人」に向けられた視点をくるりと反転させて「現代文明人」へと向けた「構造人類学」へと進化したのである。レヴィ＝ストロースは未開人たちと交わりながら現地調査をするうち、彼らの未開文化にも、現代のヨーロッパ文明にも、共通して人々を支配する見えない「構造」が隠されていたことに気付いたのである。これ以来、現代人が現代文明に対し客観的分析を行うことはかなり一般化したと言えるが、今和次郎の考現学は、レヴィ＝ストロースの構造人類学に20年以上も先駆けているのである。

さて、今和次郎は「考現学とは何か（１９２７年）という論文の中で、考現学という学問を実行する上での独特の難しさについて述べている。それは自分が属する現代都市文明を調べる際、自分がそれと一体になったままでは、対象物を学術的視点で捉えることが難しくなる。だからあくまでも自分自身はその立場から離れて、動物学者が動物に接するように、人類学者が未開人に接するように、考古学者が古代の遺物に接するように、しなければならない。実はこれは「自己省察」の仕方に通じるものがあるのだが、「自分」が「自分」のままでは「自分」を客観的に見ることが出来ず、自己省察が出来ない。だから「自分」の中にもうひとりの「他人」を作り出し、その「自分の中の他人」の視点から「自分」を客観的に見ることで、自己省察が出来るのである。

この考現学的な自己省察の方法論は、実はフロイトの精神分析にも通じている。精神分析は、精神病患者の治療法としてフロイトによって見出されたものである。しかし精神分析は患者という「他人」を分析するのみならず、「自分」を含めた人間そのものの精神構造を明らかにしようとする学問なのである。そのためにフロイトは『精神分析入門』（1917年初版）のなかで、精神分析の方法論をマスターするには、まず自分自身を精神分析する必要があると述べ、その実例を繰り返し示している。

フロイトの精神分析が世間で認められるようになったのは、フロイトが70歳になった1920年代になってからで、日本で一般的になったのは戦後になってからである。しかしフロイトの精神分析と、今和次郎の考現学と、レヴィ＝ストロースの構造人類学には「自己省察の学問」という共通項がある。そしてその視点は「ポストモダンの先駆け」という点においても共通しているように思える。

近代というのは、科学的な視点、すなわちあらゆる事物を「他人事」として捉える視点によって、発展したのだと言える。つまり先に述べたように、人間は自分のことより他人事の方がより的確に認識しやすいのである。そこで世界を「物質的現象」として、つまり人間精神とは切り離した徹底的な「他人事」として捉えることで、科学は飛躍的な進化を遂げることが出来た。しかし近代文明がある程度まで行き着くと、公害問題や戦争や経済格差などさまざまな矛盾が生じるようになった。そこで人々は科学的な他人へのまなざしを折り返して自己省察するようになり、それがポストモダンなのだと言える。いや、それは余りに単純化した図式に過ぎないのかも知れないが、我が国発祥の「考現学」はそれだけの新しさを持っていたのである。

新しい、ということで言えば、今和次郎は考現学が対象とする「現代」という時代が何なのかを、それ以前の時代と比較しながら明らかにしている。今和次郎はまず、世界史的に見るとフランス革命の以前と以後では世界は画然と変わっていることを指摘する。たとえば18世紀のフランスは「ロココ文化」のひとくくりに出来るし、エジプト文明も3000年間基本的に大きな変化はなかった。文明化する以前のいわゆる未開人も、何十万年にもわたって同じ生活をし続けてきた。つまり時代ごとに文化のあり方は変化するものの、各時代ごとの文化は「結晶化」して変化せず画一化されている。だから考古学や民俗学や文化人類学は「変化しない文化」を研究の対象としている。これに対してフランス革命以後の19世紀は「流行の時代」だとする今和次郎の指摘はなかなか面白い。封建時代を脱して「自由の時代」となった人びとの文化を支えたのは、その当時発達した考古学の成果が反映された「流行」だというのである。すなわち19世紀初頭のナポレオンの時代には「古代ローマ調」の建築やファッションが流行し、それが廃れるとポンペイの発掘が機となって「古代ギリシャ調」が流行し、それが過ぎると「中世のゴシック様式」が流行し……と次々に移り変わっていったのである。そして19世紀最後の25年間は「ネオルネサンス調」が流行し、それが文明開化を迎えた日本にも輸入されている。たとえば1883年（明治16年）に明治政府によって建てられた社交場である鹿鳴館はネオルネサンス調の建築であったし、そこで開かれた舞踏会ではみなネオルネサンス調の衣装で着飾っていたのである。

そしてそれが過ぎた現代、すなわち20世紀以降は広範囲に共通の「流行」なるものは存在せず、文化は地域や時代によって多種多様に変化するようになった。その原因を今和次郎は「科学的合理性」に置いている。たしかに近代になって科学技術の進歩はどんどん加速して、それは現代になってもなお留まることを知らない。それによって文化もどんどん変化する。だから考現学とは、考古学や民俗学や文化人類学とは異なり「過去」ではなく「現代」を研究対象とするというだけでなく、「変化しない対象」を研究する学問に対し、「変化し続ける対象」を研究する学問でもあるのだ。

そう考えると、荻原通弘さんのピンクチラシ収集は、まさに「変化する現代」の一過程を的確に捉えた第一級の資料だと言うことが出来る。何と言っても荻原さんのピンクチラシには、場所と日付とがきちんと記してあり、これによって学術的価値が生じている。そしてそのようなデータ収集が、何よりも考現学の役目だと今和次郎は述べている。それは考古学の方法論に倣っているのだが、考古学とはまずはデータ収集の学問であり、そのデータが何の意味を持つかは「歴史学」に委ねられている。そのように分業しなければ、データの収集に恣意的なバイアスが掛かってしまうからだ。これに従うならば考現学においてはまずはデータ収集に専念する必要があり、その成果は社会学によって役立てられることになるだろうと、今和次郎は述べている。

そして現代において考現学は社会学に組み込まれた形で発達し、一方ではマーケティングに姿を変え、またはネット上のビッグデータへと姿を変えて大発展を遂げつつある。

しかし何の役に立つかにかかわらず、考現学の成果は見ているだけで面白く、それが今和次郎の考現学の魅力ではある。荻原さんのピンクチラシもだから面白いのであり、こうして一冊の本にまとめる価値がある。

この面白さは何なのか？　私はこれは人間の「無意識」の現れであり、その面白さではないかと思う。つまり現代において、文明や文化を動かすのは科学技術であると同時に人々の「無意識」なのである。フランス革命以後の「自由の時代」とは、人々の「無意識」が自由に解き放たれた時代だと見ることが出来る。フロイトによると、人々の無意識の根底にあるのは「欲望」である。つまり近代以前の「変化しない時代」において画一的に抑圧されていた人々の欲望が、近代になって自由に解き放されたのである。その結果人々の無意識は自律的に運動して時代に様々に気まぐれな変化をもたらしている。そして荻原さんのピンクチラシコレクションは、その時代ごとの変遷も含めて、人々の欲望に突き動かされた無意識の実現化であり、理性的な思考を超えた面白さがあるのである。

最後に赤瀬川原平さんに立ち戻って考えると、超芸術トマソンも路上観察学も、学問と言うよりも一種の冗談企画であった。それは路上観察学会のメンバーのひとり、南伸坊さんの「本格的な学問になったらつまらなくなり、そうなる一歩手前がオモシロイ」という言葉にも示されている。私はこの言葉を南さんから直接伺ったのだが、それは『尾辻克彦×赤瀬川原平　文学と美術の多面体展』が開催された町田市民文学館ことばらんどの学芸室で、赤瀬川さんが亡くなられた直後の２０１４年11月であった。

私自身は、直接的には赤瀬川原平さんの影響で本格的に美術の道へと足を踏み入れることになったのだが、ついに赤瀬川さんと直接お目にかかることはなく、非常に残念だった。しかし私にはどうも冗談を真に受ける癖があるようで、超芸術トマソンにしろ路上観察学にしろ、赤瀬川さんの冗談を真に受けて学問的に継承しようとして、そうした興味のズレから今ひとつご縁がなかったのかも知れない。

ともあれ萩原弘道さんの生真面目なコレクションは、赤瀬川さん的な冗談として楽しむこともできるし、今和次郎が述べるような歴史学や社会学などの学術資料として活用することもできるはずで、そのような可能性に開かれた本書が出版されたことは実に意義深いと思うのである。

ピンクチラシの芸術分析

彦坂尚嘉

Ⅰ　赤羽の歓楽街

私自身は、子供の時から性的なものを聞いて育って来ているのです。最初に出合ったのは落語でした。昔はラジオで吉原《よしわら》に上がった話をしていたのです。「吉原」は、江戸時代に、江戸郊外に作られた遊女屋が集まる遊廓です。そこで遊女と遊ぶ落語の話を、「くるわばなし（郭話）」と言います。私はラジオのスピーカーに耳をつけて、音を小さくした音で親に隠れて聞いていました。さて、この赤羽には遊郭があったのです。赤羽というのは、以前に一回何かで来ただけの所です。地名は有名でもちろん知っていたけれども、今回37年間もピンクチラシを蒐集してきた荻原通弘さんにお合いして、お話しをうかがい、赤羽の街を案内して頂きました。

赤羽の街は、北には荒川が流れていて、南には武蔵野台地の北端の高台があって、埼玉県の全貌が見えるのです。こういう地形は軍事的に有利な場所ということで、昔は近衛師団工兵大隊、第一師団工兵第一大隊などが駐屯していた軍都であったのです。そして昔の赤羽台団地、現在のヌーヴェル赤羽台団地の附近には、火薬庫や被覆廠、補給廠の倉庫群が並んでいたのです。当然のようにこの陸軍将兵を客筋にして花街があったのです。芸者が百人もいる大きな街でした。日本政府は戦後、ここに駐留軍のための性的慰安施設（ＲＡＡ）を作ります。「キャバレー赤羽」もＲＡＡのひとつとして開館します。しかしGHQ・駐留軍はこのＲＡＡ施設を１９４６年に廃止したのです。こうして米軍のための性的慰安施設は、日本人向けの「赤線」へと移行したのです。昔は、赤線というのは、政府公認で売春が行われていた地域です。ですから1957年に売春防止法が施行されてからの赤羽の繁華街も、過去の伝統を引き継いで規模が大きくて、東口の正面一帯の赤羽東口駅前商店街には、昼間から飲める居酒屋が幾つもありました。そしてサウナや、ピンクサロン、熟女キャバクラ、キャバレーなどが、ひしめいていたというのです。その名残が今も残っています。

赤羽というのは東京都北区の町名ですが、地理的には、すでに述べたように荒川です。「荒川」というのは、埼玉県と東京都を流れて、東京湾に注ぐ河なのです。複数の都道府県を流れる水系なので一級河川ですが、川幅は日本最大で、埼玉県鴻巣市の御成橋付近で約2500メートルを超える大河です。この荒川を挟んで川口宿と、岩淵宿という宿場町がありました。岩淵宿は街道交通に加えて荒川の上流下流の水運もあったので、江戸時代には、物資が集積する賑わいのある町だったそうです。その岩淵宿の側の赤羽は、凡庸な集落の赤羽村であったのです。しかし明治になって、東北本線が建設されることになり、まずは上野を起点として赤羽に至る経路で建設することとなったのです。つまり岩淵宿ではなくて赤羽村に鉄道が敷設されたことにより、赤羽駅は交通の要所となって発展していったのが「赤羽線」です。つまり江戸時代の交通網と、明治時代からの蒸気機関による鉄道網の建設に入れ替わったことで、荒川の要所であった岩淵宿が、赤羽という新興都市を生み出したのです。

つまり、赤羽と赤羽線は、日本の明治時代という産業革命と、その産業化社会によって生み出された都市と鉄道だったのです。赤羽は「東京の北の玄関口」とされて、歓楽街もあり猥雑な雰囲気があったのです。なぜに「東京の北の玄関口」が《猥雑》になっていて、歓楽街にはピンクチラシが多量にばらまかれていたのでしょうか。実はこの《猥雑》というのは、大昔の「神殿売春」の系譜を引くもので、神の活力を授けるために性交渉を行う風習の今日の姿であったのです。その呼び水に猥褻な「ピンクチラシ」があったのです。

ところが、今日では新しい情報革命と情報化社会の誕生に伴い、東北新幹線の上野駅延伸の見返りに建設された通勤新線と、同時に電化した川越線との一体運行が実施されて、1985年（昭和60年）9月30日以降「赤羽線」という名称は正式路線名としては残っているにもかかわらず、ここを通るすべての旅客列車は埼京線と案内されるようになったのです。その結果、湘南新宿ラインと、上野東京ラインが両方ともに赤羽を通過することで、赤羽は通過地点に転落してしまって、衰弱してきている。ハブ都市としての役目を終えてしまって、風俗産業もピークを越えてしまい、「ピンクチラシ」も無くなったのです。

水彩画とか版画などの芸術作品の紙もののコレクターでは無くて、芸術ではない無料の紙のものをいろいろコレクションしているという、そういう大衆的な蒐集家である荻原通弘さんの集めてきた「ピンクチラシ」は、貴重な骨董品になったのです。

「ピンクチラシ」は、もはや骨董化されたのです。だって荻原通弘氏が集めたひとかたまりしか見る事ができなくなったのですから。亡くなった美術評論家の御三家の一人であった中原祐介は、「芸術に歴史があるのでは無くて、歴史が芸術である」と書きました。骨董こそが芸術であるかのような芸術観なのですが、その意味ではこの「ピンクチラシ・コレクション」は、今日では芸術になったのです。

ニューヨークにあるメトロポリタン美術館にはいろいろなコレクションがありますが、その中に野球カードである「ベースボールカード」のコレクションが常設展示してあります。厚紙に印刷された小さなカードで、野球選手が描かれています。ベーブ・ルース、クリスティ・マシューソン、タイ・カッブとかの勇姿のカードです。ということで言えば、将来的には、日本の東京国立博物館に、「荻原通弘・ピンクチラシ・コレクション」が、立派に額装されて展示される時代が来るかもしれません。骨董になることで、「ピンクチラシ」は芸術になるのです。念のために言えば、これはあくまでも私の冗談であって、日本の国立博物館は、野球カードのコレクションも、ピンクチラシのコレクションも、決して所蔵することはないのです。日本は極めて保守的な国ですから、そういう芸術の社会的な拡大の視点はないのです。しかし実際には芸術というのは社会化され、社会を作ってきています。私の芸術分析という学問では、白と黒と赤の警察のパトロールカーも芸術ですし、赤青黄色の交通信号機も芸術です。さらにはアップル製のスマートフォンも芸術です。こうして《芸術》が社会を作って来ているのです。

近代という時代になると、印刷技術の登場によって新聞や書籍が流通していきました。この新聞の普及の中で新聞小説が書かれて近代小説が生まれます。近代というのは流通文化の時代で、流通文学がうまれたように、美術も壁画のような固定されたものではなくてキャンバス絵画のように売買されて運搬されて拡散していく商品である流通美術が主流の時代になりました。そういう流通文化の繁栄の中に「ピンクチラシ」もあって栄えたのです。

それが情報時代になって、インターネットの登場で、新聞や書籍が衰弱して、ブログやフェイスブックが隆盛しました。そうしてキャンバス絵画も衰弱して、インスタグラムに代用される時代になったのです。「ピンクチラシ」が絶滅した理由は様々あるけれども、一番大きいのはピンク情報の主流はネットでの風俗情報に移ったからです。風俗嬢が寝ていて、その股間をビデオカメラが覗き見る扇情的な動画つきの情報が、今日ではあふれています。たしかにピンクチラシよりも猥褻で神聖で、そそるものがあるのです。

II　ピンクチラシの芸術分析

荻原通弘さんの集めてきた「ピンクチラシ」の枚数はわかりませんが、この本に載されているのは２６０点以上であります。

カラー図版ページを見てみると、１９７８〜１９８５年の扉と、１９８６〜２００５年、２００６〜２０１５年の３枚の扉があります。この年号の意味はたいへん深いのです。

第１の扉が示しているのは座礁です。１９７５年にアメリカ合衆国軍とイギリス軍がベトナム戦争に負けて、このアングロサクソンが主導し作り出してきていた近代文明が、新幹線が進むように未来に向かって走っていたのに突如として脱線転覆してしまって、《近代文明》そのものが座礁したのです。この《近代文明》の座礁は、日本の場合には、大阪万国博の石油ショックで先取り的に体験していたとも言えます。座礁することで、近代と呼ばれていた文明構造の時代が終わって、私の呼び方ですと《非・文明》という時代に変わりました。普通にはポスト・モダンと言われました。急に迷信が復活し、幽霊の映画がたくさん作られ、そしてテレビでは占いや心霊術が取り上げられるようになりました。

そうすると、大きな変動が起きたのです。《文明》の座礁によって、時間構造が止まったのです。その時間の停止は音楽に現れて、１９７５年にキングストンに、スロッビング・グリッスル（邦訳：脈打つ軟骨）という男根の隠語を名前に持つバンドが出て、電子音を使った産業化社会が座礁した音楽を演奏します。それは新幹線が脱線転覆して、時間が停止し、それでも新幹線の車輪が空回りし続けているような音楽であったのです。もっと有名なバンドとしてはセックスピストルズです。同じ場所でピョンピョンと飛び跳ねている音楽でした。彼らは「未来は無い！／no future！」と歌いましたが、実際に《近代文明》の終焉で、《未来》は死んだのです。そしてセックスが残った!!!!

このピンクチラシ・コレクションの画像の1ページ目の『ロンドンドッキリ玉手箱』は、はたして《芸術》であるのか?というと、《芸術》ではありません。《想像界》だけでできていて、《デザイン》であります。さて次は《格》です。《格》というのは、日本語で1流とか、2流という、そういう区分です。このピンクチラシは、《格》は、1流では無くて、2流でもなくて、21流なのです。まあ、下品だと言うことですが、21流は猥褻です。

さて「ロンドン」というのはキャバレーでありまして、キャバレーロンドンというのは、三経ロンドングループの経営で日本全国に展開していたのです。1975年から1980年にかけて、このキャバレーロンドンは全盛時代であったのです。YouTube動画に、1977年に流された「キャバレー　ロンドン」のコマーシャルがあります。キャバレーというのは、第二次世界大戦後に進駐軍向けに、ショーを行うステージや生バンド付きのダンスホールが生まれたところに起源があります。福富太郎は「キャバレー・ハリウッド」をチェーン展開しました。こうしたキャバレーは、ホステスが客をもてなす飲食店です。演歌歌手による歌謡ショーや季節のイベントも行われました。料金は時間制で明朗会計ということで、1960～70年代にヒットしたのです。

ロンドンのチラシの下にある『花のサラリーマン　爆発寸前』という谷岡ヤスジのギャグ漫画入りのチラシがありますが、これが二十四流の作品です。隣の『ウラシマ高感度フェスティバル』も24流です。

次ページの『新装開店』は20流です。その隣の『ロンドン』の「おかだなな」は23流です。下の『ダーリング』は29流です。だんだん数が増えるとエロっぽくなくなる傾向があります。さらに隣の『新規ホステスさん特別大募集！』は、30流です。ここではエロはほとんど消えてしまっています。

今度は飛んで45ページを見てみましょう。一番上の『金髪娘』ですが、これはおっぱいが出ていますが、21流です。その下の中段の『金髪美人』も21流で、同じ中段のお尻の出ている『INTER NATIONAL』も、その下の下段の、お乳の出ている『BLOND GIRL』も21流です。

それに対して同じ下段の右にあるイラストの『新妻グル

ープ』は、25流です。25でエロ性は、ずいぶんと薄まってしまうのです。

それでは、エロの一番強い21流の次の22流はどうでありましょうか？ 48ページの胸のブラジャーを大きく出した『プリティー』が22流です。

51ページの中段の『エンジェル』という、若い女の子がかがんでいるだけの写真画像が、23流です。その下にある漫画で女の子の顔の描いてある『女子大＆ＯＬ専科』はキャバクラのチラシなのでしょうか、「素人のアルバイト」と書いてありますが、これは25流です。

21流とはなにかというと、エロ写真の《格》ではあるのですが、同時に中国の清朝の美術品なのです。清朝というのは、何でもカンでも驚くほどに21流です。たとえば清朝きっての傑出した画家と言われる石濤（せきとう）も、１流ではなくて21流なのです。21流というのは、２流の倒錯領域なのです。２流というのは「１流より程度がやや劣ること」を意味しますが、私の「芸術分析」では、【技術領域】を意味しているのです。その【技術領域】の２流が倒錯したのです。倒錯というものは多形倒錯なのです。倒錯を、昔は変態と言いましたが、最近は使わなくなりました。セックスというのは、基本的には生殖でありまして、子どもを作るものです。倒錯すると子どもを作らないセックスに変貌するのですが、それが多形倒錯と言って、非常に多様な性的な逸脱になります。たとえば「ナルシズム（病的な自慰）」、「フェティシズム（拝物愛）」、「服装倒錯」、「ネクロフィリア（屍体性愛）」などなどです。２流が倒錯したのが、21流から、30流までの多様化になります。この多様性が覆ったのが清朝の美術作品と、そしてピンクチラシであったのです。

１枚目の扉の１９７８年という年号であると、この年に「ノーパン喫茶」が京都に発生したと言われています。この「ピンクチラシ・コレクション」の中で捜すと、14ページの上段に『今話題のＮＯＰＡＮ喫茶が赤羽駅南口に堂々オープン』とあって、パンツを履かないお尻の写真のチラシがあります。このチラシを芸術分析してみます。はたして《芸術》であるのかというと、《芸術》ではありません。《想像界》だけでできていて、《デザイン》であります。《格》は21流なのです。ロンドンと全く同じですみません。

風俗店の変革ということでは、１９８４年の風俗営業法の大幅改正（１９８５年2月13日施行）というのがあります。営業時間は午前０時まで、のぞき部屋、ファッションマッサージなども届出対象となります。この影響でノーパン喫茶が姿を消します。

というわけで、この「ピンクチラシ・コレクション」の中にある2枚目の扉である1986〜2005年は、この風俗営業法の大幅改正ということの影響があるのだろうと思います。風俗営業法は度々変わって行くのですが、2005年には罰則が強化されます。特に客引きの禁止は、社会的に大きな影響を持つものでした。この時代は、風俗営業法の改正後に、キャバクラが出現したのです。キャバクラは、素人の学生などのアルバイトを組み込んだことが画期的でした。

つまり1960年代にはじまったピンクサロンは、プロの風俗嬢による口でのフェラチオ・サービスを取り入れて、1977年にブームとなり、さらに過激化していったのです。こうした濃厚な性的サービスに辟易としていった男に、素人の女性に対する恋の夢を商品化したのがキャバクラでした。

このピンクチラシの中にも2枚目の扉の中には、キャバクラのチラシが目に付きます。たとえば37ページの『女子大生専門店』です。芸術分析してみます。《想像界》《象徴界》の2界があって、《原 - 芸術》《芸術》が成立しています。《格》は《第1次元　社会的理性領域》です。つまり1流なのです。《様態》は《液体》ですので、《近代》です。この時期にはすでに述べたように《近代》は終わっているので、レトロな回顧の感覚です。《上中下》で言うと《上》です。というわけで、このピンクチラシの中でも、21流ではなくて、1流の、しかも《芸術》のチラシがあるのです。風俗は恐ろしい（笑）。

昔の『文藝春秋』に2回にわたって連載された風俗の歴史の文章がありました。題名も著者も忘れてしまっているのですが、女性の研究者が書いたものでした。ちょうどキャバクラが出現した後くらいで、風俗に行く男達の淡い夢とすれ違いのとらえどころのない霧に消えて行く歴史でありました。

それを読んで思ったのは、ノーパン喫茶や、キャバクラに象徴される風俗というものは、極めて《芸術》に似ているという印象でありました。つまり非実体的なのです。《芸術》というもののとらえがたい価値もまた、逃げ水のような非実体性なのであります。その風俗と芸術の類似性を面白いと思いました。

【用語解説】

「原・芸術→反・芸術→無・芸術」

「はしご」というのは段階（階段）でありますが、この階段は、人間の無意識や過去に徐々に降りていくものです。原芸術の階段を降りると芸術になり、反芸術→非芸術→無芸術へと降りていくものです。

普通の日本語では、「芸術」という言葉一つで説明しています。たとえば20世紀の重要なアーティストのでデュシャンの「泉」という作品がありますが、これも芸術であり、そしてレオナルド・ダ・ヴィンチの「モナリザ」も芸術ということになります。ところが同じ芸術でも、ずいぶんと違うのですね。そこで、「芸術」という言葉を分解して、次のようなハシゴ（梯子）を作りました。《原・芸術》《芸術》《反・芸術》《非・芸術》《無・芸術》です。これらの言葉は私の造語ではなくて、20世紀の半ば過ぎに、現実に使われた言葉ですが、私がそれを並べて、一つのハシゴにしたのです。難しい話ですが、少しずつ違っていて、違いを無視することができないからです。日本で有名な「もの派」は、《非・芸術》といいます。

「人間の精神」

人間には精神があります。その精神がおかしくなると、精神の病気になって、それが「精神病」です。精神病のお医者さんに、ジャック・ラカンという人がいます。フランス人で、フロイトを尊敬している人物です。この人が、人間の精神が、一つではなくて、3つの世界が組み合わさっていることを明らかにしました。イメージの《想像界》、言葉の《象徴界》、そして禅の《現実界》です。この3つの世界がバラバラになると、気が狂うというのです。

「〜流」「〜次元」《第1次元　社会的理性領域》から、《第3200〜6400次元　コカ・コーラ》まで

日本語で普通に「1流」とか「2流」と言います。高級品から、安物まで、ランクがあるわけですが、自動車で言えば、高いベンツから、安い中古の軽自動車まであって、それでも全部を合わせて自動車と言います。この区分を非常に精密にやると、超一流から、6400流まであります。6400流というと、すごそうですが、私の分析では、たとえばコカ・コーラのことです。これは、安物で、インチキで、この世の中で最低のものを指します。

用語ですが、一流という言い方で良いのですが、ランク付けされて怒る人がいて、「第1次元」という言葉にしました。しかしその方が正しいのです。つまり世界はバームクーヘンのように、薄層が幾つも重なっているのです。その最下層がコカ・コーラです。もともとコカ・コーラは、コカインを溶いていた麻薬だったのですが、禁止されて、代用品になっているのです。つまりこの世の最低領域は、この中身不明の麻薬の代用品なのです。「21〜30流」は2流の倒錯領域と書きました。では2流とは何か？《2流》というのは、技術領域です。物事をつくる技術が主になって、制作する。つまり職人の作り方というものです。それに対して《1流》というのは、社会的理性領域でありました、社会的な《格》をはって、偉そうにすることです。さらに《3流》というのはコミュニケーション領域でありまして、コミュニケーションをする喜びの領域です。というわけで、《2流》というのは、「巧いだろう」という技術者の見せつけの水準なのです。日本語でも「2流だよね」というのは、そういう技術者の思い込みの狭さの世界です。

「男」という属性

木村英昭

本稿は性差を男女に限定して記述する。本書に収録したピンクチラシは赤羽駅前で配られていたものである。ピンクチラシを介在とする多様な人たちの関係性がそこに存在する。誰に向けて配ったのか。「男」だろう。ならば、ピンクチラシを受け取った「男」の歓心を誘うものでなければならない。チラシを制作した店も「男」に来てもらわなくてはならない。配った人もおそらく「男」だろう。ピンクチラシには「男」という属性が埋め込まれている。

１９７８年～１９８５年のピンクチラシを見ると、写っている女性には、「女」という属性が認められるだけだ。ところが、１９８６年以降になると、ピンクチラシの写真の女性に「女」以外の属性が次第に明示されるようになる。「若妻」「未亡人」「女子大生」「ＯＬ」「金髪」などだ。これらの属性は、男性の性欲を惹起させるために、女性に埋め込まれた属性を顕在化された点に留意する必要がある。「男」は女性に対して「女」という属性だけでは満足しなくなったと言えよう。属性の中でも「女」は人間存在に関わる原初的な属性である。「若妻」「未亡人」「女子大生」「ＯＬ」「金髪」などは「女」に付随する属性である。「若妻」「未亡人」「女子大生」「ＯＬ」「金髪」などの属性は、「女」の属性がなければ成立し得ない。いわば従属的属性である。一方で、性風俗の場で登場する男性は「男」のみが属性であり、女性にみられるような従属的属性は考慮されないという特徴がある。

資本主義経済では、性風俗は男性が金銭を支払い、女性から性サービスの提供を受けるという関係性がある。性サービスの提供は貨幣を介在するので、貨幣と交換する価値を有する商品の形態として表れる。この場合、「女」の従属的属性は商品の付加価値に当たり、交換価値を高めることになる。本書のピンクチラシに女性の従属的属性が登場する１９８６年と言えば、奇しくもバブル景気が始まった年だ。泡ぶくのような経済の狂騒が、性風俗の場でかろうじて保っていた「男」対「女」という原初的な属性の均衡関係をさえ吹き飛ばしてしまったのではないだろうか。「女」ではなく、「女」に付随する従属的属性が逆に「女」を支配する。性風俗が男性と女性の関係性が凝縮された場であるとの仮定に立つならば、そのような不均衡さは一般的な傾向としても読み解くことができる。

さて、本書のピンクチラシは2006年以降途絶える。2018年のいま、男性と女性の関係性はどうなったであろうか。

参考文献一覧

伊藤裕作・週刊大衆特別取材班『戦後「性」の日本史』双葉社、1997年。
大橋幸泰「序章　近世日本の異端的宗教活動と近世人の属性」『近世潜伏宗教論——キリシタンと隠し念仏』校倉書房、2017年。
下川耿史『性風俗史年表　昭和戦後編』河出書房新社、2007年。

権力・エロス・エロ

木村英昭

エロスとエロは違う。『新社会学事典』（2000年、有斐閣）によると、両者の説明はこうだ。——エロスはギリシア神話の愛の神エロス（Erōs）である。体は球状だったという。4本の手足と二つの顔を持っていた。気性の激しいエロスに立腹した神は、エロスを切断し、男と女をつくった。この男と女は一つに戻ろうとする。この欲望と志向が愛だとされる。一方のエロ。エロティックの短縮形だ。「エロ・グロ・ナンセンス」というセットで、昭和初頭に流行した。自由な気風の大正デモクラシーの波に乗って登場した。既成の価値規範に対する拒否や社会心理に結びついている特徴があり、また文化の爛熟期に随伴する現象でもあった。社会変動と文化更新の一要因にもなりうる——。

こうしたエロの持つ権力への対抗性は古今東西を問わないだろう。だから、権力はエロを嫌う。何かを引っぺがす作用をエロは持っている。それ故、権力はエロを管理しようとする。どのように管理しようとするのか。法律である。

日本では「売春」は法律で禁止されている。「売春」とは「対償を受け、又は受ける約束で、不特定の相手方と性交すること」（売春防止法第2条）と定義されているが、ソープランドはセーフだ。そこで性交が行われていることを知らない者はいないのに。権力はソープランドは売春施設ではないという解釈に立っている。「浴場業の施設として個室を設け、当該個室において異性の客に接触する役務を提供する営業」（風俗営業等取締法第2条6の1）なのだという。つまり、単なる「個室付きの立派なお風呂屋さん」だ。

では、権力が黙っているのかというと、そうではない。ソープランドの経営者を逮捕することも。最近では、朝日新聞2018年2月2日付朝刊愛媛県版に、ある記事が載った。愛媛県警は経営者や店長ら計5人を売春防止法違反容疑で逮捕した。記事はこう書き出されている。「売春が行われると知りながら個室を提供したとして」ん？「売春が行われると知りながら」って、そりゃあ、ソープランドってそういう場所だって誰でも知っているでしょ。ススキノから中州まで、これじゃあ、全員を逮捕しなきゃいけなくなる。今更そのことを持ち出して逮捕しちゃうなんて、何か一線を越えたものがあったのだろう。しかも現行犯逮捕だから、権力側も逮捕に向けて用意周到だ。お巡りさんがソープランドに踏み込み、ことの最中の場面を現認したということになる。泡姫もお客さんもびっくりしたに違いない。

1948年7月に制定された風俗営業等取締法（風営法）で、ソープランドやファッションヘルスといった性風俗の営業時間や場所は規制されている。もちろん風営法で規制の対象になるのは性風俗だけではない。風営法はこれまでに30回以上も改正され、どんどん風俗営業の範囲が増えていく。1984年の大改正は物議を醸した。警察権力の「立入検査」が問題になった。日弁連も法案段階からカンカンだった。「この法案は、拡大強化される警察権のもとで、憲法の保障する人権を著しく侵害する事態をもたらす恐れがある」（日本弁護士連合会　1984：第1段落）と。

デリヘルを開業するにも、届出書を管轄の警察署に取りにいかなければならない。書類の提出先も警察署か公安委員会で、警察の指導に沿って営業していることを誓う「指導請書」も提出する必要がある（沢田　2003：58〜71頁）。新規参入が認められるかどうかがわからないが、ソープランドは保健所への申請や消防署への届出も必要だ。

要は、権力は逮捕しようと思えば、いくらでもしょっぴくことができる環境にあるし、開業も権力が認可するかどうかの胸三寸だ。法律の解釈は権力の手にある。すでに権力によるエロの管理は完成している。

これまで、エロスとエロの闘いが繰り返されているおり、「表現の自由」との観点から権力との闘いが数々あった。チャタレイ事件、四畳半襖の下張事件や愛のコリーダ事件などは超有名だ。いずれも表現者の側からの権力への対抗運動であるのが特徴だ。「表現の自由」を掲げて闘う伊藤整や野坂昭如、大島渚はかっこいい。道理もある。間違っちゃいない。ただ、彼らの主張は言ってしまえば、自分たちの表現はエロではなくエロスであると主張していることと同義だ。つまり、伊藤や野坂、大島は、エロスは好きだがエロが嫌いなのだ。俺たちの作品をエロと一緒にするな、と。違うかなあ。例えば、彼らは、性風俗に行って陰茎を勃起させる身体性は獲得しても、その身体性を自身の精神性に組み入れることは拒んでいたのではないか。結局は権力によるエロの管理の固定化に結果として手を貸してしまうことにならないだろうか。一方で、性風俗業の女性から「権力のエロの管理を許すな！」という声は決して上がらない。これでは、権力によるエロの管理を受け入れているという構図になろう。しかし、性風俗業の女性はまさにエロを担う当事者ではないのか。伊藤や野坂、大島ではない。当事者が担う社会的ムーブメントが起きない限り、エロに社会的意味は付与されないだろう。冒頭の『新社会学辞典』によるならば、エロは既成の価値規範に対する拒否や抵抗の社会心理と結びついている。しかし、そこにエロの担い手である当事者がいない。権力からエロを取り戻せ。泡嬢やデリヘル嬢が声をあげる時がきた。権力からエロを取り戻した後、当事者がそれをどうするかはその時に考えればいい。

エロとは何か、それはまだ定義されていない。

参考文献一覧

伊藤裕作・週刊大衆特別取材班『戦後「性」の日本史』双葉社、1997年。

共同通信「現代社会と性」委員会・石川弘義・斎藤茂男・我妻洋『日本人の性』文藝春秋、1984年。

沢田高士『誰も教えてくれない「デリヘル」商売の始め方・儲け方』ぱる出版、2003年。

下川耿史『性風俗史年表　昭和戦後編』河出書房新社、2007年。

日本弁護士連合会「風営法成立にあたって」1984年。日弁連ウェブページ(2018年8月21日取得、https://www.nichibenren.or.jp/activity/document/statement/year/1984/1984_6.html)。

吉田喜重・久野昭「対談　エロスとエロチシズム」『理想』538、1978年。

黒木歩（くろき・あゆみ）

1981年9月3日、宮崎県生まれ。「宮村恋」の名で2009年よりAV女優としてS役、痴女役として人気。2014年から本名の黒木歩を名乗り、多方面で女優を続けながらAVやMVの監督、短編映画やメイキング映像の撮影編集、音楽活動（ロックバンド「KARAふる」）などマルチで活躍。切通理作初監督「青春夜話Amazin g Place」（2017）では撮影監督を務めた。また、自身がバイセクシャルであることも公表しており、トランジェンダーや性的疑問のコラムなどを多数執筆。

監督作品：『性魔術調教　新妻快楽儀式』（2012年）、『コスプレBL虎×兎』（2013年）ほか。

映画などの出演作品：『イノセントノワール』（2013年）、『夜王誕生　真黒の太陽』（2013年）、『恋愛死体』（2015年）他多数

受賞歴：『ひまわりDay s 全身が性感帯』（2017年）で第30回ピンク大賞助演女優賞受賞。

楢原拓（ならはら・たく）

埼玉県出身・早大一文卒・劇団チャリT企画主宰・劇作家・演出家。

小学生の時に観たブロードウェイミュージカル『ピーター・パン』（榊原郁恵主演）に感銘を受け、高校時代より演劇活動を始める。大学在学中は双数姉妹、東京オレンジに俳優として参加したのち、1998年、劇団チャリT企画を旗揚げ。以降、劇団の全公演の作（構成）・演出を務める。シリアスな時事ネタや社会問題などを軽妙に笑い飛ばすコメディ作品を数多く上演し、風刺と批評性に富んだその希有なスタイルは「ふざけた社会派」として異彩を放っている。代表作は『ネズミ狩り』（2009年佐藤佐吉賞最優秀脚本賞受賞）、『それは秘密です。』『パパは死刑囚』など。

糸崎公朗（いとさき・きみお）

1965年、長野県生まれ。東京造形大学卒業。写真家・美術家。赤瀬川原平の「路上観察」に影響を受け、路上の発見物をリアルに記録するため、写真を立体化した「フォトモ」が生まれる。「フォトモ」を平面にアレンジした「組み立てフォトモ」を雑誌『散歩の達人』に1996～2003年に連載。その他さまざまな写真技法による作品を製作し多方面で活動。

受賞歴:キリンコンテンポラリー・アワード優秀賞（1999年）、コニカフォト・プレミオ年度賞大賞（2000年）、19回東川賞新人作家賞（2003年）他。

主著:『フォトモ――路上写真の新展開』（工作舎、1999年）、『フォトモの物件』『東京昆虫デジワイド』（アートン、2007年）、『フォトモの世界』（彩流社、2017年）。

個展：『金沢をブリコラージュする。』（金沢21世紀美術館、2009年）、『フォトモの世界』（EMONPHOTO　GALLERY、2017年）他。グループ展『日本の新進作家vol. 12』（東京都写真美術館、2014年）他。

彦坂尚嘉（ひこさか・なおよし）

1946（昭和21）年生まれ。小学校1年生の時から油絵を描いていて、美術家になった。幼児の頃に結核で闘病生活をするようになり、中学2年生の時に、キルケゴールの『死に至る病』を読む。アーティストになるが、《芸術》そのものに興味があり、言語判定法という方法を編み出して、独自に芸術分析をするようになる。背景にはジャック・ラカンの精神分析がある。日本ラカン協会会員。

1970年、多摩美術大学絵画科を中退。1982～1983年、文化庁在外研修員としてフィラデルフィア大学院に特別生として留学。

主著:『彦坂尚嘉のエクリチュール――日本現代美術家の思考』（三和書籍、2008年）、『反覆――新興芸術の位相』（アルファベータブックス、2016年）

共編著:『空想　皇居美術館』（朝日新聞出版、2010年、五十嵐太郎氏、新堀学氏との共編著）、『3・11万葉集　復活の塔』（2012年、彩流社、五十嵐太郎氏、芳賀沼整氏との共編著）ほか。

執筆者プロフィール

家田荘子（いえだ・しょうこ）

作家・僧侶（高野山本山布教教師・大僧都）。

日本大学芸術学部放送学科卒業。高野山大学大学院修士課程修了。女優、OLなど十以上の職歴を経て作家に。1991年、『私を抱いてそしてキスして――エイズ患者と過ごした一年の壮絶記録』（1989年、文藝春秋社）で大宅壮一ノンフィクション賞受賞。2007年、高野山大学にて伝法灌頂を受け、僧侶に。住職の資格を持つ。高野山の奥の院、または総本山金剛峯寺にて駐在（不定期）し、法話を行っている。

主著：『極道の妻たち』®（1986年、文藝春秋社）、『歌舞伎町シノギの人々』（2009年、宝島社）、『四国八十八カ所つなぎ遍路』（2007年、KKベストセラーズ）、『女性のための般若心経』（2011年、サンマーク出版）など135作品。近著は『少女犯罪』（2015年、ポプラ社）、『昼、介護職。夜、デリヘル嬢。』（2016年、ブックマン社）。最新刊『孤独という名の生き方』（2017年）、『大人の女といわれる生き方――ひとり上手の流儀』（2018年）（ともに、さくら舎）、『熟年婚活』（2017年、角川新書）。

森達也（もり・たつや）

映画監督・作家・明治大学特任教授。

テレビ・ディレクターだった1998年にドキュメンタリー映画『A』を公開。2001年、続編『A2』が、山形国際ドキュメンタリー映画祭で特別賞・市民賞を受賞する。主な著書は『A』『クォン・デ』（角川文庫）、『放送禁止歌』（光文社知恵の森文庫）、『下山事件』（新潮社）、『王さまは裸だと言った子供はその後どうなったか』（集英社新書）、『ぼくの歌・みんなの歌』（講談社）、『死刑』（朝日出版社）、『オカルト』（角川書店）、『チャンキ』（新潮社）など。2011年に『A3』（集英社）が講談社ノンフィクション賞を受賞。2016年には新作映画『Fake』を発表。近刊は『同調圧力メディア』（創出版）、『不寛容な時代のポピュリズム』（青土社）、『FAKEな平成史』（KADOKAWA）、『ニュースの深き欲望』（朝日新書）、『虐殺のスイッチ』（出版芸術社）など。

しりあがり寿（しりあがり・ことぶき）

1958年、静岡市生まれ。1981年、多摩美術大学グラフィックデザイン専攻卒業後キリンビール株式会社に入社し、パッケージデザイン、広告宣伝等を担当。1985年、単行本『エレキな春』で漫画家としてデビュー。パロディーを中心にした新しいタイプのギャグマンガ家として注目を浴びる。1994年独立後は、幻想的あるいは文学的な作品など次々に発表、新聞の風刺4コママンガから長編ストーリーマンガ、アンダーグラウンドマンガなど様々なジャンルで独自な活動を続ける一方、近年では映像、アートなどマンガ以外の多方面に創作の幅を広げている。受賞歴：2014年、平成 26 年春の紫綬褒章ほか。

切通理作（きりどおし・りさく）

1964年、東京都生まれ。文化批評。和光大学卒。編集者を経て1993年『怪獣使いと少年――ウルトラマンの作家たち』（宝島社／のちに増補版を洋泉社より刊行）を著わす。以後、著書として『お前がセカイを殺したいなら』（フィルムアート社）、『ある朝、セカイは死んでいた』（文藝春秋）、『山田洋次の〈世界〉』（ちくま新書）、『ポップカルチャー・若者の世紀』（廣済堂出版）、『失恋論』（角川書店）、『怪獣少年の〈復讐〉――70 年代怪獣ブームの光と影』（洋泉社）ほか、映画、コミック、音楽、文学、社会問題をクロスオーバーした著作を多数刊行。『宮崎駿の〈世界〉』（ちくま新書／のちに増補して文庫化）でサントリー学芸賞受賞。2013年 12 月より、日本映画批評メルマガ『映画の友よ』（夜間飛行）を配信中。それが昂じて初監督作品『青春夜話　Amazing　Place』（アルバトロスよりDVD化）、責任編集の雑誌『シネ★マみれ』を作る。

編著者プロフィール

荻原通弘（おぎはら・みちひろ）

1940年、赤羽生まれ。現在まで赤羽在住。東京理科大学理学部応用化学科卒業後、主として化粧品関係の分野の原料開発から製品化、販売、特許申請などさまざまな分野の仕事に約50年間携わる。その傍らで、ラベル、包装紙、薬袋、種袋、江戸から明治期の古文書などの紙物を中心に史料として蒐集。ピンクチラシも地元資料として集め始めた。地元の歴史、荒川の川魚漁の本を自費出版する。

木村英昭（きむら・ひであき）

ジャーナリスト。特定非営利活動法人（ジャーナリズムNGO）ワセダクロニクル編集幹事。1968年、鳥取県生まれ。2016年に朝日新聞社を退職し、早稲田大学ジャーナリズム研究所で始まった探査ジャーナリズムプロジェクトに参加、現在に至る。ワセダクロニクルは、2017年に早大から独立し、市民からの寄付をベースにした非営利・独立のニュース組織として活動している。75カ国から173団体が加盟する世界探査ジャーナリズムネットワーク（GIJN）のオフィシャルメンバー。近著に『探査ジャーナリズム／調査報道　アジアで台頭する非営利ニュース組織』（共著、2018年、彩流社）。

赤《あか》羽《ばね》駅《えき》前《まえ》ピンクチラシ
性風俗《せいふうぞく》の地域史《ちいきし》

初版第一刷　2018年12月15日

編著者 ________ 荻原通弘・木村英昭 ©2018

発行者 ________ 竹内淳夫

発行所 ________ 株式会社 彩流社
〒102-0071 千代田区富士見2-2-2
電話　03-3234-5931
FAX　03-3234-5932
http://www.sairyusha.co.jp/

Sairyusha

編集 ________ 出口綾子
カバー・本文写真 ________ 友永翔大
ブックデザイン ________ 福田真一［DEN GRAPHICS］
印刷 ________ モリモト印刷株式会社
製本 ________ 株式会社難波製本

Printed in Japan　ISBN978-4-7791-2488-4 C0039
定価はカバーに表示してあります。乱丁・落丁本はお取り替えいたします。

本書は日本出版著作権協会（JPCA）が委託管理する著作物です。

複写（コピー）・複製、その他著作物の利用については、事前に
JPCA（電話03-3812-9424、e-mail:info@jpca.jp.net）の許諾を得て下さい。
なお、無断でのコピー・スキャン・デジタル化等の複製は
著作権法上での例外を除き、著作権法違反となります。

《彩流社の好評既刊本》

フォトモの世界
糸崎公朗 著
978-4-7791-2344-3（17. 10）

フォトモとは、路上の発見物をリアルに記録するため、写真を立体化したフォト＋模型（モデル）。赤瀬川源平の「路上観察」に影響を受けた著者による、町が飛び出す３Ｄアート写真！　大人も子どもも切り取って作れば超楽しい！　A4判並製1500円＋税

3・11万葉集　復活の塔
彦坂尚嘉・五十嵐太郎・芳賀沼 整　編著
978-4-7791-1766-4（12. 03）
世界のどこにもない〈記憶に残る〉福島・南相馬の仮設住宅の入居者と中学生、和合亮一、谷川俊太郎、天皇・皇后らの詩歌に、復活の精神と生命力を象徴するフクシマ・アートが合体したダイナミックな歌集　A5判並製1800円＋税

エロエロ草紙　完全カラー復刻版
酒井 潔 著
978-4-7791-1905-7（13. 06）

国立国会図書館、デジタル化資料アクセス数、圧倒的第１位の80年前の発禁本、完全カラー復刻版！　昭和初期のエログロ文化を牽引した作者の放った抱腹絶倒の問題作。なぜ、人はエロに惹かれるのか？　昭和初期の風俗を知る画期的資料！　B5判並製2500円＋税

ピンク映画史　欲望のむきだし
978-4-7791-2029-9（164 07）
二階堂 卓也 著

裸とセックスを売りにした成人映画三本立て興行は世界的にも我国だけの椿事だった。日本映画史においても、極めて特異なジャンルを形成したピンク映画の娯楽映画としての魅力とその歴史を綿密に辿り尽くす。　四六判並製3000円＋税

伝説の映画監督 若松孝二秘話
978-4-7791-2494-5（18. 06）
ピンク映画の巨匠、一般映画の鬼才　弥山 政之 著

昭和30年代後半、エロ映画と蔑まれたピンク映画創生期、『甘い罠』を引っさげて彗星のように現れた若松孝二。若松映画は表紙はピンクだが、中味は性と暴力、反権力・反社会を色濃くした映画。「ピンク映画の黒澤明」の知られざる秘話。　四六判並製2500円＋税

性と検閲　日本とフランスの映画検閲と女性監督の性表現
園山水郷 著
978-4-7791-2158-6（15. 08）

検閲の歴史において問題とされてきたのは「性」表現。映画の検閲はどのような歴史をたどってきたか。性はなぜタブーとされるのか。問題作はなぜ問題とされたのか。本書は日本とフランスの映画における「検閲」を取り上げ、徹底検証する。　四六判並製2000円＋税